WILHELMINE SIEFKES

ERINNERUNGEN

Verlag SCHUSTER Leer

Hinweis:

Das Gedicht (S. 139) ist entnommen aus:
Horst Milde (Hrsg.). Hermann Tempel. Verse aus meiner Zelle.
Wilhelmshaven o. J. (1965)

Eine ausführliche Bio-Bibliographie von Wilhelmine Siefkes
ist enthalten in:
Claus Schuppenhauer.
Lexikon niederdeutscher Autoren, 2. Lfg. Verlag Schuster Leer 1976

ISBN 3-7963-0115-0
1. Auflage 1979

Grafik: Jörg Drühl
Autorenfoto: Photo-Atelier Gesie Wetzig, Leer (1970)
Schrift: 9/10 Punkt Garamond
Gesamtherstellung: Werbedruck Bremen
Printed in Germany

Vorwort

Die Erinnerungen der niederdeutschen Autorin Wilhelmine Siefkes tragen in erster Linie privaten Charakter; sie sollten nicht literarisch gewertet werden. Ursprünglich waren sie nicht zur Veröffentlichung bestimmt. Die Autorin wollte damit nicht mehr, als ihren nahen Verwandten einen Überblick über ihr Leben zu geben. So wird die Kindheit lebendig, Beziehungen zu den einzelnen Familienangehörigen werden geschildert, Berufserlebnisse als Lehrerin, Reisen, Begegnungen mit Freunden und Bekannten nehmen einen erheblichen Teil der Darstellung ein.

Über das persönliche Erleben hinaus sieht Wilhelmine Siefkes jedoch ihr Leben auch vor dem Hintergrund der sich wandelnden Zeitverhältnisse: Kaiserreich, Weimarer Republik, Drittes Reich, Besatzungszeit und Bundesrepublik. Am lebendigsten wird die Ära des Nationalsozialismus, in der sie aus dem Schuldienst entlassen wurde und sich nun mit ihren Gesinnungsfreunden aus der Weimarer Zeit – genannt seien hier Louis Thelemann und Hermann Tempel – unter einer Diktatur behaupten mußte.

Unversehens tritt hier das Private zurück, wird aus den ganz persönlichen Aufzeichnungen ein zeitgeschichtliches Dokument von allgemeinerer Bedeutung, ein Zeugnis für die menschliche und politische Konsequenz eines Lebens in der Unfreiheit des Naziregimes.

Freunde erhielten Einblick in das Manuskript und ermunterten die Autorin, es behutsam überarbeitet zur Veröffentlichung freizugeben.

Die Leser der Schriftstellerin Wilhelmine Siefkes finden nicht zuletzt reichlich Hinweise auf die Entstehung manches ihrer Bücher. So dienen die Erinnerungen auch einem vertieften Verständnis ihres schriftstellerischen Werkes.

Harm Wiemann

Kinderjahre

Wie weit kann man sich in seine Kindheit zurückerinnern? Ich war sechs Jahre alt, als wir aus Leers ältestem Haus an der Pfefferstraße, heute Rathausstraße 9, auszogen; doch ich sehe noch heute, nach einem Menschenalter, seine Räume mit vielen Einzelheiten ganz deutlich vor mir. Da war gleich links vom Eingang die „Vorderstube“ mit den alten Mahagonimöbeln und der anschließenden Upkamer, wo bisweilen Gäste schliefen; rechts vom Gang war das Kontor, damals aber Schlafzimmer meines Bruders Siegfried, dahinter die Treppe nach oben. Dann mündete der Flur in die sogenannte „große Küche“ mit all dem alten Hausrat, der mir jetzt so kostbar erscheint: in den Wandschränken rechts neben der Tür zur Mägdekammer das in Generationen angesammelte Porzellan und Steingut; auf Wandborten die Teller, Krüge, Maße und Löffel aus Zinn; neben einem dreibeinigen Tischchen der alte Küchenschrank („Schenke“ genannt, weil er früher einmal als Ausschank gedient hatte). Gegenüber befand sich ein großer Kamin, der fast die ganze Wand einnahm, rechts daneben ging die Tür zur eigentlichen Küche, die wegen des Nachbarhauses (Wienholz) nur spärlich Licht bekam und von der aus man ins Hinterhaus und nach draußen auf den Hof kommen konnte.

Links vom Kamin, neben der Wand mit den drei großen Fenstern, war die Wohnstubentür, hinter der sich der größte Teil meiner ersten sechs Lebensjahre abspielte. In der Wohnstube stand hinter dem großen Ausziehtisch das weit ausladende Sofa, mit schwarzem Leder bezogen wie die acht Stühle und Vaters Lehnstuhl; da standen auch das Tafelklavier und der mächtige Schrank. An der Wand hinter dem Sofa hingen in ovalen schwarzen Rahmen Fotografien von Onkeln und Tanten, von denen meine Mutter vieles erzählen konnte, die ich aber nicht kannte.

Ganz groß thronte dort in der Mitte mein Großvater Siefke Harms Siefkes, der über 90 Jahre alt geworden war. Er hatte noch 1864–66 und 1870 mit in den Krieg müssen, wovon eine Reihe auf Samtgrund prangender Orden zeugten – sie waren bei seinem Begräbnis feierlich vorangetragen worden, wie mir oft erzählt wurde. Ich habe ihn ebensowenig wie meine übrigen Großeltern selbst kennengelernt.

Noch sehe ich eine gelbe Damasttischdecke mit Fransen in der Sonne leuchten, die bisweilen durch die beiden Fenster strahlte. Ein eiserner Ofen an der Kaminwand reichte fast bis unter die Decke. Hinter einer Flügeltür neben dem Sofa lag ein fensterloser Raum, der wohl früher einmal eine Butze geborgen hatte. Er war als „finstere Stube" gefürchtet, wenn man nicht artig gewesen war, aber um die Weihnachtszeit galt er als geheimnisumwobener Ort, zu dem nur das Christkind Zugang hatte, während die Tür bis zum Heiligen Abend verschlossen war.

Eine letzte Tür führte ins gemeinschaftliche Schlafzimmer, das abends mit „Blinden" (grau gestrichenen Fensterladen aus Holz) von innen abgedunkelt wurde.

Die Treppe nach oben bin ich selten hinaufgeklettert. Da lockte nur im Giebelstübchen ein Wandschrank mit hellen Kleidern aus duftigen Stoffen – Jungmädchenkleidern meiner Mutter, die sie nach ihrer frühen Heirat nie mehr anzog, denn der Würde einer Hausfrau entsprachen damals schlichte, einfarbige Kleider. Jahre später wurden Kleidchen für mich daraus gemacht.

Ich könnte nicht mehr den Ablauf eines Tages aus dieser Zeit beschreiben; nur einzelne Begebenheiten kommen mir manchmal in den Sinn, weil sie sich dem Kindergemüt unvergeßlich einprägten.

So sehe ich mich auf der Schwelle zur Vorderstube hocken, meiner Mutter lauschend, die mir in ihrer schlichten Art die biblische Geschichte von der Kreuzigung erzählte. Sie rührte mich so, daß mir die Tränen kamen.

Oder ich sitze sonnabends, mit einem „Hansmann" (Nachtanzug) angetan, bei meiner Mutter auf dem Schoß am Tisch der Wohnstube dicht beim warmen Ofen, gerade dem Bad in der „Baalje" vor dem großen eisernen Herd in der Küche entstiegen; mit Behagen trinke ich die heiße Milch und genieße die in Streifen geschnittene Scheibe vom frischen Roggenstuten, dessen köstlichen Duft ich noch rieche. Meinen Vater sehe ich in seinem Stuhl aus der langen Pfeife Rauchwolken hervorzaubern und dabei lesen. Nicht selten schwang er sich auch dazu auf, Gedichte aus seiner Schulzeit laut und klangvoll aufzusagen: „Die Bürgschaft" oder „Die Kraniche des Ibykus". Ganze Strophen jener Balladen blieben so in meinem Gedächtnis haften, obwohl ich sie dem Sinne nach noch gar nicht begriff. Zuweilen sah ich meinen Vater langsam am Stock durchs Haus schlurfen. Dann mußte man immer aufpassen, daß nichts im Wege stand oder lag, denn, sagte meine Mutter, er sei krank und könne die Füße nicht heben. Ich hatte das als gegeben hingenommen und mir nichts weiter dabei gedacht, bis ein Tag kam, da hatte ich mit meinen Körbchen gespielt und sie unachtsam auf dem Fußboden liegenlassen, irgendwo im Hinterhaus, und mein Vater war darüber gefallen. Meine aufgeregte Mutter schalt mit mir, mein Vater lag stöhnend auf dem Sofa, alles tat ihm weh – und das war meine Schuld!

Ich wußte ja, daß man kein Spielzeug herumliegen lassen durfte. Düster und lastend senkte sich etwas auf meine Kinderseele: eine Ahnung dessen, was Schuldhaben heißt.

Spielgefährten hatte ich nicht. Gab es in unserer Nachbarschaft keine Gleichaltrigen, oder war der zwingende Grund, daß mein Vater keine Unruhe im Hause vertrug? Ich erinnere mich nicht. Jedenfalls kannte ich keine anderen Kinder und entbehrte sie darum nicht. Mein Bruder hatte seinen Freund Karl, der bei meiner Tante Christine wohnte und mit ihm das Gymnasium besuchte. Für gewöhnlich kam ich für ihre Spiele nicht in Betracht, nur zuweilen paßte meine kleine Person in einen jungenhaft-abenteuerlichen Plan.

Unser Haus, früher einmal „Goldene Kuh" genannt, war ein uraltes Bauernhaus, 1572 erbaut, wahrscheinlich in seiner Entstehungszeit noch von Feldern und Wiesen umgeben, bis es im Laufe der Jahrhunderte, in denen sich Dorf und Stadt entwickelten, von Häusern eingekreist worden war; daher lagen die dazugehörigen Ländereien weit entfernt im sogenannten Süder- bzw. Osterhammerich. Mein Vater war wie seine Vorfahren Bauer, und als er meine Mutter heiratete (1876), standen in den Ställen, die neben der Scheune das mächtige Hintergebäude füllten, noch an die zwanzig Kühe. Doch schon im dritten Jahr der Ehe traf meinen Vater das Unglück: Er wollte seine zu Besuch weilende Schwester, meine Tante Gesina Hafermann aus Backemoor, in einer Chaise, einem leichten zweirädrigen Wagen, zurückbringen, da scheute unterwegs das junge Pferd vor wippenden Brettern, die ein Handwerker auf der Schulter trug. Das Pferd ging durch, mein Vater, der die Zügel um den Arm geschlungen hatte, wurde herausgeschleudert, bevor das Tier zum Stehen gebracht werden konnte. Meiner Tante geschah nichts. Aber er war für sein Leben zum Krüppel geworden. Damit nahm ein schweres Schicksal seinen Anfang für den erst vierunddreißigjährigen Mann, dem die damalige ärztliche Kunst nicht helfen konnte. Kraftlos mußte er zusehen, wie der ausgedehnte bäuerliche Besitz, jetzt nur der Arbeit von Knechten und Mägden überlassen, unaufhaltsam zurückging. Und der fünfundzwanzigjährigen jungen Frau, die in dem gleichen Jahr meinen Bruder zur Welt brachte, die doch so zart und klein von Gestalt war, wurde nun eine Last auf die Schultern gelegt, die sie mit stiller Tapferkeit ihr Leben lang getragen hat.

Nach und nach mußte das Vieh verkauft, das Land verpachtet werden; die Dienstboten wurden bis auf eine Magd entlassen, und schließlich mußte auch auf diese verzichtet werden. Die Ställe wurden vermietet, fremdes Vieh stand darin, die große Scheune wurde Stapelplatz für Torfstreuballen der Firma Free und Busch. Soweit reicht noch meine Erinnerung.

Einmal hatten mich die beiden Jungen zu irgendeinem Spiel auf den Heuboden verfrachtet — ich habe noch den Heugeruch in der Nase und spüre die hindernden Halme um die Füße — da trat ich plötzlich ins Nichts, aber landete auf dem weichen Rücken von Ami, dem Hund des Pächters, der wohl da unten schlief und jaulend unter mir wegkroch. Er hatte mich vor Schlimmem bewahrt.

Ein andermal mußte ich bei halsbrecherischen Steigekünsten der beiden mitmachen. In der Scheune, wo die Torfballen fast bis unter die Decke aufeinandergestapelt waren, zogen sie mich von einem Ballen auf den andern. Ich wehrte mich und weinte, da glitt ich in einen Zwischenraum. Aber jemand zerrte mich an den Armen wieder hoch. Wer da als Retter erschienen war und mich wieder auf festen Grund brachte, weiß ich nicht mehr.

Dagegen sehe ich unseren Garten noch in aller Schönheit vor mir: mit seinen Bäumen und schattigen Wegen, mit der grünen Laube inmitten vieler Blumenbeete, mit Prinzenfedern, Rittersporn, mit Levkojen und Zinnien, Adonisröschen und Jungfer im Grünen, mit Brennender Liebe und duftenden Reseden, mit weißen Lilien und Rosen, die meine Mutter so liebte; an der Scheunenmauer zogen sich Spaliere mit Aprikosen, Pfirsichen und Wein entlang. Ganz hinten war der Gemüsegarten. Ich sehe noch meine Mutter zwischen den langen Beeten gehen, hinter ihr die Katze mit erhobenem Schwanz und dahinter ich im hellen Kleid mit blauen und weißen Halbmonden – wie so ein Bild aus Kindertagen haften kann!

Ein Ereignis jedoch, das als etwas ganz Neues unvergeßlich hätte bleiben müssen, ist vollkommen meinem Gedächtnis entschwunden: der erste Schultag.

Ich war im Januar 1896 sechs Jahre alt geworden und wurde zu Ostern in die Schule am Ostersteg eingeschult. Im Mai des gleichen Jahres verließen wir unser altes Haus, das verkauft war, und zogen in die Bremer Straße östlich der Bahn. Alle Unruhe dieser Tage, vor allem die große Auktion aller Sachen, die in die neue kleine Wohnung nicht mitgenommen werden konnten, gingen an mir vorüber, ohne einen nachhaltigen Eindruck zu hinterlassen. Nur eins grub sich unverwischbar ein: Wir sollten mit einer Droschke ins neue Heim fahren, darauf freute ich mich, und ich lief vor die Haustür, als sie vorgefahren war. Da sah ich, wie mein Vater, von mehreren Leuten gestützt, auf den Knien in den Wagen hineinkroch, unter Stöhnen und Wehelauten – und wieder kam etwas schwer und dunkel und trübte meine Freude.

In der Bremer Straße war alles anders als im alten Stadtteil, aus dem wir kamen: Hohe alte Bäume säumten sie, neben dem Fußsteig lief ein Graben, der vor jedem Haus durch einen Steg überbrückt wurde. Von dem Verkehr, der heute auf dieser Hauptstraße brodelt, konnte noch niemand etwas ahnen. Einzelne Lastwagen und Ackerwagen wurden von Pferden gemächlich gezogen, manche Torfwagen noch von einer Kuh – davor mußte man auf der Hut sein, wenn man zum Beispiel abends von Vasterlings gegenüber, die noch Kühe hatten, ein halbes Liter Milch holte. Neu war auch die Eisenbahn, die ich abends im Bett durch die Stille rollen hörte und die ich fauchend und zischend hinter den geschlossenen Schranken dahinfahren sah, wenn ich den neuen Schulweg an der Bahn entlang zur Hoheellernschule trottete.

Auch von dem Einzug in diese Schule weiß ich nichts mehr. Da sind nur mehr oder weniger starke Erinnerungsbilder an einzelne sehr volle Klassen, an der einen Seite von Jungen, an der andern von Mädchen besetzt; an lange Tische, deren Platten wir auf Kommando vorschieben mußten, worauf in Vertiefungen Tintenfässer sichtbar wurden; an Schiefertafeln, die, ebenfalls auf Befehl, hervorzuholen oder wieder unter den Tisch zu legen waren, genauso wie Bücher oder Hefte.

An einzelne Kindergesichter kann ich mich noch heute erinnern, ebenso an die Lehrer, die ich ja vier Jahre lang jeden Tag sah, von denen mir aber keiner besonders lieb oder zuwider war; ich kam im ganzen reibungslos mit ihnen aus.

Nur den Hauptlehrer fürchtete ich. Er war ein tüchtiger Mann, aber er hatte, wie man lieblos sagte, einen „Puckel" und trug eine Brille, wodurch er wohl streng wirkte – jedenfalls hatte ich Angst vor ihm. Uns unterrichtete er nur im Schönschreiben, und das war für mich das Schwerste, was es gab, weil dabei die Fingerhaltung als die Hauptsache galt: der Zeigefinger der rechten Hand mußte flach ausgestreckt auf dem Daumen liegen, dazwischen Griffel oder Bleistift oder Federhalter, daneben hatten ebenso flach die drei anderen Finger zu liegen – und dann hieß es „auf – ab – auf", und das Resultat mußten solche Buchstaben sein, wie sie an der Wandtafel vorgeschrieben standen – für mich eine Unmöglichkeit! Entweder wurden sie auf meinen Reihen schief und krumm, oder der Zeigefinger rutschte einfach hoch und wölbte sich, daß der Knöchel hervorstach – und auf diesen Knöchel sauste eines Tages der Rohrstock, daß ich laut aufschrie. Seitdem war das Schönschreiben für mich der Alpdruck der Woche.

In den Pausen ließ ich mich gern in die Spiele meiner Klassengenossinnen einbeziehen, aber eine Freundin gewann ich dabei nicht, dafür war ich das Alleinsein zu sehr gewöhnt.

Doch in der Nachbarschaft wohnte die etwas ältere Gesine, die zur „Töchterschule" ging. Sie war kränklich, ist auch früh gestorben, und sie wurde verständlicherweise zu Hause sehr gehütet und gepflegt. Sie hatte märchenhafte Spielsachen; ich besaß nur wenige, und mein Puppenwagen nebst Inhalt konnte mit ihrem nicht konkurrieren. Aber ich liebte meine einfache Puppe mindestens so heiß wie sie ihr Prachtexemplar. Sie erzählte mir eine Schauergeschichte von einem bösen Mann, der sich hinter den dicken Bäumen des Parallelweges, heute Reimersstraße, in der Nähe unserer Schule versteckte und, mit einem großen Messer bewaffnet, den kleinen Mädchen auflauerte – aber nur denen aus der Volksschule, denen aus der Töchterschule täte er nichts. Mir kleinem Schaf wurde angst und bange, womit sie ihren Zweck erreicht hatte. Allein wagte ich mich nicht in die Straße hinein.

Aber ich besaß auch etwas, was Gesine nicht hatte. Irgend jemand schenkte mir einen Puppenkochherd. Er war aus einem Haus mit erwachsenen Kindern ausrangiert worden, sichtlich viel gebraucht, und er wurde mit einem Kerzenstummel geheizt. Doch meiner Freude tat das keinen Abbruch; voller Stolz stellte ich fest, daß Gesine ihn würdig genug fand, damit zu spielen. Auf ihrem großen Hof hinter dem Hause kochten wir köstliche Speisen für unsere Puppen. Einmal hatte ihre Mutter uns irgendeinen Rest gegeben, den wir in einer stark verrosteten Pfanne brieten. Da kam ihr Bruder, er war wohl Quartaner und kümmerte sich sonst kaum um uns, aber diesmal sah ihm unser Gebratenes wohl so verlockend aus, daß er sagte: „Gebt mir auch was!" Wir wollten es auf einem Tellerchen servieren, aber er rief: „Teller brauch ich nicht!", riß uns die Blechpfanne weg, und mit einem Happs war sie auch schon leer. Ob er sich dabei an dem rostigen Ding verletzt hatte oder was sonst die Ursache war – kaum war ich mit meinem Kram zu Hause, da rief mich Gesine heraus: „So! Mein Bruder hat die Lippe ganz dick, daran bist du schuld, das kommt von deiner Pfanne! Nun muß er zum Doktor!" In der Tat war seine Lippe beängstigend angeschwollen. Ich bekam einen Heidenschrecken, wagte meiner Mutter nichts davon zu sagen und betete verzweifelt: „Lieber Gott, laß ihn bloß nicht totgehn!“

Es ist dann auch alles gutgegangen, aber die Angst habe ich nie vergessen.

Ich war sowieso ein kleiner Angsthase. Am meisten fürchtete ich Blitz und Donner, wohl ein Erbteil von meiner Mutter, die auch bei Gewitter sehr ängstlich war. Wenn ein Unwetter drohte, ließ sie die Arbeit liegen, holte den Blechkasten mit Papieren und setzte sich weit vom Fenster entfernt; ich drückte mich dann nahe an sie und verbarg meine Augen, um die Blitze nicht zu sehen. Zwar tröstete sie mich: „Wir sind immer in Gottes Hand“, aber ich spürte doch ihre Unruhe. Nachts weckte sie uns, wir mußten uns anziehen, während mein Vater liegenblieb und ungerührt meinte: „Solange de Müür tegen mien Bedde noch kolt is, stah ik neet up.“ Am Tage saß er bei Gewitter am liebsten vor dem Fenster oder gar in der offenen Tür und beobachtete den Himmel, was meine Mutter frevelhaft fand.

Ich ging erst kurze Zeit zur Schule, ich sehe mich noch in der Klasse sitzen, als ich es plötzlich donnern hörte. Ein Schreck durchfuhr mich, ich fühlte mich auf einmal so verlassen inmitten der fremden Schar, ohne Mutter, mir wurde ganz elend zumute. Da hob ich den Finger und fragte: „Darf ich wohl nach Hause? Ich bin so krank!“ Der Lehrer musterte mich, vielleicht war ich wirklich blaß, jedenfalls sagte er: „Ja, dann geh nur!“ Ich zog meine Schultasche unter der Bank hervor und enteilte, rannte nach Hause und eröffnete meiner erstaunten Mutter: „Es hat gedonnert!“ Aber das Gewitter blieb aus, wahrscheinlich hatte nur ein rangierender Zug das Donnern verursacht, und mein Kranksein war im Nu verflogen. Doch bis heute habe ich meine Gewitterangst nicht ganz überwinden können.

Meine Eltern waren sehr religiös. Vor allem mein Vater stammte aus bewußt christlichem Hause; fast alle seine Schwestern hatten Pastoren geheiratet. Gebete vor und nach dem Essen, beim Aufwachen wie vor dem Einschlafen waren selbstverständlich. Vor dem Zubettgehen las mein Vater aus einem dicken Buch den Abendsegen, bei dem früher auch die Dienstboten hatten zugegen sein müssen.

Meine Mutter ging jeden Sonntag mit meinem Bruder zur Kirche,

und seit meinem fünften Lebensjahr nahm sie auch mich mit; währenddessen las mein Vater für sich eine Andacht, er konnte ja den Weg nicht machen.
Nur einmal im Jahr blieb meine Mutter an einem Festtag zu Hause, nämlich am Neujahrstag. Damals war es üblich, daß die Verwandtschaft aus der Stadt – das heißt, nur der männliche Teil – sowie Nachbarn und Freunde zum Gratulieren kamen. Da hatte die Hausfrau die Gäste mit Wein oder einem „Sööpke" und Neujahrskuchen zu bewirten. Wenn diese dann nach ihrem oft sehr ausgedehnten Rundgang nach Hause gingen, kam es nicht selten vor, daß selbst der Solideste ein wenig schwankte.
Der sonntägliche Kirchgang war für mich seit frühester Kindheit so selbstverständlich, daß mir nie in den Sinn kam, es könnte anders sein.
Wenn die Orgel brauste und die Leute sangen, dann unternahm meine Phantasie kühne Flüge, und wenn der Mann auf der Kanzel anfing zu reden, dann liefen meine Gedanken ihre eigenen Wege. So erreichten meine Eltern, ohne es zu ahnen, das Gegenteil von dem, was sie bezweckten: ich gewöhnte mich daran, alles an meinen Ohren vorbeirauschen zu lassen. Noch heute weckt Orgelmusik meine Phantasie und nicht musikalische Empfindungen wie andere Instrumente, und wenn mich eine Predigt nicht fesselt, geschieht es mir, daß ich beim „Amen" zusammenzucke und mir bewußt werde, daß ich von den Worten gar nichts aufgenommen habe.
Als ich zehn Jahre alt geworden war, kam ich in die damalige „Höhere Töchterschule", später Lyzeum genannt, heute das Teletta-Groß-Gymnasium. Mir graute vor dem Wechsel, doch meine Eltern machten mir klar, daß ich dort viel mehr lernen würde, auch Englisch und Französisch. Das lockte mich. Und im geheimsten Innern tröstete es mich, daß ich dann zu denen gehören würde, die der Mann mit dem Messer nicht mehr bedrohte. So ließ ich mich, wenn auch klopfenden Herzens, an den neuen Ort bringen.
Dieser Schulbeginn ist mir bewußt geblieben. Mit einigen Neulingen stand ich am Pult der damaligen 6. Klasse, bis uns eine Lehrerin Plätze zuwies. Eins machte mir großen Eindruck: hier gab es keinen Stock wie in der Volksschule! Zwar hatte ich nur

einmal mit ihm Bekanntschaft gemacht, aber ich hatte ihn so oft gegen andere in Aktion gesehen, daß ich es wohltuend empfand, in Zukunft davor sicher zu sein.

„Was ist dein Vater?“ wurde ich in den ersten Tagen gefragt.

„Krank.“

„Nein, ich meine, was für einen Beruf er hat.“

„Ich weiß nicht –“

Beruf? Daß er einmal viele Kühe und Pferde gehabt, daß er auch Korn gebrannt und Bier gebraut hatte, als ich noch nicht da war, wußte ich. Aber Beruf?

Da blitzte es in mir auf. „Rentier“, sagte ich und sprach es so, wie ich es geschrieben gesehen hatte.

„Was?“ Die Lehrerin hob den Blick von dem Buch, in das sie schrieb.

„Ja, das steht immer auf Briefen.“

„Ach so.“ Sie lächelte und schrieb weiter.

Ich fühlte mich bald sehr wohl in meiner neuen Umgebung. Bei uns zu Hause war gedrückte Stimmung. Mein Vater wurde bettlägerig, meine Mutter war voller Sorge. Sie hatten 1901 silberne Hochzeit gefeiert. Um aller Aufregung mit großem Familienbesuch zu entgehen, hatten sie die Einladung meiner Tante angenommen, und wir waren an dem Tag nach Backemoor gefahren. Für mich war die Fahrt ein herrliches Erlebnis, aber für meinen Vater war sie eine einzige Strapaze. Die ungewohnten körperlichen Anstrengungen, verbunden mit seelischer Erregung, hatten ihre Folgen gehabt: er konnte bald nicht mehr aufstehen und siechte langsam dahin, von Schmerzen gepeinigt, die er tapfer ertrug. Gegen seinen Willen hatte meine Mutter einen Arzt geholt, der ihm lindernde Tropfen verschrieb. Er nahm sie nicht. „Warum wollen Sie das Mittel nicht nehmen?“ fragte der Doktor. „Ich will klaren Geistes sterben“, war die Antwort. Als er 1903 erlöst wurde, war er erst 58 Jahre alt. Meine Mutter hatte ihn siebzehn Jahre lang an- und ausziehen müssen . . .

Es ist begreiflich, daß das Kind aus der trüben Atmosphäre des Hauses hinausstrebte in die fröhliche Klassengemeinschaft. Ich lernte leicht und gern; bald war die Schule für mich ein zweites

Zuhause, und auf allen Wissensgebieten erschloß sich mir eine neue Welt.
Mein Bruder, der gern Bauer geworden wäre und nach seiner ganzen Veranlagung dafür auch wie geschaffen war, hatte nach dem „Einjährigen“, wie man damals den Schulabschluß nannte, der zum einjährigen Militärdienst berechtigte, Postbeamter werden müssen, weil für seine eigentlichen Pläne das notwendige Geld fehlte. Er wurde als junger Eleve von einem Ort zum andern geschickt, und es war immer ein Fest, wenn er einmal zu kurzem Besuch nach Hause kam.

Meine Mutter, die nach Jahrzehnten aufopfernder Pflege plötzlich all diese Pflichten von sich abfallen sah, kam sich verloren vor; ihre Nerven ließen die bislang so Tapfere im Stich. Dazu kamen pekuniäre Sorgen, die kargen Einnahmen aus den verbliebenen Ländereien langten nicht her und nicht hin. So war daheim keine Fröhlichkeit zu spüren, und warum das so war, ging dem Kindersinn noch nicht auf. Ich begriff nicht, warum ich so manches nicht mitmachen, nicht anschaffen durfte. Aber ich fühlte mich heimisch in der wirklich vorbildlichen Klassengemeinschaft, aus der Freundschaften für das ganze Leben hervorgingen.
Leiter der Anstalt war der Direktor Geheimrat Seedorf. Unsere erste Klassenlehrerin, Fräulein Stolze, sehe ich noch vor mir: eine Respektsperson, die wir verehrten und gern hatten; manchmal streng, von eiserner Konsequenz, aber voll mütterlicher Güte. Drei Jahre leitete und erzog sie uns im besten Sinn, und ihren Einfluß spürte ich bis über die Schulzeit hinaus. Das machte sich oft in Kleinigkeiten bemerkbar. Wenn wir Diktat schrieben, hieß es zum Schluß unweigerlich: „Punkt, Schlußstrich, überlesen!“

Wir zogen vorsichtig meist am Federkasten entlang – ein kleines Lineal war heimliches Ziel meiner unerfüllbaren Wünsche! – einen Strich mit der tintengetränkten Stahlfeder, ängstlich bemüht, keinen Klecks zu machen, was doch gar zu leicht geschah! Glücklicherweise kam es auf die Fingerhaltung hier nicht an. Fräulein Stolze nahm uns nicht eher die Hefte ab, bis wir Wort für Wort noch einmal durchgelesen hatten, wobei mancher Flüchtigkeitsfehler noch entdeckt wurde.
Als ich viele Jahre später als junge Lehrerin vor der eigenen

Klasse stand und mein erstes Diktat schreiben ließ, löste es sich zum Schluß automatisch von meinen Lippen: „Punkt, Schlußstrich, überlesen!" Noch heute gebe ich kaum ein Schriftstück aus der Hand, das ich nicht noch durchgelesen hätte.

Dann denke ich an unseren Oberlehrer Menken. Je unreifer man ist, desto schneller ist man bekanntlich mit einem Urteil bei der Hand. So war er für uns eine von Melancholie umwölkte Persönlichkeit, besonders wohl, weil er uns in den Literaturstunden mit Vorliebe Gedichte vortrug, die ihn selbst fast zu Tränen rührten, wie etwa Lenaus „Postillon", wobei wir albernen Gänse fast vor verhaltenem Lachen erstickten. Unsere Phantasie dichtete ihm unglückliche Lieben an, und seine schwermütige Art verhalf ihm zu dem Spitznamen „Orest", den wir vorsichtshalber von hinten nach vorn lasen: Stero. Aber er war auch ein passionierter Naturwissenschaftler. In den Botanikstunden befolgte er die damals noch unerhört neue Methode, mit uns hinauszuwandern und an Ort und Stelle draußen Pflanzenkunde zu treiben, die allerdings in der Hauptsache darin bestand, neben dem Namen Blattformen und Blütenstände sowie die Anzahl der Staubgefäße festzustellen und einzuprägen. Er gehört jedenfalls zu den Unvergessenen.

In der zweiten Klasse herrschte die wohl an Jahren älteste Lehrerin, Fräulein Rahusen, etwas despektierlich von uns „Nööfke" genannt. Obwohl klein von Gestalt, wußte sie sich durchaus Achtung zu verschaffen. Sie hatte eine ulkige Art, über an sich völlig belanglose Dinge Erklärungen zu verlangen: „Warum stelle ich den Globus auf die Fensterbank?" Einmal geschah es in der Geographiestunde, daß sie stolperte und mitsamt dem Kartenständer längelang hinfiel, zu unserem Schrecken, aber noch größerem Vergnügen.

Fräulein Muchall ist mir als Handarbeitslehrerin in etwas bedrückender Erinnerung geblieben – wegen meiner geringen Befähigung in diesem Fach; manche Stunde habe ich mich mit Zittern und Zagen an dem schrecklichen weißen Strumpf abgemüht, der schon ganz früh als Pensum vorgeschrieben war. Diese Arbeit an einem Ding, das nie praktisch zu verwerten war – wer trug schon weiße Baumwollstrümpfe? – war so freudlos, und die verzwickte Strumpfberechnung, die auswendig

zu lernen war, wollte in meinem Gedächtnis gar nicht haftenbleiben. Es wurde nicht besser, als dann später das Nähen an die Reihe kam. Wer hätte es damals wohl für möglich gehalten, daß in der Schule von Kindern einmal wirklich Brauchbares wie Schürzen oder Blusen angefertigt werden könnte! Nein, Nähen lernte man am vorgeschriebenen Nähtuch, mit allen Säumen und Nähten, mit eingesetzten und aufgesetzten Flicken, die das erst sorgfältig geschnittene Loch wieder schließen mußten. Mit Abscheu erfüllte mich die verflixte Rollnaht, an der sich meine ungeschickten Finger abquälten, bis sie schmutzig von Angstschweiß war. Das einzig Brauchbare, das ich mit Freuden anfertigte, war eine Handarbeitstasche mit gesticktem Kreuzstichmuster. Sie besitze ich noch – sie ist mit ausgebombt worden und unter Trümmern wieder samt Inhalt zum Vorschein gekommen: ausgerechnet mit dem weißen Strumpf!
Gezeichnet wurde anfangs nach der „Stuhlmann-Methode". Dazu gab es besondere Hefte, deren Seiten mit kleinen Karos bedeckt waren, auf denen nach Vorlagen mancherlei Gebilde wie Sterne genau nachgeformt werden mußten. Später waren es Hefte mit linienlosem Papier, auf dem gerade, senkrechte und waagerechte Linien, später einfache Gegenstände wie Kasten, Vasen mit und ohne Schatten zu entstehen hatten. Und das alles mit Beistift! Wie entzückt waren wir, als wir in den oberen Klassen zum erstenmal mit Wasserfarben malen durften! Aber eigene Phantasie blieb auch dann ausgeschlossen. Und dann das Turnen! Ja, wer dachte damals an eine Turnhalle? Dazu war die Aula da. Sie hatte zwei Schwebebalken an den Längsseiten und an der Hinterwand einige Leitern sowie einen Barren; in einem Schrank lagen Stäbe und Bälle. Im Flur waren an der Decke Ringe montiert, die bei Bedarf heruntergelassen wurden. In der Hauptsache wurden Freiübungen gemacht, ab und zu auf dem Schulhof Ball- und Kreisspiele unternommen. Anfangs turnten wir in unserer gewöhnlichen Kleidung, aber eines Tages wurde angeordnet, dunkelblaue Cheviot-Hosen – mehr Röcke als Hosen – die übers Knie reichten, dazu helle Blusen anzuschaffen. Wir fühlten uns außerordentlich modern!

Jeden Morgen wurde in der Aula eine Andacht gehalten. Auch zu besonderen Veranstaltungen, wie zur Zeugnisverteilung, versammelten sich dort alle Klassen. Das waren die aufregendsten Momente des Jahres, denn es gab damals noch die Platzverteilung nach Leistung. Der Direktor verlas vor der „großen Öffentlichkeit", Klasse für Klasse die Reihenfolge der Namen, natürlich auch, wer versetzt oder sitzengeblieben war.

Nun hatte ich schon vom ersten Jahr an den ersten Platz, und meine Nachbarin, die ihn vor mir – wortwörtlich! – besessen hatte, war natürlich scharf darauf, ihn sich zurückzuerobern. Da ging es nun jedesmal hart auf hart: sie war mir an tadellosem Verhalten über, während ich nur zu gern Dummheiten mitmachte, und die ganze Klasse bangte dann mit mir, ob ich es wieder schaffen würde.

Zuweilen kamen auch Vortragende, Rezitatoren oder Erzähler, für uns eine angenehme Unterbrechung des Alltags. Nicht zu vergessen die Schulfeiern! Da war zum Beispiel im Jahre 1905 am 9. Mai eine große Schiller-Feier, als hundertjähriger Gedenktag an Schillers Tod. Der Tag blieb mir besonders im Gedächtnis, weil ich bei der Gelegenheit ein bebildertes Schiller-Buch als Prämie bekam.

Vor allem wurden wir mit nationalen Feiertagen beglückt; sie waren schulfrei, aber vormittags hatten wir im Sonntagsstaat einer Feierstunde beizuwohnen und sie durch Chorgesang und Gedichtvorträge mitzugestalten. Wem die hohe Ehre zuteil wurde, ein Gedicht zu deklamieren, der zitterte angesichts des großen Publikums vor Stolz und vor Angst, steckenzubleiben.

Der Hauptfesttag war jedes Jahr der 27. Januar, Kaisers Geburtstag, und Gedichte, die Herrscher und Herrscherhaus priesen, gab es in Mengen. Gefeiert wurde auch alljährlich der 2. September, der Tag von Sedan, an dem im Krieg 1870/71 Napoleon III. gefangengenommen und auf Schloß Wilhelmshöhe festgesetzt worden war. An dem Nachmittag wurde durchweg der jährliche Schulausflug unternommen. Dann ging es unter Vorantritt einer Musikkapelle in langem Zug durch die Straßen nach Heisfelde, wo man sich in Martinis Garten, der sogar einen kleinen Zoo aufwies, vergnügte. An Reisen dachte man noch nicht, nur einmal in einer oberen Klasse fuhren wir nach Zwischenahn. Weil der Ort zum damaligen Großherzogtum

Oldenburg gehörte, mußten wir das Lied „Heil dir, o Oldenburg!“ auswendig lernen, was unserem ostfriesischen Nationalstolz gar nicht paßte.
Vaterländische Ereignisse waren auch der Hauptinhalt unseres Geschichtsunterrichts, wobei sich uns das „Deutschland über alles“ ganz selbstverständlich einprägte. Das geschah auf Kosten der Objektivität gegenüber den Nachbarländern, galt doch Frankreich als der „Erbfeind“, England als das „perfide Albion“. Im großen ganzen bestand für uns die Geschichte aus Kriegen, wobei dem Gedächtnis vor allem die Jahreszahlen eingehämmert wurden. Wirtschaftliche und soziale Zusammenhänge blieben uns fremd.
Dem damaligen Staatswesen entsprechend, folgten Unterricht und Erziehung dem Autoritätsprinzip: der Lehrer war selbstverständlich der Befehlende in der Klasse, die Lehrenden unterstanden ihrerseits dem Direktor. Sie besaßen sozusagen ausübende Gewalt wie die Obrigkeit im Staat. Wie diese Gewalt jeweils ausgeübt wurde, ob rigoros oder mit Güte, das kam auf Charakter und Wesensart des einzelnen an. Für uns verstand es sich von selbst, daß wir zu gehorchen hatten, ob wir nun innerlich zustimmten oder nicht; aufzubegehren wagte man höchstens, wenn man unter sich war. Auch Fragen zu stellen, war einzig die Sache des Lehrers. Wann hätte ich gewagt, einen Lehrer etwas zu fragen!
Der Unterricht war auf Vor- und Nachmittag verteilt, nur mittwochs und sonnabends war nachmittags frei. Nachmittags gab es nicht nur technische Stunden. Ich kann mir noch vorstellen, wie schläfrig und lustlos man gleich nach Tisch und dem weiten Schulweg alles über sich ergehen ließ, wie melancholisch oft das Begräbnisläuten der nahen Kirchenglocken stimmte.
Die oberste Klasse war in I a und I b unterteilt. Es war ein Ereignis, als wir in die I b kamen: von nun an wurden wir „gesiezt“. Das stärkte unser Selbstbewußtsein beträchtlich, gab uns aber doch ein merkwürdiges Gefühl gegenüber den uns vertrauten Lehrern.

Backemoor

Das Paradies meiner Kindheit hieß Backemoor.
Meine Tante Gesina Hafermann, eine der vier Schwestern meines Vaters, hatte nach dem Tode ihres zweiten Mannes, der dort Pastor war, sich als Witwensitz ein verkleinertes Abbild der Pastorei bauen lassen. Ihre sehr glückliche erste Ehe, die ihr drei Kinder beschert hatte, endete tragisch: die Kinder starben kurz nacheinander an Diphtherie, und der Vater folgte ihnen bald darauf als Opfer einer schleichenden Krankheit. Nur ihre tiefe Religiosität, die, wie es der Zeit entsprach, im Pietismus verankert war, hielt die körperlich zarte Frau aufrecht und machte sie fähig, allen, die ihr nahe kamen, Stütze und Trost zu sein.
Als einer ihrer Brüder und dessen Frau früh starben, nahm sie deren jüngste Tochter, ein bildhübsches Mädchen, zu sich. Aber auch diese Freude wurde ihr wieder genommen; das Kind erkrankte plötzlich an der damals verbreiteten galoppierenden Schwindsucht und erlag ihr bald. Ich habe nie vergessen, wie meine Tante mir davon erzählte: „Als ich mich entschloß, eins der verwaisten Kinder zu mir zu nehmen, da dachte ich: Dann soll es die süße kleine Elisabeth sein! Da hat Gott sie mir wieder genommen, und nun mußte ich die andere nehmen, die ich zuerst nicht haben wollte, weil sie schwächlich und kränklich war." So kam meine Kusine Hanni zu ihr; und als Hilfe fürs Haus und für den großen Garten gesellte sich Geeske dazu, ein schlichtes, warmherziges Mädchen vom Fehn, das ein halbes Jahrhundert den beiden treu gedient hat und schließlich ganz zur Familie gehörte.
Das „Feldhörnhaus" mit seinen drei Bewohnern wurde nicht nur eine Zuflucht für die große Verwandtschaft, sondern auch für die Dorfbewohner.

Für ein Kind wie mich, das stets auf sich allein angewiesen war, bedeutete Backemoor den Gipfel alles Schönen.

Kaum war ich zur Schule gekommen, verlebte ich dort schon Ferientage. Das klingt heute einfach, aber das kleine idyllische Dorf im Overledingerland, also jenseits der Leda, war damals schwer zu erreichen. Es gab noch keine Autos, mit der Eisenbahn konnte man nur bis Ihrhove fahren, dann von einem Pferdeomnibus noch ein Stück mitgenommen werden, mußte aber bei Idehörn aussteigen und noch eine gute halbe Stunde zu Fuß gehen. Dies war die bequemste Art, dorthin zu kommen, aber sie kostete Geld, und darum wurde sie nur in Ausnahmefällen genutzt. Man konnte ja auch zu Fuß das Ziel erreichen. Frau Schröder, die Botenfrau, machte zweimal die Woche den Weg, hin und zurück. Die Waren, die sie für die Dorfbewohner in der Stadt besorgte, beförderte sie in einem Hundekarren, den der kräftige Karo zog.

Dieser guten Frau, die uns manchmal Gemüse oder auch Geschlachtetes von meiner Tante mitbrachte, wurde ich auf ihrem Rückweg anvertraut. Keiner fragte, ob ein zweistündiger Fußmarsch einem so kleinen Ding von sieben, acht Jahren zuzumuten war. Stolz trippelte ich neben Frau Schröder durch Loga bis zur Logaerfähre, wo eine Pünte, die meistens erst von der anderen Uferseite her geklingelt werden mußte, uns samt Hund und Karre hinüberbeförderte. Dabei war es ungeheuer interessant, die Männer zu beobachten, die schwer an einem dicken Drahtseil zu ziehen hatten, damit das manchmal sogar noch mit Pferd und Wagen beladene Fahrzeug über den breiten Fluß gebracht wurde.

War man glücklich drüben, kam man sich wie in einem neuen Erdteil vor. Nun schlängelte sich der Weg kilometerlang neben dem Deich her. Ganz in der Ferne wurde schon der Kirchturm von Backemoor sichtbar, auch die Mühle winkte mit ihren vier Armen – dahin mußten wir! Wenn wir endlich dem Deich den Rücken wandten, ging es fast schnurgerade aufs Ziel los, immerhin noch ein paar Kilometer. Und die kleinen Beine merkten allmählich, wie viel sie hinter sich gebracht hatten. Doch die Vorfreude auf den Empfang war stärker.

Und wie schön war das Ankommen im Feldhörnhaus! Da saß

meine Tante Gesina in ihrem großen Stuhl, und Hanni stand an der Tür: „Da bist du? Nun bist du sicher müde?“

„Nein, gar nicht!“ strahlte ich, während meine Füße wohlig die Stove fühlten, die Geeske sorglich unter sie schob, weil sie noch nicht auf den Fußboden langten. Köstliches Gefühl des Gehobenseins, das schon ein Kind spürt, wenn es für gewöhnlich nicht allzu wichtig genommen wird. Hier war ich „Besuch“, und das genoß ich jeden Tag ausgiebig. Ich schlief ganz allein in dem großen Bett in einer Upkamer, zu der man vom Wohnzimmer ein paar Stufen hinaufging. Sie hieß Kellerstube, denn darunter war der Keller. Hanni half mir abends beim Ausziehen, und dabei erzählte sie. Sie war ein kränklicher, gebrechlicher Mensch, sie hinkte und war oft von Migräne geplagt; das alles kam mir damals noch kaum zum Bewußtsein, aber sie war eine geniale Märchenerzählerin! Unvergeßlich sind mir diese Abende, an denen sie ihre Zauberwelt öffnete und aus schier unerschöpflicher Quelle ihre Schätze holte und vor mir ausbreitete — so hatte ich noch nie erzählen hören! Ihre Gestalten lebten, und ich lebte mit ihnen, atemlos und hingegeben lauschte ich und konnte nicht genug hören. Erst wenn die Tante von weitem dazwischenfuhr: „Hanni, wo bleibst du?“ kam sie zum beschleunigten Ende. Ich kroch ins Bett, sie betete mit mir, und ich blieb allein.

Doch das Bett war jedesmal ein Erlebnis für sich. Es hatte eine Sprungfedermatratze, mir ganz ungewohnt. Von der Decke herab hing ein „Lichteltau“, wie man es plattdeutsch nannte: ein Tau mit einem schön verzierten Quast, eine Hilfe für alte oder kranke Leute, sich mühelos aufzurichten. Herrlich war es, bei jeder Bewegung auf der Matratze geschaukelt zu werden und an dem Tau auf und nieder zu schnellen! Zwar war es ein seltsames Gefühl, da so allein zu liegen, doch von nebenan schlug beruhigend eine Uhr. Bald nahm mich der Schlaf in die Arme.

Und das Wachwerden am andern Morgen! Da hörte ich ein Klirren aus dem Untergrund, das war Geeske, die die Milch aus dem Keller holte. In den alten ostfriesischen Haushaltungen war es eine schöne Sitte, daß die erste Tasse Tee morgens ans Bett gebracht wurde; die Frau kredenzte sie ihrem Mann, es gab aber auch Fälle, wo der Mann, der ganz früh aus den Federn kroch, seine Frau damit erfreute. Waren Dienstboten im Hause, so war es dem ältesten Mädchen vorbehalten, der Herrschaft diesen Dienst zu erweisen. In Backemoor war es natürlich Geeske, die „Frau Pastorin“ und „Fräulein Hanni“, selbstverständlich auch eventuelle Gäste, mit dem Morgentrank versorgte. Und o Wonne: Ganz unvermutet öffnete sich meine Kammertür – und auch mir wurde ein Koppke Tee präsentiert! So etwas war in meinem Leben noch nicht dagewesen.

Meine Tante Gesina war die Güte selbst. Sie war ein frommer Mensch, wie ich keinen zweiten kennengelernt habe. Gott hatte ihr alles, woran ihr Herz hing, genommen – da hängte sie ihr ganzes Herz an ihn, er nahm die erste Stelle in ihrem Hause ein. Das war so selbstverständlich, daß es niemanden wunderte.

Ich kam aus einem christlichen Elternhaus, darum fühlte ich mich schnell in diese Atmosphäre ein; es erschien mir nur natürlich, daß vor dem Frühstück der Morgensegen gelesen, vor und nach Tisch gebetet und gedankt, nach dem Abendbrot der Abendsegen gelesen und danach ein Lied gesungen wurde. Dieses alles wirkte nicht aufdringlich, weil es einem echten Gefühl entsprang und auch das Tun regierte. Damals ging mir das noch nicht auf, aber später erfuhr ich, wieviel Rat und Hilfe von diesem Haus ausging, wie beispielsweise die gütige Tante buchstäblich einmal ihr letztes Hemd verschenkte, so daß die mit beiden Füßen auf der Erde bleibende Geeske oft bremsen mußte.

Dabei war die Tante für mich in erster Linie Respektsperson. Mit den beiden andern konnte ich herumalbern. Sie lächelte darüber, aber selber stand sie über solchem Getue. Einmal hatte ich mir einen Finger eingeklemmt und kam weinend damit zu ihr gelaufen; sie besah ihn sich und meinte: „Der Finger sitzt ja noch dran, um einen kleinen Schmerz muß man nicht kindisch zagen!“ Ich dachte zwar: Du fühlst es nicht!, aber ich begriff auch, daß man sich zusammennehmen muß. Das Wort ist mir im späteren Leben bei mancher Gelegenheit aufgetaucht und hilfreich gewesen.

Meine Tante war durch ein rheumatisches Leiden, das mit den Jahren immer mehr zunahm, sehr behindert. Ihre früher so zierliche Gestalt wurde stark und unförmig; sie ging mühsam am

Stock, selten nach draußen, nur am Sonntag regelmäßig zur Kirche. Schon das war für sie eine große Anstrengung, obwohl der Weg nicht weit war. Für gewöhnlich saß sie in ihrem Lehnstuhl, ein Strickzeug in den Händen oder in erreichbarer Nähe, aber manchmal schrieb sie auch. Sie hat die Geschichte ihres Lebens in mehreren Tagebüchern festgehalten. Ihr Bücherschrank barg viele Schätze, die mir, je älter ich wurde, desto anziehender erschienen. Sie las gern und viel, war vor allem an religiösen Neuerscheinungen lebhaft interessiert und freute sich über jeden Besuch, mit dem sie lohnende Gespräche führen konnte.

Eines Abends wollte sie schreiben und beauftragte mich, ihr Schreibzeug, einen zusammenklappbaren Mahagonikasten mit schräger, grün überzogener Schreibfläche, aus dem Wohnzimmer zu holen. Das war ein langer Raum mit drei großen Fenstern in der Seitenwand und einem Fenster in der Rückwand, der Kellerstube gerade gegenüber. Dort hing ein gut gemaltes Ölgemälde meines Onkels, ihres verstorbenen zweiten Mannes, fast in Lebensgröße, in wallendem Talar. Ich kam aus dem dunklen Flur, der Vollmond sah durch die Scheiben und warf sein Licht auf das Bild. Ich erschrak: Wie es manchmal bei Porträts geschehen kann, fühlte ich mich von den großen ernsten Augen verfolgt. Eisige Angst packte mich vor diesem gespenstischen Anblick. Ich lief zurück und sagte: „Da darf ich nicht hin!"

Meine Tante sah mich verwundert an: „Warum denn nicht?"

„Ich bin so bange vor dem Onkel!"

„Vor dem Onkel?"

„Ja, der an der Wand – der kuckt mich immer an –"

Da habe ich sie ein einziges Mal böse gesehen; sie konnte sich wohl in das Kind nicht hineinversetzen und war offensichtlich verletzt. Sie nannte mich „albern", und es half nichts, ich mußte das Schreibzeug holen, was ich zitternd mit geschlossenen Augen vollbrachte.

Höhepunkte waren immer die Geburtstagsfeiern, vor allem der 13. Oktober, der Geburtstag der Tante. Da wurde lange vorher beraten, was man ihr schenken könnte, und man war glücklich, wenn man zufällig einen Wunsch von ihr gewahr wurde, etwa ein Buch, von dem viel die Rede war. Das zu beschaffen war nicht so einfach. Man konnte ja in keinen Buchladen gehen oder

Frau Schröder damit beauftragen – was verstand die von Büchern! Da war es gut, daß große Freundschaft mit dem Pfarrhaus bestand, der jeweilige Pastor wußte stets Rat in solchen Fällen.

Selbstverständlich wollte auch ich etwas schenken, und Hanni hatte immer Ideen, was ich stricken oder häkeln oder sticken konnte. Sie war Spezialistin in Handarbeiten. Eifrig ging ich ans Werk und war stolz, wenn ich mehr oder weniger mühsam einen Serviettenring oder gar eine Nachtmütze vollendet hatte. Natürlich durfte das Geburtstagskind nichts davon ahnen, ebensowenig von den übrigen Vorbereitungen, und wie genoß ich diese geheimen „Sitzungen"! Die letzten gingen am Tag vorher im geräumigen Hinterhaus vor sich; da wurden Vasen gefüllt mit den schönsten Blumen, die wir nicht nur aus dem großen Garten holten – nein, es wurde extra ein Gang ins Feld unternommen; denn ein Feldblumenstrauß durfte nicht fehlen, und Hanni wußte ihn künstlerisch zu komponieren. Höhepunkt der Arbeit aber war das Kranzwinden, denn der Sessel mußte am Festmorgen damit geschmückt werden; sogar die Teetasse, die kostbarste, die im Glasschrank zu finden war, bekam ein Sträußchen, mit seidener Schleife am Ohr festgebunden. Welche Seligkeit, all das insgeheim mit zu bedenken und zu bewerkstelligen!

Dann kam der Geburtstagsmorgen. Vor Aufregung war ich schon früh wach, denn ich mußte ja mit den beiden das Geburtstagskind, das noch im Bett lag, mit einem Gesang überraschen. Geeske hatte eine gute Stimme, und wir beide sangen laut und hell das „Lobe den Herrn" oder „Bis hierher hat mich Gott gebracht", während die total unmusikalische Hanni nicht weniger hingebungsvoll dunklere Töne von sich gab, was aber unserer oder der Tante Freude keinen Abbruch tat. Wie kann ein Kinderherz sich an solchem Tag mitfreuen!

Ein Geburtstag, vielleicht war es der 65., steht mir besonders vor Augen. Ein zahlreicher Besucherkreis war da. Wir saßen im großen Wohnzimmer um den festlich gedeckten Mittagstisch. Die Hauptmahlzeit war vorbei, nur der herrlich prangende goldgelbe Pudding in der Form eines großen Fisches lockte mit dem roten Saft in der Kristallkanne daneben, ohne daß jemand zulangte. Ein lebhaftes Gespräch wollte nicht enden, während ich sehnsüchtig dem Nachtisch entgegenwartete. Als endlich eine Pause eintrat, platzte es aus mir heraus: „Mein Vater sagt immer, wenn Mama soviel erzählt: Sprich die Hälfte!" Alle sahen mich an, und dann brach ein Gelächter los: „Nein – das Kind!", so daß ich mich erschrocken duckte. Aber schon füllte jemand meinen Teller.

Backemoor war ein schönes Dorf, damals noch von der Zivilisation wenig berührt; es gab nur Sandwege, höchstens mit einem schmalen Fußpfad an einer Seite, durch einen Graben abgegrenzt. Die Pferde zogen ihre Ackerwagen, daß im trockenen Sommer der Sand stob und bei Nässe der Dreck spritzte. Zwischen den Häusern lagen große Gärten, oft noch von Wallhecken umgebenes Grünland, wo Kühe und Schafe weideten. Und hohe Bäume säumten viele Wege. Nie versäumte ich es, abends mit Geeske die Milch von Bauer Otten zu holen, wobei wir im Vorübergehen Brombeeren von wuchernden Sträuchern naschten oder den Duft des üppig blühenden Geißblatts einatmeten.

Kinder aus der Nachbarschaft waren im Feldhörnhaus gern gesehen. Ich entsinne mich eines kleinen Mädchens, Jantje mit Namen. Noch sehe ich das süße Kindergesicht vor mir; es hatte Geburtstag, wurde wohl vier Jahre alt. Hanni hatte es geholt und ihm einen Gabentisch aufgebaut mit allerhand buntem Kram einfachster Art. Die Kleine, die nicht verwöhnt war, staunte mit glänzenden Augen und stand sprachlos davor. Plötzlich klatschte sie in die Hände und rief: „O – wo krieg ik de Schiete nu all mit!" Ich traute meinen Ohren nicht; solch ein Wort durfte man doch nicht sagen! Angstvoll schaute ich zu meiner Tante hinüber. Aber Hanni lachte laut auf, und auch die Tante konnte sich das Lachen nicht verkneifen.

Ein ganz besonderer Festtag war Geeskes 25jähriges „Dienst"-Jubiläum: Das Haus war von morgens bis abends voller „Laufgäste", denn das ganze Dorf nahm teil. Junge Burschen aus der Nachbarschaft schossen sogar ihr zu Ehren Böllerschüsse in die Luft. Sowohl ihre Familie als auch unsere war vertreten. Ich war damals schon älter und hatte der Jubilarin ein tiefempfundenes Poem gewidmet; ich reimte ja so gern, und mit den Jahren wurde es für mich Ehrensache, jeden Festtag dort mit einem „Gedicht" zu eröffnen. Das gehörte einfach dazu.

Schön war es auch, in den Osterferien da zu sein, mitzuerleben, wenn an vielen Stellen mitten im Grünland Osterfeuer zusammengetragen wurden von der Dorfjugend, die sich gegenseitig beim Holzsammeln und Aufschichten zu überbieten trachtete. Wenn dann am Ostersonnabend das Fest feierlich eingeläutet wurde, flammte es überall auf. Während meine Tante vom Fenster aus das Schauspiel genoß, durfte ich mit Geeske oder Hanni hier und da ganz nahe dabeistehen und bewundern, wie das Feuer hoch aufloderte, wie die Funken stoben, wie die Jungen kunstgerecht das Feuer schürten, bis es allmählich niederbrannte.

Am Ostermorgen gab es bunte Eier, die man selber mit Zwiebelschalen oder mit anderen einfachen Mitteln gefärbt hatte und die, auch wenn sie innen oft grünlichblau vom langen Kochen waren, viel besser schmeckten als gewöhnliche Eier. Sie mußten ja hart sein, denn mit ihnen wurde auf den Grasflächen geworfen und „getrüllt". Man konnte mit ihnen „bicken", d. h. mit seinem Ei das eines andern anstoßen, entweder mit den spitzen Enden „Spitz up Spitz" oder mit den runden „Trutz up Trutz" oder auch mit den Seiten „Sietjes up Sietjes", und wem es dabei glückte, das andere Ei einzudrücken, der hatte es gewonnen.

Bei uns in Leer war es alter Brauch, diese Spiele auf dem Plytenberg zu machen, dahin strömte dann die Jugend. Aber ich entsinne mich nicht, daran teilgenommen zu haben; solange wir in der Nähe wohnten, war ich zu klein, um allein hingehen zu können, und meine Mutter hatte andere Sorgen. Später war die Entfernung zu groß. Die Freuden meiner Kindertage hingen durchweg mit Backemoor zusammen.

Frau Schröder, die Botenfrau, kam allmählich auf einen grünen Zweig, als ihre Kinder erwachsen waren und ihr voranhalfen. Ein Anzeichen dafür war, daß „Karo" ausgedient hatte und sie nun mit Pferd und Wagen schneller und leichter zur Stadt kam. Für mich war es ein Ereignis, als ich zum erstenmal auf den Sitz klettern durfte, von dem herab sie das Pferd lenkte. Zwar war das eine harte Bank, eine einfache Planke, und der Bullerwagen ratterte über die Kopfsteine, daß man sich gut festhalten mußte; dennoch war es wunderbar, so von hoch oben die Welt zu betrachten, und stolz kam ich in Backemoor angefahren.

Jedoch mit der Zeit verlor sich dieser Stolz bei mir. Als ich zur „höheren Tochter“ avancierte, ging ich bei der Hinfahrt bis Loga zu Fuß und stieg erst auf, wo mich keiner mehr kannte, um dort bei der Rückfahrt auch wieder abzusteigen.

Noch später brauchte ich niemanden mehr, um mich mitzunehmen. Da machte ich den langen Weg allein zu Fuß, oft nur für einen Tag – früh hin, abends zurück. Dann begleitete mich wohl meine Mutter, und wie manches Mal haben mein Bruder und ich dort einen Sonntag verlebt.

Für diese abgelegenen Dörfer bedeutete es viel, daß das Fahrrad aufkam. Erst angestaunt und voller Skepsis betrachtet, erregten diese Wunderdinger, die auf so schmalen Reifen Menschen trugen, bald allgemeines Interesse. Doch zunächst konnten nur Begüterte sich Räder leisten. Andererseits hielten Standespersonen es anfangs für unter ihrer Würde, so durch die Gegend zu strampeln. Aber diese Art der Fortbewegung erwies sich als praktisch und setzte sich schnell durch, auch bei den Dorfbewohnern, die so der Stadt plötzlich beträchtlich näherrückten.

Alle halbe Jahre etwa kam auch Geeske in die Stadt, dann nämlich, wenn sich so viele notwendige Besorgungen angesammelt hatten, daß es sich für sie lohnte, den weiten Weg zu machen – hin zu Fuß, zurück mit Bahn und Pferdeomnibus, weil sie dann schwer beladen war. Natürlich besuchte sie uns, und für mich war das stets ein Festtag.

Bei solchen Stadtbesuchen erlebte sie immer allerlei. Ihre Augen erspähten viel Merkwürdiges, und es war köstlich, wenn sie davon erzählte. So kam sie eines Abends ganz aufgeregt heim:

„Frau Pastorin, wat ik hört hebb – ik kann’t haast nich glöven!“

„Wat dann, Geeske?“

„Denken Se ins: Pastor Linnemann sall up Rad dör de Straten fahren!“

„Och – Geeske –“, wollte meine Tante das Gerede abtun.

„Nee – ’t is wisse wahr! De mi ’t vertellt hett, de hett dat sülvst sehn, un de lüggt nich!“

Kopfschüttelnd wurde es zur Kenntnis genommen; daß ein Mann von geistlichem Rang auf solche Weise Aufsehen erregte, erschien ihnen doch wider alle Würde.

Vor Weihnachten war Geeskes Besuch ein besonderes Ereignis. Natürlich brachte sie verheißungsvolle Pakete mit, deren Geheimnis sich erst am Heiligen Abend enthüllte; es waren, mit heutigen Augen betrachtet, Kleinigkeiten, doch dem unverwöhnten Kind ließen sie das Herz höher schlagen. Als Gegengabe ließen meine Eltern einen großen Korinthenstuten, extra lecker, bei Bäcker Brennstein backen. Geeske, die immer allerlei Behälter und Taschen mit sich führte, hatte zu tun, alle Einkäufe und Gaben – auch die anderen Verwandten in der Stadt revanchierten sich für Mitgebrachtes – so zu verstauen, daß alles die Reise überstand.

Einmal nun fand besagter Stuten nur notdürftig Platz, er ragte halb aus der Tasche, die sie in dem übervollen Abteil 4. Klasse auf dem Schoß hielt, und durchduftete lieblich die mit allen möglichen Gerüchen geschwängerte Luft. Neben ihr saßen junge Burschen, die laut lachten und Spaß hatten.

„O, wat lecker!“ drang es an ihr Ohr. Und plötzlich gewahrte sie, wie einer ein Stück Korinthenstuten in den Mund schob, während ein anderer mit seinem Taschenmesser an dem schon beträchtlich kürzer gewordenen Ende herumsäbelte, das aus ihrer Tasche lugte.

„O Heer!“ rief sie entsetzt, „wat fallt jo in – bünd ji mall worden?“

Alles um sie her lachte, zum Schaden hatte sie den Spott. Aufgelöst vor Scham und Ärger kam sie an dem Abend mit dem Rest des köstlichen Geschenks nach Hause.

Trotz ihrer kindlichen Frömmigkeit war Geeske nicht frei von abergläubischen Vorstellungen. Ich erinnere mich, daß es in den alten Schränken manchmal knackte; ein Zimmermann würde gesagt haben: das Holz arbeitet. Geeske aber meinte flüsternd: „Dat is en Geestgetüge!“

Ich konnte mit dem Wort nichts anfangen, mir wurde nur ein wenig unheimlich zumute. Später erklärte ich es mir: ein Geister-Zeugnis, Geister spukten in dem, was einst ihnen gehörte.

Einmal kam Besuch, als ich da war, und ich mußte die Kellerstube räumen.

„Du bist ja schon groß“, meinte meine Tante – ich war vielleicht neun Jahre –, „da kannst du schon oben schlafen.“

Oben waren außer dem Boden noch zwei größere Räume. Früher hatte sie Tante Lina, eine Schwägerin meines Vaters, bewohnt, bevor sie zu ihren Kindern nach Amerika übersiedelte: eine Küche mit eingebauten Schränken und ein Wohnzimmer mit zwei Butzen und Wandschränken. Darin standen ausrangierte Möbel, die aber ausgesprochen gemütlich anmuteten, und ich fand es immer wunderbar, dort am efeuumsponnenen Fenster in dem großen Lehnstuhl zu träumen oder zu lesen und durch die Glasscheiben der Schränke das alte Porzellan oder die Bücher und allerlei Merkwürdigkeiten aus Indien oder Amerika zu bewundern. Die Butzen hatten noch Bettstellen und kleine Waschtische und wurden von Gästen benutzt.

Wenn ich die steile Treppe hinaufkletterte, empfing mich eine würzige Luft von Kamille, Pfefferminz und allen möglichen Kräutern, die Hanni oder Geeske unterwegs gesammelt hatten. Sie hingen auf dem Boden zum Trocknen und halfen gegen vielerlei Gebrechen.

Zwar stolz, aber doch ein wenig beklommen ließ ich mich von Hanni in das Bett einer der schmalen Butzen verfrachten. Sie hatte keine Zeit, mir noch etwas zu erzählen, und ließ mich bald allein, doch die Tür zum Zimmer blieb offen. Meine Augen musterten die fremde Umgebung – den kleinen Spiegel über dem winzigen Waschtisch, die blaugeblümte Waschschale mit dem Krug daneben – und sie wollten mir schon zufallen, da hörte ich etwas: Es knisterte und kratzte irgendwo, leise, aber deutlich – was war das? Ein Vogel in der Dachrinne, von dem Geeske gesprochen hatte? Oder eine Maus? Mir fing das Herz an zu klopfen, ich hatte Angst vor Mäusen (ich habe sie heute noch!). Was tun? Rufen würde mich niemand hören, hinunterzugehen wagte ich nicht. Ich machte ksch! – ksch! und klopfte gegen die Bettstelle – es knisterte weiter.

Ob es doch ein Vogel war? Durch das Stubenfenster nebenan schien der Mond, und ein Strahl fiel auf ein Bildchen neben meinem Bett mit dem Spruch: „Siehe, der Hüter Israels schläft noch schlummert nicht.“ Wie Balsam legte sich's auf mein gläubiges Kindergemüt, ich fühlte mich beschützt und schlief ein. Geeske versicherte anderntags hoch und heilig, es wären Vögel, die man abends rumoren hörte.

Kusine Hanni hatte noch eine Schwester, Christina, die damals beim Tod der Eltern nach Hannover in eine sehr begüterte Familie gekommen war. Die Schwester ihrer Mutter hatte dort einen Kommerzienrat, den Herausgeber einer großen Tageszeitung, geheiratet, und sie wuchs dort wie ein eigenes Kind auf. Einmal im Jahr kam sie mehrere Wochen nach Backemoor, und von da aus besuchte sie dann auch kurz die übrige Familie. Sie steht in meiner Erinnerung wie eine gütige Fee: sehr vornehm und apart, aber auch sehr schlicht und lieb. Sie brachte immer etwas besonders Schönes mit. So sehe ich noch eine rosa Tasse vor mir, hoch und schmal, mit goldenem Ohr, aus der nur ich immer trinken durfte.

Auf Christinas Veranlassung kamen in das Feldhörnhaus manchmal große Pakete, deren Inhalt besonders für Hanni eine Fundgrube war: abgelegtes Zeug, dem man kaum ansah, daß es getragen war – es bedeutete willkommene Hilfe für so manchen Bedürftigen. Denn es gab im Dorf neben wohlhabenden Bauern auch wirkliche Armut. Renten für alle kannte man damals noch nicht. Die letzte Zuflucht, vor allem für alte Menschen, die nichts mehr verdienen konnten, war das Armenhaus, Gasthaus genannt.

Wie oft habe ich Geeske oder Hanni in diesen öden Bau begleitet, in dem es so muffig roch, wo die Türen, eine neben der andern, in dürftige Küchen mit kalten Steinfußböden führten, in denen eine alte Frau oder ein weißhaariger Alter ein armseliges Dasein zu Ende lebte. Die Bewohner des Gasthauses waren buchstäblich auf „milde Gaben" angewiesen, die jedoch weniger in Form von Kleidung als von Nahrungsmitteln erwünscht waren. Ich war immer froh, wenn wir solche Besuche hinter uns hatten, sie waren bedrückend trotz der Freude, mit der wir begrüßt wurden. Mit den alten Kleidungsstücken wurden vor allem kinderreiche Familien bedacht, deren Küchen in baufälligen Häusern nicht minder ärmlich wirkten. Manchmal waren in solchen Paketen aber auch so elegant wirkende Sachen, daß sie für Hilfsbedürftige ungeeignet waren. Dann wurde nicht selten von der Dorfschneiderin etwas für mich daraus fabriziert. Anfangs war ich stolz darauf, aber später, als ich in die höhere Schule kam, trugen mir diese Kleider abschätzige Blicke ein, so daß ich mich dagegen wehrte und schließlich streikte, obwohl meine Mutter, der bei ihrem schmalen Einkommen solcherlei Hilfe keineswegs unlieb war, mir gut zuredete oder gar böse wurde. Aber nichts ist verletzender für ein Kind, als wenn es von seinesgleichen wegen Äußerlichkeiten scheel angesehen wird. Was weiß man in dem Alter von Sorgen der Mutter!

Um diese Kusine Christina nun rankt sich eine erschütternde Geschichte, die ich bruchstückweise erfuhr. Sie hatte eine langjährige Freundschaft, und allgemein rechnete man mit einer Verlobung, sie selber nicht am wenigsten. Da erhielt sie, als sie wieder einmal in Backemoor zu Besuch war, die Verlobungsanzeige des Freundes. Sie wurde kreidebleich und ging ohne ein Wort in ihr Schlafzimmer. Als sie nicht wieder zum Vorschein kam, ging ihre Schwester, um nach ihr zu sehen. Sie fand sie teilnahmslos auf ihrem Bett liegen. Das Ende war: Sie starb innerhalb kurzer Zeit „an gebrochenem Herzen", wie man damals sagte. Der Ausdruck erregte mich maßlos, ich stellte mir vor, wie ihr Herz so voll von Leid war, daß es in Stücke sprang, und ich mußte bitterlich weinen. Sie wurde in Backemoor begraben, und immer wenn ich an ihrem Grab stand, mußte ich daran denken: an gebrochenem Herzen gestorben.

Ein gut Teil meiner inneren Entwicklung hängt mit meinen Besuchen im Feldhörnhaus und mit seinen drei Menschen zusammen, ohne daß ich mir damals dessen bewußt geworden wäre: Es war die Atmosphäre selbstverständlichen Einander-Helfens, des Verpflichtetseins dem anderen gegenüber, des Gottvertrauens ohne viel salbungsvolles Gewese, der schlichten Frömmigkeit, die ohne Tat nicht denkbar war.

Mit den Jahren wurden meine Besuche kürzer, beschränkten sich meistens auf einen Tag oder ein Wochenende. Aber die Anhänglichkeit wurde nicht geringer. Meine Tante Gesina ging 1911 als erste, im wahrsten Sinne des Wortes, heim, 82 Jahre alt. Damit hatte das Häuschen seine eigentliche Seele verloren. Testamentarisch vermachte sie ihr Haus den beiden Überlebenden. Hanni war die zweite, die es verließ. So blieb Geeske als letzte Hüterin dessen, was sie so lange betreut hatte, zurück.

Als ich sie in ihrer Einsamkeit besuchte, alt geworden und doch mich umsorgend wie eh und je, stellte sie Betrachtungen an über

ihr Leben: Nie hätte sie es für möglich gehalten, daß sie einmal Hausbesitzerin werden könnte. Und sie suchte nach dem Vorbild ihrer Lehrmeisterin Ursache und Begründung in der Bibel:
„Man kiek, dat heet: Die Sanftmütigen werden das Erdreich besitzen. Un sanftmütig bün ik eegenlik alltiet west, un nu hebb ik en Stückje Erdreich kregen! Un dat will ik di seggen: Du hörst ok to de Sanftmütigen, un sallst sehn un beleven – du kriggst ok noch mal 'n Stück Erdreich."
Ich mußte laut lachen ob dieser Weissagung. „Mien leeve Geeske, wor sull ik wall 'n Stück Erdreich herkriegen!"
„Och, kannst all nich weeten, Gott sien Wegen sünd wunnerbar."
Prophetische Geeske, du blicktest in die Zukunft: Es mußte eine Bombe ein Haus vernichten, damit ein neues erbaut würde, das mir dann als Eigentum auf Lebenszeit zugesprochen wurde – ich bekam mein Stück Erdreich!

Ausbildung und Beruf. In Jemgum

Durch einen glücklichen Zufall wurde mein Bruder in seine Heimatstadt versetzt, so daß er unserer Mutter für ein paar Jahre Stütze und Beistand sein konnte, bis er seinen eigenen Hausstand gründete.

Nie hatten meine Eltern daran gedacht, daß ich einmal einen Beruf ergreifen sollte. Mein Vater stand auf dem damals üblichen Standpunkt: Mädchen gehören ins Haus, sie haben sich eine gewisse Bildung anzueignen, aber vor allem den Haushalt zu erlernen.

Es war um die Jahrhundertwende auch noch selten, daß eine Frau berufstätig war. Allenfalls als Lehrerin oder Krankenschwester ließ man sie gelten. Unsere Stadt jedoch war immerhin so fortschrittlich, daß sie ihrem Lyzeum ein Oberlyzeum anschloß. In drei Seminarjahren wurden dort die Schülerinnen zu Lehrerinnen ausgebildet, mit der Berechtigung, an Volks-, Mittel- und Höheren Schulen zu unterrichten. So einfach war es damals im kaiserlichen Deutschland, diese Qualifikation zu erreichen.

Als Kind denkt man kaum an die Zukunft, man ist nur bestrebt, die Gegenwart mit allem auszufüllen, was man gern tut. Ich las am liebsten, meinetwegen hätte der ganze Unterricht aus deutscher, französischer und englischer Literatur bestehen können, alles andere war ein mehr oder weniger angenehmes, notwendiges Nebenbei.

Wie stark die Persönlichkeit eines Lehrers maßgebenden Einfluß, positiv und negativ, auf die geistigen Interessen der Schüler gewinnen kann, machen sich die meisten Pädagogen wohl kaum klar. So hat mich eine tiefgehende Schwärmerei für eine Lehrerin, die uns jahrelang französischen Unterricht gab, diese Sprache besonders lieben gelehrt, obgleich mich das unserem Niederdeutsch so verwandte Englisch doch viel eher hätte interessieren müssen. Aber die Lehrer dieses Faches langweilten mich. Dagegen war unser Deutschunterricht vorzüglich, auch der in Religion; er war den Lehrenden Herzenssache und nahm mich deshalb ganz gefangen.

Für meine Mutter war es selbstverständlich, daß ich nach Abschluß der ersten Klasse die Schule verließ. Ich aber wollte brennend gern mit meinen Freundinnen ins Oberlyzeum überwechseln. Doch sie blieb all meinen Bitten gegenüber taub, bis einer unserer Lehrer sie aufsuchte. Er spürte bald, daß es in der Hauptsache finanzielle Gründe waren, die sie bewegten, und stellte eine Freistelle in Aussicht. Damit war ihr Widerstand gebrochen.

Ich war glücklich, daß ich meinen Weg weitergehen konnte. Daß er in den Lehrerinnenberuf münden würde, war mir weniger wichtig, es verstand sich von selbst.

Diese drei Seminarjahre in kleinem Kreis – wir waren neun Mädchen, die, so verschieden sie auch waren, wie Pech und Schwefel zusammenhielten – stehen in meiner Erinnerung als beglückendes Erlebnis. Es waren ja die Jahre des Reifens mit all den Problemen, die sich heranwachsenden Menschen auftun, und da bedeutet es viel, wenn man ihnen mit Gleichgesinnten begegnen kann und sie mit ihnen zu bewältigen sucht.

Im ganzen gesehen hatten wir gute, zum Teil hervorragende Lehrer, denen ich viel zu danken habe. Natürlich war damals zu Anfang unseres Jahrhunderts alles unkomplizierter, und die einzelnen Stoffgebiete waren noch überschaubar. Das meiste wurde uns in der Theorie geboten, obwohl wir Weisheiten wie „Grau, teurer Freund, ist alle Theorie“ in langen Passagen zu lernen hatten; die Praxis in den naturwissenschaftlichen Fächern, vor allem auch in der Pädagogik, ließ viel zu wünschen übrig.

Von Zeit zu Zeit mußten wir Schülerinnen unter Leitung des „Ordinarius“ in den Hauptfächern Lehrproben halten, allein oder vor versammelter Gemeinschaft unseres Jahrgangs, und hinterher folgten dann Besprechung und Kritik. Jede Lektion mußte mit Fragen und den zu erwartenden Antworten genau schriftlich ausgearbeitet werden. Man lernte sie natürlich auswendig, so daß alles in vorgegebenen Bahnen verlief. Disziplinschwierigkeiten gab es nicht, weil die entscheidende Instanz immer anwesend war. Wie wenig man damit den Anforderungen der Wirklichkeit gerecht wurde, erkannte man erst, als man sich später in der eigenen Klasse zu behaupten hatte.

Die Schlußprüfungen, zu denen ein Vertreter der Schulbehörde aus Hannover erschien, hatten bis dahin immer in Emden stattgefunden; die Kandidatinnen aus Leer mußten also dorthin fahren und wurden im Hotel einquartiert, im „Weißen Haus". Diese Aussicht war für uns das einzig Verlockende an der gefürchteten Prozedur – aber des „Geschickes Mächte" hatten es anders beschlossen: Gerade im Jahr 1910, als wir ins Examen kamen, wurde dem Oberlyzeum in Leer die Berechtigung erteilt, an der eigenen Anstalt die Prüfung abzuhalten. Damit ging für uns der ganze abenteuerliche Rahmen des Ereignisses in die Brüche. Wer von uns hatte damals schon einmal im Hotel übernachtet? Dazu noch in corona?! So blieb uns nur die nüchterne Prüfung an Ort und Stelle vor den hohen Gästen aus Hannover. Zum Glück bestanden wir sie alle neun.

Klein war damals die Welt für uns: es gab noch kein Radio, kein Fernsehen; Reisen mit der Bahn waren selten. Von der Außenwelt erfuhren wir immer nur mittelbar, wir blieben ohne eigene Anschauung.

Hinzu kam, daß die Mädchenbildung erst ganz schüchtern begann. Der Besuch einer höheren Schule war im Grunde nur den begüterten Schichten vorbehalten; er war ja auch mit allerlei Kosten verbunden, nur in Ausnahmefällen gab es eine Freistelle. Was darüber hinausging an Bildung, war Luxus. So hieß es in einer Erklärung deutscher Mädchenschulpädagogen in Weimar 1872:

„Es gilt, dem Weibe eine der Geistesbildung des Mannes in der Allgemeinheit der Art und der Interessen ebenbürtige Bildung zu ermöglichen, damit der deutsche Mann nicht durch die geistige Kurzsichtigkeit und Engherzigkeit seiner Frau an dem häuslichen Herde gelangweilt und in seiner Hingabe an höhere Interessen gelähmt werde, daß ihm vielmehr das Weib mit Verständnis dieser Interessen und der Wärme des Gefühls für dieselben zur Seite stehe."

(Helene Lange, Lebenserinnerungen. Berlin 1921, S. 127)

Gegen diese männliche Anmaßung protestierte Helene Lange, eine der hervorragenden Vorkämpferinnen für die Mädchenbildung. Ihre Replik ging als die „gelbe Broschüre" in die Geschichte der Frauenbewegung ein und wurde in der seinerzeit nur von Männern regierten Bildungswelt als ungeheure weibliche Anmaßung empfunden. Es versteht sich von selbst, daß wir von solchen Bestrebungen und Kämpfen einzelner offiziell nichts erfuhren.

Ein Beruf galt eben als wesensfremd für ein Mädchen, als unweiblich. Wer von der heutigen Generation weiß wohl, wie schwer der Kampf gegen dieses Vorurteil gewesen ist, wie es der nicht nachlassenden Tapferkeit mutiger Frauen wie Helene Lange bedurft hat, bis Breschen geschlagen wurden in Bastionen, die sich immer die Männer vorbehalten hatten.

Ein Abitur gab es für Mädchen noch nicht, höchstens als Ausnahme nach privater Vorbereitung. Wohl gab es den Titel „Oberlehrerin". Den konnte man erwerben, wenn man zwei Jahre als Lehrerin an einer höheren Mädchenschule unterrichtet hatte und danach spezielle Kurse absolvierte, die an einzelnen Universitäten eingerichtet wurden. Die Berechtigung zum Studium für Mädchen kam erst später.

So war der Umfang der Bildung, die wir erwarben, zeitgemäß beschränkt; viel Ballast und unnötiger Gedächtniskram kamen leider hinzu. Aber im Rahmen des Möglichen wurde uns doch eine Basis gegeben, wurden Fundamente gelegt, auf denen aufgebaut werden konnte. Wesentlichen Anteil daran trugen jene engagierten Lehrerpersönlichkeiten, die uns ihr Bestes zu geben versuchten. Das war damals so, ist heute so und wird wohl immer so bleiben.

Mir wurde angeboten, in Jemgum, dem Emsdorf im Rheiderland, eine kleine Privatschule einzurichten, die von der bäuerlichen Bevölkerung als Vorbereitung auf die Höheren Schulen der Stadt ins Leben gerufen werden sollte, damit ihre Kinder einige Jahre länger unter dem elterlichen Dach bleiben konnten. Ich fand das reizvoll und ahnte nicht, was ich damit auf mich nahm.

Während meine frisch gebackenen Kolleginnen, soweit sie in den Beruf gingen, in wohlgeordnete Verhältnisse kamen, hatte ich die erst zu schaffen. Nur ein Klassenraum mit dem notwendigsten Inventar wurde mir zur Verfügung gestellt, aber Lehrplan, Stundenplan, Lehr- und Lernmittel und was sonst noch zu einem geordneten Unterricht gehört, waren nicht vorhanden. Sie zu beschaffen war meine Sache. Wie hätte ich darauf vorbereitet sein können?

Mit Hängen und Würgen, mit entliehenen Vorbildern und rührender Mithilfe des Ortsschulinspektors Pastor Westermann schaffte ich immerhin die nötigsten Vorarbeiten. Dann stand ich vor meiner Klasse, vor meinen ersten zehn Schülerinnen und einem Schüler, und ich hatte bestimmt mehr Angst vor ihnen als sie vor mir, wenn sie auch erst zehn Jahre alt waren.

Doch „Doon deit lehren" sagt ein ostfriesisches Sprichwort, durch Erfahrung lernt man. Es dauerte nicht allzu lange, da waren wir gut aufeinander eingespielt, meine elf und ich. Das bedeutete aber nicht, daß die Arbeit leichter und weniger wurde; im Gegenteil, mit jedem Jahr kamen neue Kinder dazu, und ich mußte mich darauf einstellen, mehrere Gruppen gleichzeitig zu beschäftigen und voranzubringen. Und wie primitiv waren die äußeren Umstände! Unser Klassenraum befand sich hinten in einem Privatgebäude, im Vorderhaus war ein Papierladen. Als Vorhalle diente eine kleine Scheune, in der einige Schweine in ihrem Stall uns quiekend und grunzend begrüßten. Hinter der neu angebauten Klasse war ein winziger, umzäunter Spielhof, auf dem ein Barren anzeigte, daß dort auch geturnt werden sollte. Bei Regen wurde der Turnunterricht allerdings in die Scheune verlegt, die außer einer wackeligen Leiter, die auf den Heuboden führte, keine Turngeräte irgendwelcher Art aufwies. Dafür standen dort ein paar Kübel mit Buttermilch, und es galt aufzupassen, daß bei Freiübungen niemand hineinfiel. Ein Idyll! Man stelle sich daneben unsere modernen Schulbauten vor.

Zum erstenmal in meinem Leben wohnte ich nicht mehr bei Mutter zu Hause, sondern in einem möblierten Stübchen bei einer älteren Klavierlehrerin, die mich aber mütterlich betreute. Zum Wochenende wanderte ich bei gutem Wetter die acht Kilometer heimwärts, bei schlechtem fuhr ich mit Sühwolds Pferdeomnibus.

Das geschah zum Trost meiner Mutter, die nun sehr einsam war; aber darüber macht sich ein junger Mensch kaum Gedanken.
Ich genoß die Selbständigkeit. Alles war ja für mich neu: die Umgebung, die Arbeit, die Kinder, überhaupt die Menschen, die hier noch das unverfälschte Platt des Rheiderlandes sprachen.
Meine Eltern hatten auch Plattdeutsch miteinander gesprochen. So war es mir vertraut, aber uns Kinder hatten sie hochdeutsch erzogen, wie es damals in den Bürgerfamilien durchweg Brauch war. Darum war es mir durchaus nicht geläufig. Hier in Jemgum jedoch blieb mir nichts anderes übrig, als mich mit den Eltern meiner Schüler in ihrer Sprache zu unterhalten, wenn ich nicht Außenseiter bleiben wollte. Dabei entdeckte ich, wie schön diese Sprache war, wie kraftvoll und bildhaft, und daß es eine Schande wäre, wenn sie dem Hochdeutschen einfach weichen müßte.
Eigenartigerweise hatte mein Bruder, der in Leer seßhaft geworden war, dieselbe Entdeckung gemacht. Er engagierte sich in der Heimatbewegung und wurde ein begeisterter und begeisternder Verfechter der Heimatsprache, er war Mitbegründer des Vereins für Heimatschutz und Heimatgeschichte in Leer und Initiator der alljährlichen Heimatspiele, für die er auch manches Stück schrieb und deren hervorragender Hauptdarsteller er wurde.
Mein Beruf machte mir Freude. Vor allem fand ich es herrlich, daß keiner mir dreinzureden hatte; da gab es keinen Schulleiter, dem ich wie an einer staatlichen Schule „untertan" gewesen wäre. Die Schule unterstand seinerzeit der kirchlichen Schulaufsicht. Nur selten gab es Besuche des Orts- oder des Kreisschulinspektors, der eine war der Ortspastor, der andere der zuständige Superintendent Buurman. Beide erwiesen sich als menschlich verständnisvoll, das war durchaus nicht die Regel.
Vor eine Schwierigkeit sah ich mich gestellt: Als lutherisch Getaufte und Konfirmierte mußte ich reformierten Religionsunterricht geben. Heute mutet es lächerlich an, darin ein Problem zu sehen, aber damals wurden die konfessionellen Unterschiede, vor allem auf dem Lande, noch wichtig genommen. Religion, die bei uns zu Hause großgeschrieben wurde, war mir ein ernstliches Anliegen, und ich machte es mir nicht leicht damit. Mit

meiner besten Freundin, die aus mennonitischem Hause stammte, hatte ich viel über uns gemeinsam bewegende Fragen gesprochen. Mir imponierten die Mennoniten, die sich so konsequent an Christi Forderungen hielten. „Eure Rede sei ja, ja-nein, nein, was darüber ist, das ist vom Übel!" hieß es in der Bibel — und sie verweigerten den Eid; „Du sollst nicht töten!" — und sie lehnten den Kriegsdienst ab. Mir erschienen daneben unsere Katechismen so schrecklich wortreich und eigentlich neben der Bibel überflüssig.

Es gab aber nur wenige, mit denen ich besprechen konnte, was mich bewegte. Und ich hatte doch brennendes Interesse!

Als ich siebzehn war, lernte ich den Bruder einer meiner Freundinnen kennen, den auch religiöse Probleme stark beschäftigten; er machte mich mit religionsphilosophischen Büchern bekannt, die in jenen Jahren viel von sich reden machten: Ralph Waldo Trines „In Harmonie mit dem Unendlichen", Emersons „Arbeiten und nicht verzweifeln" und andere. Ich las sie mit Hingabe, sie entsprachen meinem eigenen Empfinden, und die kirchlichen Dogmen schienen mir die einfache Wahrheit „Gott und den Nächsten lieben wie sich selbst" zu verhüllen und die Lehre über das Leben zu stellen.

Diese gemeinsamen Erkenntnisse und Diskussionen brachten uns einander freundschaftlich nahe, und als er ins Studium ging, liefen lange Briefe hin und her, die dann auch andere Dinge berührten. Im Verlauf einiger Jahre, die ihn zur weiteren Ausbildung nach Amerika führten, glaubten wir, fürs Leben zusammenzugehören. Doch er fand drüben seinen Beruf, ich kam nach Jemgum.

Im Laufe der Zeit tat die Entfernung das ihre; seine Interessen gingen nun mehr kommerzielle Wege, und als dann der entscheidende Vorschlag kam, daß ich mein Leben dort mit ihm weiterführen sollte, da reichten meine Gefühle doch nicht aus, um den Ozean zu überbrücken. Damit ging eine schöne Freundschaft zu Ende, die uns beide reicher und reifer gemacht hatte. Keine Bitterkeit blieb zurück, weder bei ihm noch bei mir.

Nun aber waren nicht meine eigenen Gedanken über Religion gefragt, nun sollte ich den Kindern reformierten Religionsunterricht geben. Ich vertiefte mich in den Heidelberger Katechismus – wir hatten in der Schule schon unsere reformierten Mitschülerinnen stets bemitleidet, weil er soviel Lernstoff enthielt –, und ich verzweifelte über all den „Fragen“ und „Antworten“. Dabei hatte ich selber noch keinen festen Standpunkt, ja, zeitweise warf ich alle Dogmen über Bord.

Da entschloß ich mich endlich, einmal mit meinem geistlichen Vorgesetzten, Pastor Westermann, zu sprechen und ihm klipp und klar zu sagen, ich könne den Religionsunterricht nicht geben.

Es wurde eine lange Unterredung, und ich lernte dabei einen feinsinnigen, großzügigen Menschen kennen, der voller Verständnis war. Er ließ mich erkennen, daß es bei den Kindern in erster Linie darauf ankomme, ihnen Liebe zu Gott und den Menschen und die Achtung der göttlichen Gebote nahezubringen und daß die Konfessionen wirklich nur als verschiedene Wege der verschieden gearteten Menschen zum Ewigen anzusehen seien. Frei und leicht konnte ich nun an die Arbeit gehen.

Mit der Zeit wurde die kleine Schule zweiklassig. Es wurde ein Raum angebaut und ein männlicher Kollege eingestellt, der sich vor allem der größeren Jungen annehmen mußte. Diese Lehrer waren meist Lehramtskandidaten, die vor dem letzten Staatsexamen standen, und wechselten durchweg jedes Jahr. Mit allen, die ich erlebte, gab es eine gute Zusammenarbeit.

Der Erste Weltkrieg. Fallersleben und Leer

Nie hatte ich mich mit Politik befaßt. Auch sie war im kaiserlichen Deutschland ein Männerprivileg. Unantastbar war mir nur die Gewißheit, daß es etwas Erhabeneres und Edleres als das Kaiserhaus nicht geben könnte. Darauf war die Erziehung in Schule und Haus ausgerichtet. Von welthistorischen, von weltwirtschaftlichen Zusammenhängen hatte ich keine Ahnung.

Ich war in den letzten Julitagen 1914 mit der Dame, bei der ich wohnte, ein Wochenende auf Norderney, als drohende Kriegsgerüchte uns veranlaßten, nach Hause zu fahren. Aus sorglosem Dahinleben waren wir aufgeschreckt. Und dann überstürzte sich alles: Mobilmachung, Kriegsausbruch!

Unsere Ferien wurden zunächst verlängert, und meine Mutter war froh, daß sie nicht allein war; sie erinnerte sich dunkel an 1870, nicht etwa an das Kriegsgeschehen, nur an Geschichten, die man ihr erzählt hatte. Persönlich waren wir vorerst nicht betroffen, mein Bruder war wegen seiner Kurzsichtigkeit vom Militärdienst befreit worden. Natürlich war ich wie jeder „gute Deutsche“ überzeugt, daß allein Neid und Haß der übrigen Welt uns diesen Krieg beschert hatten.

Aber wir hatten den Krieg nicht im Lande, und so ging das Leben in unserer abgelegenen Ecke bald seinen gewohnten Gang. Die Schule begann wieder, und ich hatte viel Arbeit mit Privatstunden, die ich nebenher gab. Außerdem ritt ich mein Steckenpferd: Ich schrieb.

Ich weiß nicht, wer mir diese Leidenschaft vererbt hat, wahrscheinlich mein Vater, obwohl er selber die Feder nur für geschäftliche Eintragungen und vereinzelte Briefe in die Hand nahm. Aber eine Tochter seiner Schwester, Martha Köppen-Bode, hat verschiedene Bücher geschrieben, ebenso sein Neffe Siegfried, der Pastor in Amerika war. Welcher Urahn jedoch für dieses Erbgut verantwortlich war, ist unbekannt. Meine Mutter war gewiß unschuldig daran, sie war jedenfalls höchst ungehalten über meine „ewige Schreiberei“, von der ich schon als Kind bessesen war und die mich nach ihrer Meinung für „wirkliche“ Arbeit, zu der man neben dem Verstand auch die Hände brauchte, untauglich machte.

Schon als Vierzehnjährige hatte ich meinen ersten „Roman“ verfaßt, der ein ganzes Oktavheft füllte. Während ich beispielsweise der langweiligen Pflicht des Geschirrabtrocknens nachkam, kreisten meine Gedanken um dieses Werk, so daß ich zum Verdruß meiner Mutter auf Fragen mangelhafte oder abwegige Antworten gab. Natürlich betrieb ich das Schreiben im verborgenen. Nie wäre mir in den Sinn gekommen, ihr oder meinem kranken Vater etwas davon zu zeigen. Dafür hatten glücklicherweise meine Schulfreundinnen Interesse an meinem „Roman“. Ihnen las ich ihn in den Pausen am stillen Örtchen in Fortsetzungen vor, und als das Werk dann fertig war, rieten sie mir sogar, es der Zeitung einzusenden. Zum Glück aber hatte ich Hemmungen! Ein anderes Heft füllte sich mit Gedichten, sentimental und voller Weltschmerz, wie es dem Backfischalter entsprach.

Das war lange her. Nun jedoch, reifer geworden, versuchte ich mich ernsthaft an einem Roman. Daß ich in meiner Abgeschiedenheit niemanden hatte, der meine Interessen teilte oder der ein literarisches Urteil besaß, beklagte ich sehr. Als ich meine umfangreiche Geschichte zu Ende gebracht hatte – wer konnte mir sagen, ob sie druckreif war? Ich habe immer Hemmungen gehabt, wenn es galt, an andere heranzutreten, und habe sie heute noch. Doch damals verlangte ich nach helfender Kritik. Ich weiß nicht mehr, wie ich auf Professor Stuhlmann in Hamburg kam, der mir ganz unbekannt war. Ich hatte wohl etwas von ihm gelesen und zufällig seine Adresse erfahren. Jedenfalls schickte ich ihm mein Manuskript und bat um Beurteilung. Ich hätte keinen Besseren finden können. In liebenswürdiger Form, aber gründlich und schonungslos, zeigte er mir, worauf es ankam, daß zum Beispiel die seitenlangen Naturschilderungen, auf die ich gerade so stolz war, vollkommen überflüssig waren. Die Kritik war schmerzlich, aber eine große Hilfe. Ich legte mein Erzeugnis still ad acta.

Allmählich war mir die Jemgumer Welt zu klein geworden, ich hielt heimlich Ausschau nach einem anderen Wirkungskreis und hatte auch schon verschiedene Bewerbungen verschickt. Eine davon hatte Erfolg: Am 1. April 1916 kam ich an die Bürgerschule in Fallersleben und damit in den Staatsdienst.

Zwei Jahre hatten wir schon Krieg, und noch war keine Aussicht auf ein Ende. An der vielklassigen Schule waren nur noch ein paar alte Kollegen, die jungen waren alle eingezogen. Lehrerinnen waren an ihre Stelle gerückt.

Es war für mich eine große Umstellung: aus der ganz Ungebundenen, die nach eigenem Ermessen über Lehr- und Stundenpläne verfügte und in einer Klasse mit höchstens 20—30 Schülern verschiedene Stufen gleichzeitig unterrichtete oder beschäftigte, ohne sich um einen Vorgesetzten kümmern zu müssen, wurde nun das ordentliche Mitglied eines Kollegiums, das sich den Weisungen eines Schulleiters zu fügen hatte.

Zunächst wurde ich feierlich vom Superintendenten, dem Kreisschulinspektor, vereidigt und mußte so den ersten Schwur meines Lebens tun. Dann bekam ich eine Klasse zugeteilt und hatte in verschiedenen anderen noch Stunden zu geben.

Der Name Fallersleben hatte es mir angetan: Geburtsort des Dichters unseres Deutschlandliedes. Es war damals noch ein verwunschenes kleines Ackerbürgerstädtchen, umgeben von ausgedehnten Wäldern. Ich habe sie mit einer Kollegin, mit der ich mich bald anfreundete, stunden- und tagelang durchwandert. Wer hätte es damals für möglich gehalten, daß in absehbarer Zeit kaum mehr ein Baum davon stehen, daß sich dort statt dessen eine große Stadt ausbreiten würde, der die romantisch in Waldeinsamkeit aufragende Wolfsburg ihren Namen geben sollte.

Ich lebte mich rasch in die neuen Verhältnisse ein, fand ein Zimmer bei netten, einfachen Leuten und aß zu Mittag in Hoffmanns Geburtshaus, das nun eine Gaststätte war. Da war Schmalhans, der sich sonst überall bemerkbar machte, noch nicht Küchenmeister. Denn in diesem gesegneten Winkel waren die meisten Einwohner Ackerbürger, also Selbstversorger. Das wollte etwas heißen in jenen Kriegstagen!

Ich mußte mich nur erst an die übervollen Klassen gewöhnen,

die schwer überschaubar waren. Mehr als sechzig Sechsjährigen hatte ich etwas beizubringen, eine oft ermüdende, oft aber auch erheiternde Arbeit. Die Kleinen sind mir immer besonders lieb gewesen, vor allem, wenn ich sie vier Jahre weiterführen konnte. Aber bei so großer Schülerzahl ist es fast unmöglich, dem einzelnen gerecht zu werden.

Ich hatte trotz allem noch Muße genug zum Schreiben: kleine Erzählungen, Skizzen, Gedichte entstanden. Die „ruhmreiche Zeit“ bot ja Stoff genug, und vom sichern Port aus ließ sich gemächlich Erdachtes und Nachempfundenes in Worte bringen. Es war ehrlich gemeint, denn mit der Wirklichkeit „draußen“ wurde man ja nicht konfrontiert, falls man nicht einen nahestehenden Menschen an der Front wußte. Zum Glück sind meine damaligen Erzeugnisse der Nachwelt im Zweiten Weltkrieg verloren gegangen, obwohl ich sie jetzt gern noch einmal lesen würde.

Zwar wurde nun auch mein Bruder eingezogen und in Verden ausgebildet, aber als Telegraphist kam er nicht direkt in die Schußlinie. Doch war uns beiden recht beklommen zumute, als ich ihn zum Abschied besuchte; er mußte plötzlich abrücken und bekam keinen Heimaturlaub mehr.

Trotz der ernsten Zeit ist mir das Fallerslebener Jahr in schönster Erinnerung. Es war so unbeschwert, obschon ich keine großen Sprünge machen konnte mit den 98 Mark, die der Staat mir monatlich zukommen ließ. Da war ich im Privatdienst besser dran gewesen. Wohl war ich nun pensionsberechtigt, doch das erschien mir damals gar nicht so wichtig – wer denkt in der Jugend an eine so ferne Zukunft!

Jedenfalls hätte ich von mir aus noch nicht daran gedacht, schon wieder fortzugehen. Aber meiner Mutter, die nun ganz allein war, ging es gesundheitlich nicht gut. Das veranlaßte mich, als zu Hause eine Stelle an den städtischen Volksschulen frei wurde, mich darum zu bewerben. Dennoch war mein Schreck nicht gering, als der damalige Rektor der Osterstegschule in Leer, Dierks, mir eines Tages telegraphisch mitteilte, daß er mich am nächsten Morgen im Unterricht besuchen würde.

Am unangenehmsten war es mir, meinem netten Rektor in

Fallersleben gestehen zu müssen, daß ich mich fortbeworben hatte, und er fiel auch aus allen Wolken. Aber es war ebensowenig ein Spaß, eine mir so gewichtig erscheinende Persönlichkeit wie Herrn Dierks stundenlang kritisch neben sich zu wissen, und ich dankte Gott, als das Klingelzeichen mir den Schluß der letzten Stunde anzeigte.

Der „hohe Herr" aber war ganz huldvoll und versprach, mich dem Schulausschuß der Stadt empfehlen zu wollen. So kam ich Ostern 1917 nach Leer zurück.

Wieder galt es, sich in neue Schulverhältnisse einzuleben, doch war es diesmal nicht so schwer, denn der Wechsel war nicht groß: brechend volle Klassen hier wie dort. Der Lehrermangel wurde immer stärker, auch der Mangel an Lebensmitteln, die es ja schon lange nur gegen Marken in mehr oder weniger kleinen Mengen gab. Am fühlbarsten war für uns Ostfriesen der Mangel an Tee!

Doch schön war es auch, wieder zu Hause zu sein. Es war anders als früher, als ich noch Schülerin war, also abhängig, anders auch als in der Jemgumer Zeit, in der ich nur besuchsweise heimkam. Nun war ich selbständig, und meine Mutter lebte sichtlich auf, doch konnte sie sich nicht mehr völlig erholen.

Trotz der Schatten, die der nicht endenwollende Krieg immer dunkler warf, trotz der vielen Anzeigen mit den Eisernen Kreuzen in den Zeitungen, trotz der Verwundeten, die nun die in Lazarette umgewandelten Turnhallen füllten – trotz alledem hatte man seine Freuden. Ich muß jetzt darüber staunen, wie wenig im Grunde dieser erste Krieg uns innerlich traf, die wir nicht um nahe Angehörige zu bangen hatten. Es gab soviel Abwechslung: Wohltätigkeitskonzerte, Theater, Vorträge, man kam im Kollegenkreis zusammen und nahm an allem regen Anteil.

Die Ferien, die ich sonst bei meiner Mutter zugebracht hatte, konnte ich jetzt für Reisen nutzen, und ich tat es weidlich. So fuhr ich wieder nach Fallersleben, um von dort mit meiner Freundin und ihrer Schwester eine Harztour zu machen, wie sie heute nicht mehr möglich ist, weil ja die deutsch-deutsche Grenze mitten durch den Harz verläuft.

Eine andere Ferienfahrt führte zu Verwandten und Freunden nach Halle an der Saale, nach Altenburg und Leipzig, nach Cahnsdorf und Berlin.

In Berlin wohnte eine Freundin, mit der ich auf eine kindlich romantische Weise bekannt geworden war. Während unserer Schulzeit hatten wir vierzehnjährigen Mädchen eine Karte an die gleichaltrige Klasse der Höheren Mädchenschule in Königsberg geschickt, mit unseren Adressen und der Bitte, uns zu antworten. Daraufhin kamen zwei Karten, davon eine an mich. Daraus entwickelte sich eine Korrespondenz. Lange Briefe gingen hin und her, was auf die Dauer unserem schmalen Taschengeld schlecht bekam. Daher „unterhielten" wir uns künftig in Tagebuchform, bis ein Oktavheft gefüllt war, das wir dann austauschten.

So entstand im Laufe der Jahre eine wirkliche Freundschaft, ohne daß wir uns sahen. Doch als ich dann in Jemgum auf eigenen Füßen stand, besuchte mich meine Briefpartnerin eine ganze schöne Woche lang, und wir waren uns keinen Augenblick fremd!

Es kam daraufhin eine Einladung für die großen Ferien nach Königsberg. Das war meine erste große Reise quer durch Deutschland. Ich feierte ihre Verlobung mit und verlebte mit dem Brautpaar herrliche Wochen. Dabei lernte ich außer der alten Krönungsstadt auch die nahe Ostsee und die Kurische Nehrung kennen. Das war im Jahre 1911.

Nun konnte ich die Freundin in Berlin besuchen, da ihr Mann dort beim Militär war. Und durch sie lernte ich zum erstenmal unsere Hauptstadt kennen. Es blieb das einzige Mal.

Es ist wirklich verwunderlich, daß sich das alles mitten im Krieg ereignete. Wir hatten eben damals keine Vorstellung von den Schrecken, die er dort verbreitete, wo er hauste.

Ich entsinne mich auch nicht, daß unsere Siegesgewißheit jemals ins Wanken geraten wäre. Ich war jung und entsprechend hoffnungsvoll, dazu unkritisch erzogen und voll von Nationalstolz, schon bald einem Dünkel. Es gab niemanden in meiner Umgebung, der gezweifelt hätte, daß uns schließlich der schwer verdiente Sieg zufallen würde.

Einmal sah meine Mutter zufällig einen Transport verwunde-

ter Gefangener. Sie war tief bewegt und erzählte einem Bekannten davon:
„Die armen Gefangenen!" – worauf er sie entrüstet zurechtwies:
„Das dürfen Sie nicht sagen – es sind Feinde!"
Da wurde ich stutzig, das traf mein religiöses Empfinden. Soweit ich mich erinnere, war es das erste Mal, daß ich über die andere Seite nachdachte, die Feinde, die auch Menschen waren. Im Grunde hatte ich bislang nur mit deutschen Augen gesehen und an deutsches Leid gedacht. Die „stolze Trauer" der Hinterbliebenen, wie sie in den Zeitungen gedruckt stand, erfüllte mich stets mit bewundernder Genugtuung.
So gingen wir in das Jahr 1918 hinein, das Schicksalsjahr, in dem soviel zerbrach, bevor Neues entstehen konnte. Es sollte auch mein Leben gründlich verändern!

Nachkriegszeit

Der Krieg war aus. Und aus war es mit all der Herrlichkeit, die einem irgendwie unklar als Ende vorgeschwebt hatte. Keine siegreichen Heimkehrer, kein triumphierender Kaiser – er floh nach Holland. Revolution, Arbeiter- und Soldatenräte, rote Fahnen – alles überstürzte sich. Man war wie gelähmt und begriff nicht, wie es so hatte kommen können.
Mein Bruder, viele Bekannte, Kollegen kamen zurück, froh, dem Schlamassel entronnen zu sein, zum Teil voller Bitterkeit. Ich hörte harte Urteile über den Kaiser und den „Klüngel da oben", die uns das eingebrockt hätten, was wir nun auslöffeln müßten. Ich stand entsetzt vor all den Scherben.
Andere Kreise, vor allem unsere daheimgebliebenen alten Verwandten und Bekannten, entrüsteten sich: Schuld an allem Elend seien nur die „vaterlandslosen Gesellen", die Roten, die Sozis. Das klang glaubhaft; von deren Vorhandensein hatte ich schon als Kind gehört: Da war der alte Abel Meier, ein Flickschuster; den sah ich oft mit Zeitungen unter dem Arm vorbeigehen, und dann hieß es: Das ist ein Roter! Bei dem Wort mußte ich unwillkürlich an Blut denken, und wenn ich mir auch weiter nichts darunter vorstellen konnte, so war mir der Mann doch unheimlich. Zu seiner Sorte gehörten die Sozis. Als ich einmal jemanden gefragt hatte, was denn das für Leute wären, bekam ich als Antwort: „Ach, die glauben an nichts!" Es waren also gottlose Menschen. Denen konnte man natürlich allerhand Böses zutrauen.
Doch blieb mir vorläufig nicht viel Zeit, mich mit solchen Fragen näher zu befassen. Es gab allerlei Umstellungen. Schulen wurden mit Soldaten belegt, die ihre Garnisonen räumen mußten, weil dort Franzosen eingerückt waren. Ich kam von der Ostersteg- an die Hoheellernschule, also wieder in eine neue Umgebung.

Ganz allmählich lief das Leben wieder in ruhigeren Bahnen. Es gab eine neue Regierung, und es gab über sie viele Ansichten: für und wider. In mir war alles unklar, aber ich fing an, in den Zeitungen die politischen Nachrichten zu studieren, die mich früher überhaupt nicht interessiert hatten. In Kollegenkreisen wurde viel debattiert. Vor allem brachten die Jüngeren, die nun zurückgekehrt waren – und wie viele waren nicht wiedergekommen! –, ihre Erlebnisse, ihre Ansichten vor, und man lernte manches mit anderen Augen sehen.

Mit der Zeit entwickelte sich in der Lehrerschaft reges geistiges Leben. Man kam zu Konferenzen und Arbeitsgemeinschaften zusammen, in denen nun auch wir Lehrerinnen willkommen waren – etwas ganz Neues!

Es waren nur wenige, die sich beteiligten. Ich aber war wie aus einem Traum erwacht, von Anfang an nahm ich lebhaften Anteil. Alle Vorträge, ob sie nun Pädagogik, Kunst oder Politik betrafen, vor allem die Diskussionen, in denen die Wogen oft hoch schlugen, verfolgte ich mit großem Interesse.

Es ging um die Abschaffung der geistlichen Schulaufsicht oder um kollegiale Schulleitung, und ich bekam Einblick in Gegensätzlichkeiten, die mir bis dahin fremd geblieben waren. Es gab eine Umwälzung in der Lehrerausbildung, die der neuen Zeit nicht mehr entsprach. Neues Leben auf allen geistigen Gebieten, das lange stagniert hatte, regte sich und spiegelte sich auch in der Literatur wider. Junge Schriftsteller kamen zu Wort, in Roman und Dichtung wurden Irrwege der Politik, der Irrsinn des Krieges gegeißelt. Manches, was bis dahin unantastbar gewesen war, wurde angegriffen oder über Bord geworfen.

Eine neue Welt tat sich mir auf. Altes zerbrach; die Alten standen bestürzt, fassungslos, nicht verstehend, ablehnend oder feindselig beiseite. Aber wir, die junge Generation, konnten nicht passiv bleiben. Mir jedenfalls war das unmöglich, nun, da mein gesunder Menschenverstand aufgerüttelt war.

Wenn ich an die Zeit nach dem Ersten Weltkrieg zurückdenke, so erscheinen mir diese Zwanziger Jahre als die glücklichsten meines jungen Lebens. Mein Beruf machte mir Freude, daneben trat von allen Seiten Neues an mich heran.

Die „Heimatbewegung“ blühte auf. Unsere alte niederdeutsche

Sprache wurde wieder geachtet, Wissenschaftler wie Professor Borchling setzten sich für sie ein, die letztlich alte Sprache, nicht nur Dialekt war. Das fand bei mir ein Echo, ich begann, plattdeutsch zu schreiben. Mein erstes Buch entstand: „Uda van der Mölen"; es war zwar hochdeutsch geschrieben, aber schon mit plattdeutschen Dialogen.

Damals war auch in vielen Stadtfamilien Plattdeutsch noch Umgangssprache, und ein großer Teil meiner kleinen Schulanfänger kannte nichts anderes; so war es mir eine Hilfe, daß ich auch darin zu Hause war. Zuerst wunderte ich mich, wenn etwa beim Märchenerzählen manche ganz unbeteiligt blieben, bis ich dahinterkam, daß sie mich einfach nicht verstanden. Wenn ich es dann plattdeutsch versuchte, leuchteten die Augen auf. So kam ich auf den Gedanken, eine Reihe der schönsten Grimmschen Märchen ins Plattdeutsche zu übertragen, zumal das im Sinn der Gebrüder Grimm war, die einmal geäußert hatten, daß ihre Geschichten eigentlich „in einer bestimmten Mundart" erzählt werden müßten.

Der Friesen-Verlag, Bremen-Wilhelmshaven, war an meinen Arbeiten sehr interessiert und verlegte sie, so daß ich verhältnismäßig früh bekannt und anerkannt wurde. Noch heute erinnere ich mich des freudigen Schreckens, der mich durchfuhr, als ich im Jahre 1923 eines Tages einen Brief von Hermann Claudius aus Hamburg bekam, der mich einlud, in seinem Literaturkursus an der Volkshochschule aus meinen plattdeutschen Märchen zu lesen.

Hermann Claudius, der gerade durch seinen Gedichtband „Mank Muern" bekannt geworden war und dessen Lied „Wann wir schreiten Seit' an Seit'" wir bei jeder Gelegenheit sangen! Ich schwamm in einem Meer von Wonne – und fuhr doch mit Zagen und Bangen in die mir noch unbekannte große Stadt zu meiner ersten Lesung. Niemand konnte ermessen, was es für mich bedeutete, von einem wirklichen Dichter, dem ersten, den ich mit meinen Augen sah, abgeholt zu werden und zwei Tage in seinem Haus Gast zu sein, von seiner ersten Frau Franziska liebevoll aufgenommen.

Diese Märchenstunde bei Kerzenschein im Kreis junger Menschen, die um mich herum, zum Teil auf dem Fußboden, saßen und hingegeben lauschten, habe ich nie vergessen.

Und ich besitze noch die Bildchen, die Hermann Claudius hinterher im Familienkreis in übermütiger Laune von dieser Lesung zeichnete und mit kleinen Versen versah.

Im Schulleben hatte sich die ganze Atmosphäre gewandelt. Der Schulleiter war nicht mehr Vorgesetzter, dem man widerspruchslos zu gehorchen hatte – in meiner Anstellungsurkunde stand noch ausdrücklich die Verpflichtung zum Gehorsam! –, er war nun primus inter pares.

Schon bald war ich wieder an die Osterstegschule zurückversetzt worden und fühlte mich in dem größeren Kollegium der beiden Systeme (Knaben- und Mädchenschule, damals noch getrennt) sehr wohl. Es gab jetzt eine Teepause vormittags, früher wäre das nicht denkbar gewesen. Auch im persönlichen Verkehr wurde Geselligkeit gepflegt; ein Wanderklub wurde gegründet, der sonntags die nähere und weitere Umgebung singend und musizierend durchstreifte.

Das Verhältnis zwischen Schülern und Lehrern hatte ebenfalls alles Autoritäre verloren; ich empfand das als nicht so einschneidend, weil in meiner kleinen Privatschule schon immer ein freundschaftlicher Ton angeschlagen worden war. Von meiner eigenen Schulzeit her wußte ich jedoch, daß es Kindern nie in den Sinn gekommen wäre, eine Frage zu stellen, und Spiel als Unterricht hatten wir nie gekannt.

Nun wurde der freie Unterricht gefördert, Elternabende fanden statt mit kleinen und größeren Aufführungen. Das war Wasser auf meine Mühle, ich konnte Verse schmieden und später auch kleine Stücke schreiben. Die Kinder waren in ihrem Element und fanden in der Schule die Freude, die manche im Elternhaus entbehrten.

Denn in der Nachkriegszeit war die Wirtschaftslage alles andere als rosig. Die Arbeit wurde schlecht bezahlt, in den Fabriken mußte für wenig Geld geschuftet werden. Die Ernährung war mangelhaft, und nach dem langen Arbeitstag – oft von 6 Uhr morgens bis 6 Uhr abends, denn es gab noch keinen Achtstundentag! – mußten die meisten Arbeiter noch den eigenen Acker bestellen, von dem die durchweg große Familie lebte.

Ich hatte es mir zur Pflicht gemacht, alle Eltern meiner Klassenkinder aufzusuchen, weil ich wußte, wieviel von einem Miteinander in der Erziehung abhängt und wie man ein Kind erst recht kennenlernt, wenn man weiß, aus welcher Umgebung es kommt.

Wenn man so die Schar, die vor einem saß, überblickte, klafften da doch große Unterschiede: sauber und gepflegt die einen, andere ärmlich gekleidet und blaß, ein großer Teil unordentlich, ja schmutzig, nicht selten mit Ungeziefer behaftet; das war unangenehm, und oft bekam ich eine schriftliche Bitte von besorgten Müttern, ihren Kindern einen anderen Platz zu geben, weil die zu enge Berührung mit der kleinen Nachbarin sich unangenehm bemerkbar machte. Natürlich wurden Kinder, die so unliebsam auffielen, nach Hause geschickt mit der Weisung, daß sie nur gesäubert wiederkommen dürften. Wenn das nicht fruchtete, brachte man sie zum Wohlfahrtsheim, wo man in diesen Fällen zu radikalen Mitteln griff.

Bei solchen Gegensätzen konnte man sich ungefähr vorstellen, was einen in den verschiedenen Elternhäusern erwartete.

Da waren die vornehmen Bürgerhäuser, denn die „standesgemäßen" Vorschulen gab es nicht mehr; jede Familie, ob reich oder arm, mußte ihre Kinder die ersten vier Jahre in die Grundschule schicken. Da waren die Wohnungen des Mittelstandes – der Kaufleute, Beamten, der selbständigen Handwerker – einfach, aber von keiner Not zeugend. Und da waren auch die Arbeiterwohnungen, meistens nicht viel mehr als eine Küche, höchstens kam noch ein schmaler Schlafraum hinzu. Dort lernte ich nun die materielle Not kennen, wie sie mir bis dahin nicht begegnet war, weder in Jemgum bei den gutsituierten, ja reichen Bauern noch bei den wohlversorgten Ackerbürgern in Fallersleben.

Aber auch hier – welche Unterschiede! Abgearbeitet sahen sie alle aus, die Väter und Mütter, die sich für eine durchweg große Kinderschar abmühten. Doch nach Veranlagung und Charakter wurden sie unterschiedlich mit der Misere des täglichen Lebens fertig. So manches tapfere Elternpaar rackerte sich ab und drehte jeden Pfennig des kargen Lohns dreimal um, bevor er mit Bedacht für das Notwendigste ausgegeben wurde; ordentlich war die Wohnung, reinlich waren die gestopften und geflickten Kleider, sauber gewaschen und gekämmt die blaßgesichtigen Kleinen, die von den Größeren schon betreut wurden.

Wie viele der Arbeiter aber suchten nach der freudlosen Schufterei Vergessen im Alkohol, vertranken die schwer verdienten Groschen, die die Familie so bitter nötig brauchte, und wehrten sich gegen ihr schlechtes Gewissen und die Vorwürfe der Frau nicht selten, indem sie sie und die Kinder verprügelten. Dann waren da auch leichtsinnige oder verbitterte Mütter, die Lust und Mut verloren hatten und alles „schluren" ließen, Heim und Kinder; und es war kein Wunder, wenn die armen Würmer dann schmutzig und voll Ungeziefer zur Schule kamen.

Erst als ich solche Verhältnisse mit eigenen Augen gesehen hatte, fand ich die rechte Einstellung zu diesen bedauernswerten Geschöpfen. Welche Hochachtung aber gebührte den Müttern, die tapfer einen solchen Mann ertrugen und die alle Kraft einsetzten, um durch eigene Arbeit in fremdem Haushalt, als Wasch- oder Reinmachefrau, das wieder herbeizuschaffen, was der „Ernährer" der Familie im Alkohol vertat.

Das alles beschäftigte und erschütterte mich. Da waren Mißstände, die zum Himmel schrien. Wer kümmerte sich darum? Was sagten die Kirchen dazu?

Ich begleitete oft meine Mutter in die Kirche, und wir hörten erbauliche Predigten. Unter meinen Verwandten waren viele Pastoren. Es wurden auch Gespräche geführt über kirchliche Angelegenheiten, man beklagte, daß die Arbeiterschaft der Kirche entfremdet war. Schuld, hieß es, seien die Gewerkschaften und die roten Demagogen. Ich hatte mir nie viel dabei gedacht, weil ich mir nichts darunter vorstellen konnte. Nun, nach dem plötzlichen Umschwung, waren diese Organisationen in aller Munde. Ich hörte widersprüchliche Meinungen: Sie seien für die Besserstellung der Arbeiter – das nahm mich für sie ein –, sie wollten nur den Umsturz der bürgerlichen Welt – das klang beängstigend.

Wenn ich in meiner Klasse so manches abgezehrte Kindergesicht vor mir sah, wenn diese Kleinen in der Frühstückspause ohne Brot waren und verlangend auf die Brötchen oder dicken Butterbrote der andern sahen, dann konnte ich einigen wohl heimlich zustecken, was ich mir mitzubringen angewöhnte, und mich freuen an dem Aufleuchten der Augen, aber in mir bäumte sich etwas auf: das waren ja alles nur Tropfen auf heißem Stein! Wo blieben alle, die sich Christen nannten? Warum duldeten sie solche Zustände? Warum mußten die einen Kinder leiden und hungern, wo andere doch genug und viele übergenug hatten?

In der Weimarer Republik. Arbeiter- und Heimatbewegung

In jener Zeit lernte ich Hermann Tempel kennen, einen Kollegen und Nachbarn, der uns gegenüber wohnte. Er war so etwas wie ein geistiger Mittelpunkt der Lehrerschaft. Seine Vorträge in den Konferenzen waren hervorragend, Diskussionen wurden durch ihn anregend und interessant. Die Kriegsjahre an der Front hatten dem Idealisten hart zugesetzt, hatten dem Mann mit dem scharfen Verstand und dem weichen Herzen die Augen geöffnet über wirtschaftliche Mißstände und Ungerechtigkeiten in der bestehenden Gesellschaft. Er sah den einzigen Weg, Wandel zu schaffen, in der Politik. Nur im wahrhaft demokratischen Staat war die soziale Frage zu lösen. So wurde er Sozialdemokrat, und er war der erste dieser mir von Kindesbeinen an als gefährlich und gottlos beschriebenen Sorte Mensch, den ich persönlich kennenlernte. Damit erhielt mein bis dahin mehr oder weniger steuerlos dahintreibendes Lebensschiff einen neuen Kurs: es kam ins politische Fahrwasser. Ich sah plötzlich, daß ich mit all den Fragen, die mich bedrängten, nicht allein stand; ich fand eine große Gemeinschaft, die allerdings zum größten Teil aus den Menschen bestand, die es anging, aus Arbeitern, Bürger waren kaum dabei. Das machte mich anfangs befangen, denn diese Menschen einer anderen „Klasse" waren mir im Grunde fremd. Ich kam aus einer Familie, die zwar durch das Unglück meines Vaters nicht mit Glücksgütern gesegnet, die aber in Zuschnitt und Bildung gutbürgerlich und durch die Verwandtschaft auch in Akademikerkreisen zu Hause war. Da galt der Arbeiter als bezahlte Hilfskraft, man achtete ihn, wenn er treu und ehrlich war, aber es bestand doch eine Kluft, die nur selten, etwa bei langjährig Bediensteten, über-

brückt wurde. Es war jedoch undenkbar, daß man mit diesen Leuten „gesellschaftlich“ verkehrte; das verbot allein schon der Bildungsunterschied.
So war meine Scheu vor dem Umgang mit Arbeitern ganz selbstverständlich. Aber vorerst ging es gar nicht um direkte menschliche Beziehungen, es ging vielmehr um theoretische Aufklärung, nach der ich dringend verlangte. Ich spürte, wie weit ich in der Bildung auf diesem Gebiet zurück war. Was wußte ich von Lassalle, Engels, Marx und all den Größen des Sozialismus mehr als die ziemlich anrüchigen Namen?
Ich weiß noch, mit welcher Hingabe ich Malwida von Meysenbugs „Memoiren einer Idealistin“ las, wie sich mir allmählich eine neue Welt auftat. Der Werdegang dieser Frau aristokratischer Herkunft bewegte mich zutiefst. Wie bekannt muteten mich ihre inneren Kämpfe in Glaubensfragen an, wie verstand ich die angeborene und durch Erziehung noch verstärkte Schüchternheit, die ja leider auch mir eigen war! Wie verfolgte ich ihr Heranwachsen zu einer Persönlichkeit, die nur dem eigenen Gewissen folgt, ohne Rücksicht auf abweichende Meinungen der nächsten Angehörigen. Sie hatte sich zur Demokratin entwickelt, zur Vorkämpferin für die Emanzipation der Frauen. Sie hatte von der Revolution 1848 den Durchbruch freiheitlicher Ideen erhofft und gegen den Willen ihrer Familie an der neuen Volkshochschule in Hamburg mitgearbeitet, die Frauen aller Stände offenstand, bis sie schließlich, um der Verhaftung zu entgehen, nach England floh. Auch als Emigrantin hatte sie weitergekämpft für das gleiche Recht aller Menschen, sich ohne Rücksicht auf Herkunft und Mittel nach ihren Fähigkeiten zu bilden und den Platz im öffentlichen Leben einzunehmen, der ihnen gebührte.
Ich sah, wie diese Forderungen weltweit erhoben wurden von geistvollen, selbstlosen Menschen, und in mir stimmte alles begeistert zu. Gleichzeitig aber wurden mir die Augen geöffnet für das Elend der untersten Schichten in allen Völkern, das Gefangensein in Klassen, zwischen denen sich schier unübersteigbare Schranken türmten. Ich las Jack London, Upton Sinclair u. a. und war erschüttert über die Zustände etwa an den Schlachthöfen in Chikago.

Der Mensch – das Ebenbild Gottes! Wozu hatte der Mensch den Menschen erniedrigt im Laufe der Jahrtausende! Und die Christenheit, die Kirchen? Was taten sie, um dem Gebot ihres Herrn Geltung zu verschaffen: Liebe deinen Nächsten wie dich selbst? Gehörte ich aber nicht auch dazu? Was hatte ich bis jetzt getan?

Die Fragen ließen mich nicht mehr los. Ich hatte zwar nicht viel von dem sozialen Elend in der Welt gewußt, mich aber auch weiter nicht gekümmert um das, was außerhalb meines kleinen Bereichs geschah. Nun trieb mein Gewissen mich zu denen, die diese Zustände nicht nur erkannt hatten, sondern sie auch zu ändern strebten.

Es war paradox: Mein religiöses Pflichtgefühl führte mich denen zu, die man von jeher als gottlos gebrandmarkt hatte.

Gewiß, mir blieb nicht verborgen, daß die Arbeiterschaft der Kirche fremd, ja ablehnend gegenüberstand. Aber war das verwunderlich? Stand die Kirche nicht zu Thron und Macht, hielt sie nicht zu denen, die „die Fülle" hatten? Sie predigte Nächstenliebe, doch wo war der warme Strom brüderlichen Mitempfindens, den die Ärmsten hätten spüren können?

Wohl gab es einzelne wirkliche „Täter des Wortes" wie etwa von Bodelschwingh, Francke, Wichern – aber das waren Ausnahmen. Man begnügte sich mit Almosengeben und hatte gar nicht das Gefühl dafür, wieviel Verletzendes in diesem Begriff lag, in diesen „Brosamen von der Herren Tische". Es war so bequem, sich hinter dem Wort zu verstecken: „Arm und reich muß untereinander sein." Aber wie bitter das Armsein war, das las ich in den blassen Gesichtern der Kleinen, das sah ich in ihren Elternhäusern.

Ich begriff, daß nur auf politischem Weg Wandel geschaffen werden konnte, und ich sah, wie durch den Umschwung in Deutschland manche Hürden genommen wurden, die sonst nie genommen wären.

Durch Hermann Tempel wurde ich nach und nach mit den führenden Sozialdemokraten in unserer Stadt bekannt. Da war vor allem Louis Thelemann. Er war in meinem Alter und mit mir in derselben Klasse gewesen, wohnte auch in der Nachbarschaft, ich hatte ihn aber seitdem aus den Augen verloren. Er war, wie damals üblich, nach einer Zimmermannslehre sieben Jahre gewandert, durch ganz Deutschland und die angrenzenden Länder. Zwei Jahre hatte er dann in der Schweiz in einem Baugeschäft als Spezialist für Treppenbau und Dachkonstruktionen gearbeitet; er wäre wohl auch dort geblieben, wenn nicht der Kriegsausbruch ihn gezwungen hätte, als Soldat sein Vaterland zu verteidigen. Die vier Jahre an der Front hatten seine politische Haltung geprägt. Als Arbeiterkind hatte er die Misere dieses Standes am eigenen Leibe erfahren. Die Wanderjahre hatten seinen Blick geweitet und ihm die mangelhafte Schulbildung vielseitig ergänzt. Seine außergewöhnliche Intelligenz und ein zupackendes Wesen gaben ihm bald von selbst eine führende Stellung in der Arbeiterschaft.

Eine meiner Schulfreundinnen hatte während des Krieges den als „notorischen Sozialdemokraten" bekannten Rudolf Heyer geheiratet, was ich damals, zumal ich ihn persönlich noch nicht kannte, nicht verstanden hatte. Da er in Emden angestellt war und erst abends heimkam, blieb er mir lange fremd. Nun trat auch er für mich in Erscheinung. Denn es bildete sich eine „sozialistische Arbeitsgemeinschaft", ein kleiner Kreis von Männern und Frauen, die sich mit den Problemen der Zeit, in ihrem Arbeitsbereich, in der Stadt oder im Staat auseinandersetzen wollten. In diesen Kreis wurde ich eingeführt, und ich erlebte nach einem Referat von Hermann Tempel eine anregende, ja aufregende Diskussion. Dabei ging es nicht selten heftig und laut her, daß mir angst und bange wurde. Aber ich merkte am Schluß, daß damit der Freundschaft kein Abbruch getan war. Ich kam mir so dumm vor wie der letzte Schüler in meiner Klasse, aber von da an versäumte ich keine Zusammenkunft.

In dieser Zeit verschlechterte sich die Gesundheit meiner Mutter. Der Arzt hatte eine weitgehende Adernverkalkung festgestellt. Dieser Zustand zog sich durch Jahre hin. Ihre geistigen und körperlichen Kräfte nahmen schnell ab, sie konnte den Haushalt nicht mehr führen. Eine treue Seele, die bislang nur einmal in der Woche ausgeholfen hatte, mußte nun jeden Tag einspringen, bis ich aus der Schule kam.

So wurde mein Leben zu Hause nicht gerade leicht. Das Mittagessen bereitete ich am Tag vorher, so daß es bloß zu wärmen war. Meine Mutter war eigentlich nur noch körperlich da. Sie saß im Stuhl und genoß anfangs noch dankbar, was man ihr brachte, hatte noch ab und zu kleine Wünsche, aber die Umwelt kümmerte sie nicht mehr. Allmählich wurde aus dem Sitzen ein Liegen, dann wurde sie endgültig bettlägerig.

Wieviel kann man verkraften, wenn man jung ist, und wie vielseitig war das Leben jener Jahre! Die Schule, die nicht nur Unterricht bedeutete, forderte viel Zeit: mit Vorbereitungen und Korrekturen zu Hause, mit Konferenzen und Arbeitsgemeinschaften. Neue Gedanken und Strömungen, die sich in der Welt der Pädagogik Bahn brachen, machten sich auch bei uns bemerkbar. Da waren die „Entschiedenen Schulreformer" mit Paul Oestreich an der Spitze, die uns lebhaft interessierten. Sie hatten ihre Anhänger, zu denen wir Jüngeren uns zählten, aber auch ihre Gegner, zumal in den orthodox kirchlichen Kreisen, weil deren Positionen in Frage gestellt wurden.

Da gab es öffentliche Vorträge mit heftigen Diskussionen, von denen ich keine versäumte. Es tauchte zum erstenmal der Name des späteren Kultusministers Adolf Grimme auf, damals Studienassessor an unserem Gymnasium in Leer, dessen mitreißender Vortrag über „Christentum und Sozialismus" allgemeines Aufsehen erregte. Ich war von seinen tiefgründigen Ausführungen stark beeindruckt: „Ein Sozialist kann Christ sein, aber ein Christ muß Sozialist sein!" Das war eine umwerfende Behauptung gegenüber allem Gerede von gottlosen Sozialdemokraten.

So erwiesen sich Pädagogik, Religion und Politik als untrennbar. Es war eine wirkliche Revolution im gesamten Bereich des Weltanschaulichen. Die Vertreter der neuen Ideen, die ich nun kennenlernte – außer Adolf Grimme waren es seine Kollegen Peter Zylmann und Dr. Karl Wyneken, sie alle waren wie Hermann Tempel kongenial in geistiger Beziehung, Menschen von idealer Gesinnung, deren Wort und Leben nie auseinanderklafften.

Ein Höhepunkt war eine öffentliche Veranstaltung mit Paul Oestreich als Redner. Schon vorher waren die Gegner der Bewegung auf den Plan getreten: Orthodoxe Kirchenkreise und politisch Konservative taten sich zusammen, und in einer Versammlung, auf der einer unserer alten Pastoren sprach, war starkes Geschütz gegen die Schulreformer aufgefahren, die als Verderber der Jugend hingestellt wurden. Als nun Paul Oestreich angekündigt wurde, formierten sich die Gegner, und ein älterer, stadtbekannter Bürger veröffentlichte eine Anzeige in der Zeitung mit der Aufforderung, in Massen zu erscheinen und dem Redner die nötige Abfuhr zu erteilen; sie gipfelte in dem Aufruf „Kommet zu Hauf!"

Die Wirkung war ungeheuer. Eine sensationslüsterne Menge strömte in den großen Tivolisaal, der bald so übervoll war, daß er polizeilich geschlossen werden mußte. Zum Glück waren wir Anhänger sehr früh erschienen; doch eine Riesenmenge fand keinen Einlaß mehr, darunter der „Aufrufer". Der Vortrag aber war von solcher Überzeugungskraft und von so großem Ernst getragen, daß ein paar Gegenredner kaum Eindruck machen konnten. Das Interesse für die sozialistische Bewegung wuchs, und ich war innerlich ganz gewonnen. War sie nicht dem Christentum der Tat verwandt? Die Religionsbekenntnisse meiner neuen Freunde waren so verschieden wie sie selber, aber in einem waren sich alle einig: Es galt, in jedem Menschen, gleich welcher Herkunft, welchen Standes, welcher Rasse den gleichberechtigten Bruder zu sehen.

Man suchte diese Forderungen als utopisch abzutun, sie ins Lächerliche zu ziehen; man behauptete, daß die Sozialisten eine totale Gleichmacherei anstrebten, daß alle Vermögen geteilt und jedem das gleiche Einkommen gegeben werden sollte und daß Chaos die Folge sein würde, weil damit Fleiß bestraft und Faulheit belohnt würde. Wie oft mußte ich solch hämische Einwände hören! Heute, wo unsere Forderungen als selbstverständlich im Grundgesetz verankert sind, erscheint es unglaublich, daß sie erst schwer erkämpft werden mußten.

Eins machte mir innerlich zu schaffen: Mir war klar, daß das Ziel nur durch das Wollen und den Einsatz vieler zu erreichen war. Die untere Klasse, die Arbeiterschaft, um die es ging, war eine in sich geschlossene Partei, die längst erkannte, daß ihr nichts ohne unermüdlichen Kampf in den Schoß fallen würde. Diese Partei galt es stark zu machen. Ihr nur wohlwollend gegenüberzustehen, war nach meinem Gefühl eine Halbheit. Die volle Konsequenz war, ihr beizutreten. Aber ich hatte Hemmungen. Meine angeborene Scheu, hervorzutreten oder aufzufallen, ließ mich vor diesem Schritt zurückschrecken. Dazu kam, daß beim größten Teil meiner Kollegen wie auch in meiner Verwandtschaft diese Partei als minderwertig galt, ich würde mich also in ihren Augen erniedrigen.

Ich focht einen einsamen inneren Kampf, denn in dieser Frage konnte mir keiner raten. Ich wußte genau, daß es Feigheit war, was mich abhielt. Schließlich siegte mein Pflichtgefühl, und ich teilte Louis Thelemann meinen Entschluß mit.

Zu meiner Überraschung stimmte er nicht gleich erfreut zu. Er meinte, das würde für mich nicht leicht werden, wahrscheinlich würde ich bald enttäuscht sein von dem oft rüden Ton, der in den Versammlungen damals manchmal herrschte. Endlich ließ er sich bewegen, mich zu einer der monatlichen Parteiversammlungen mitzunehmen.

Mir war recht beklommen zumute in dem verräucherten Tagungslokal. Dies war nicht die ruhige Atmosphäre unserer Lehrerkonferenzen, auch nicht die geistig bewegte unserer kleinen Arbeitsgemeinschaft. Die durchweg ungepflegten Männer im Arbeitskittel – Frauen sah ich nur wenige – waren mir alle unbekannt und erschienen mir recht undiszipliniert. Von dem, was an dem Abend erörtert wurde, verstand ich nicht sehr viel. Ich ließ mir aber keine Schwachheiten anmerken, und auf dem Heimweg wurde beschlossen, daß ich zunächst einmal „hospitieren“ solle, ohne gleich Mitglied zu werden.

Zu jener Zeit breitete sich die 1919 gegründete Arbeiterwohlfahrt aus, eine karitative Organisation, der durchweg Frauen angehörten. Auch in Leer war eine Gruppe entstanden, der ich beitrat. Sie hatte zuerst nur wenige Mitglieder, vor allem die Frauen unserer Arbeitsgemeinschaft, doch auch andere fanden sich ein, und meine Freundin Helene Heyer übernahm die Leitung. Es wurde an den Abenden genäht und gestrickt für besonders bedürftige Familien. Mir gefiel vor allem der Grundsatz, daß der Arme dem Armen beizustehen habe, daß beim Helfen das Gefühl des Almosengebens und -nehmens nicht aufkommen dürfe.

Weil die meisten mich als Lehrerin ihrer Kinder kannten, wurde ich nach anfänglicher Scheu bald mit einem gewissen Stolz als

dazugehörig betrachtet, und das erleichterte mir den Eintritt in die Partei.
Da ging es nicht immer friedlich zu. Im politischen Leben jener frühen Zwanziger Jahre brodelte es, auch innerhalb der Arbeiterschaft. Radikale Elemente schlugen aggressive Töne an, ihnen ging die Entwicklung zu langsam, während die Besonnenen zur Mäßigung rieten. Streiks und Aufstände waren an der Tagesordnung.
Auch hier in der Stadt waren ein paar Aufwiegler, die eines Tages einen Krawall provozierten. Eine aufgeregte Masse wälzte sich durch die Straßen – da war es Louis Thelemann, dem es gelang, eine geschlossene Front der Ordnung und Disziplin um sich zu sammeln. Er hatte eine erstaunliche Art, die Leute zu packen, und sie folgten ihm. Bei dem Aufruhr fiel sogar ein Schuß, der ihm galt, aber glücklicherweise nicht traf, dann mußten die Aufständischen ihr Spiel verlorengeben. Damit war seine Autorität begründet. Sie festigte sich in der Zukunft immer mehr. Er war eine Führernatur im guten Sinn.
Auch außerhalb der Politik bot die Zeit der Weimarer Republik eine Fülle von Anregungen. Das Streben, Bildung in weiteste Kreise zu tragen, ließ die Volkshochschulen entstehen, und es gab hervorragende Männer genug, Künstler, Dichter, Wissenschaftler, die sich als Lehrer zur Verfügung stellten. Ich besuchte einen Kursus über Literatur; die Zeit war reich an bedeutenden Dichtern und Schriftstellern: Gerhart Hauptmann, die Brüder Thomas und Heinrich Mann, Arno Holz, Jakob Wassermann, Stefan Zweig, Ernst Toller mit seinen aufrüttelnden Bühnenstücken wie „Masse Mensch“ oder „Hinkemann“. Remarques „Im Westen nichts Neues“ trat seinen Siegeszug um die Welt an und bewegte vor allem die Jugend.
Jugendbünde schlossen sich zusammen, wie der „Wandervogel“ oder die „Naturfreunde“, auch die „Arbeiterjugend“. Alle hatten ihre besonderen Ideale, aber gemeinsam waren ihnen Wandern, Singen, Musizieren. Auch die „Nie wieder Krieg“-Bewegung wurde stark, ich sehe und höre die Anhänger noch in Reihen durch die Straßen ziehen und singen:
„Nie, nie wollen wir Waffen tragen,
nie, nie wollen wir wieder Krieg!

Laß die hohen Herrn sich selber schlagen,
wir machen einfach nicht mehr mit!"

Besonders interessierten mich die religionsphilosophischen Vorträge von Pastor lic. Fast. Er war Mennonit und fesselte mich derart, daß ich anfing, auch seine Predigten zu besuchen. Ich habe selten so hochstehende, tiefgründige, wirkliche Andachten gehört wie jene, die er in seiner schlichten, eindringlichen Art hielt.

Dadurch kam ich auch in einen intimeren Lesekreis hinein, dem einige miteinander befreundete Frauen aus Emden und Leer angehörten. Wir lasen aktuelle Bücher und Zeitschriften; so erinnere ich mich, daß wir Gertrud Bäumers „Die Frau" abonnierten, und wir diskutierten über alle auftauchenden Fragen. Die Frauenbewegung schlug zunächst in bürgerlichen Kreisen hohe Wellen und erreichte ein bedeutendes Ziel: die Berechtigung der Frauen zum Studium. Das wurde zunächst nur zaghaft und von einzelnen wahrgenommen, so hatte meine Freundin Marie Brouer es durchgesetzt, Ärztin zu werden.

Auch die proletarischen Frauen erwachten, und manche außergewöhnliche Begabung, die bis dahin hatte brachliegen müssen, nutzte die neuen Möglichkeiten, sich zu bilden, und wurde nun zur Vorkämpferin für die Arbeiterbewegung. Da war Marie Juchacz, die sich aus einfachsten Verhältnissen heraufarbeitete in eine anerkannt führende Stellung: sie wurde eine der Gründerinnen der Arbeiterwohlfahrt. Ich hörte sie einmal in Emden reden und lernte sie dort anschließend im Hause Jung kennen. Die Familie Jung spielte in der Partei eine Rolle; er war Studienrat, sie eine schwäbische Pfarrerstochter aus der bekannten Familie Weitbrecht. Beide führten ein gastfreies Haus und standen trotz ihrer fünf Kinder stets für jegliche Arbeit zur Verfügung. Mit ihnen war ich je länger, desto freundschaftlicher verbunden.

Für mein persönliches Leben wirkte sich die zunehmende Sorge um meine Mutter aus. Von einer Ferienreise in die Alpen wurde ich telegraphisch zurückgerufen. Der Zustand meiner Mutter, hieß es, sei bedenklich. Nie vergesse ich den Schrecken! Mit dem nächsten Zug ging es heimwärts. Als ich dann erschöpft und angstzerquält zu Hause ankam, fand ich die Kranke unverändert vor. Mein Bruder hatte ihr teilnahmsloses Hindämmern als nahenden Tod empfunden. Das war 1925 – und unsere arme Mutter hatte noch drei Jahre Krankenlager vor sich!

Selbstverständlich konnte mich während dieser Zeit keine Reise mehr locken. Ganz allmählich veränderte sich der Zustand meiner Mutter; es gab Perioden, wo sie plötzlich eine Unrast überfiel, sie begann wirre Reden zu führen, nannte mich mit fremden Namen und warf alles Erreichbare aus dem Bett. Das konnte trotz beruhigender Medikamente tage- und nächtelang anhalten, bis sie erschöpft einschlief. Dann kamen wieder Wochen völliger Teilnahmslosigkeit. Es war eine aufreibende Zeit, bedrückend und trostlos. Als sie im Sommer 1928 dann friedlich einschlief, mußte man dankbar sein für die Erlösung. So gern hätte ich meiner leidgeprüften Mutter den Lebensabend froh und hell gestaltet – es sollte nicht sein! Noch heute kann ich darum trauern, daß ihrem ganzen Lebensweg so wenig Sonne beschieden war. Nur eine einzige Reise haben wir zusammen machen dürfen, in ihre Heimat, nach Quakenbrück. Doch auch die war schon überschattet von ihrer zermürbenden Nervosität. Es ist eines der Rätsel des Lebens, warum grundgütige Menschen oft so schwer am Dasein tragen müssen.

Für mich war es heilsam, daß der Kreis meiner Pflichten in anderer Beziehung immer größer wurde. Es war damals noch nicht selbstverständlich, daß jeder Arbeiter unter gewissen Umständen – Alter, Invalidität etc. – von selbst eine Rente bekam; das mußte beantragt und begründet werden. Nun erwies es sich aber, daß die wenigsten dieser alten, abgearbeiteten Menschen imstande waren, mit Feder und Papier umzugehen, noch dazu, wenn es sich um etwas „Amtliches" handelte. Zwar existierten schon Gewerkschaften, und in großen Städten hatten sie auch ein Büro, wo die Mitglieder sich Rat und Hilfe suchen konnten. Hier bei uns gab es so etwas noch nicht, dazu fehlten die Mittel.

An Louis Thelemann, den Gewerkschaftsvorsitzenden, traten nun sehr viele Hilfesuchende heran, vor allem wegen der Rentenanträge. Da ihm ein Büro fehlte, in dem er sie beraten konnte, stellte ich ihm für diesen Zweck mein Arbeitszimmer zur Verfügung.

So kamen in den Abendstunden durchweg alte oder kranke Menschen mit ihren Anliegen, und er notierte sich das Notwendige. Darauf folgte meine neue Aufgabe: es galt, die Anträge formgerecht zu schreiben und an die zuständige Stelle zu schicken. Allmählich wurde die Arbeit so umfangreich, daß selbst meinen schreibgewohnten Fingern die Feder nicht mehr gehorchen wollte. Da legte ich mir eine erste Schreibmaschine zu, die mir auch für mein literarisches Werk zustatten kam.

Unzählige Gesuche sind in jenen Jahren weggeschickt worden, jahrgangsweise stapelten sich die Mappen in meinem Aktenschrank. Papier und Porto wurden natürlich aus eigener Tasche bezahlt. Wer von uns wäre wohl auf den Gedanken gekommen, sich das ersetzen zu lassen – abgesehen davon, daß ja niemand da war, der es hätte ersetzen können!

Schon ein paar Jahre, bevor diese Arbeit begann, hatte ich auch eine andere Tätigkeit gefunden, die meine Abende randvoll ausfüllte. Der sozialdemokratischen Bewegung hatte eine Zeitung gefehlt; ein in Emden erscheinendes Blatt sprach die einfachen Leute nicht an. Da faßten Hermann Tempel und Louis Thelemann den kühnen Plan, ein neues Organ zu schaffen. In einer Leeraner Druckerei kam so der erste „Volksbote" zur Welt. Zuerst war es ein lächerlich kleines Blättchen, aber so aktuell und zündend geschrieben, daß es sofort einschlug. Es erschien als Wochenblatt und konnte bald seinen Umfang wie sein Format vergrößern, die Emder Zeitung ging ein, dafür konnte dort fortan der „Volksbote" gedruckt und preiswert unter seine Leser gebracht werden.

Das schreibt sich heute so einfach hin, aber wieviel Opfer an Zeit und selbstloser Arbeit das damals kostete, das kann wohl nur noch ich ermessen, weil alle anderen freiwilligen Mitarbeiter nicht mehr am Leben sind. Wo gibt es noch jenen Idealismus, der um der guten Sache willen alles, aber auch alles leistet, ohne an Lohn zu denken?

Hermann Tempel, der Schriftleiter, Louis Thelemann, der Herausgeber, und die vielen Artikel- und Beitragschreiber – sie alle dachten ja nicht daran, auch nur einen Pfennig für die aufreibende Arbeit zu verlangen. Wir hatten alle unseren Beruf, also einen vollen Arbeitstag; jeden Abend aber saßen wir an der

Arbeit für die Zeitung, und weil ich am meisten Platz hatte, entwickelte sich mein Zimmer bald zum Treffpunkt für alle, die mitwirkten. Nach jeder Sitzung oder Versammlung der Partei oder Gewerkschaft (beide waren damals eng verbunden) erschien Thelemann und gab mir in Stichworten einen Bericht; oder er schrieb in fliegender Eile über ein brennendes Problem einen Artikel. Wenn er dann gegangen war, tippte ich alles und steckte die Manuskripte in Tempels Briefkasten im Haus gegenüber. Früh um sechs nahm sie Harm Janssen, damals Schriftsetzer in einem Emder Betrieb (viele Jahre später Bürgermeister in Loga), heraus und brachte sie zur Druckerei.

Je mehr ich Einblick bekam in die Not so vieler, desto stärker wurde mir bewußt, wo meine Pflicht lag. War es nicht auch christliche Pflicht? Gewiß, sie hatten recht, die da behaupteten, daß die meisten Arbeiter von der Kirche nichts wissen wollten. Wer aber hatte Schuld daran?

In jener Zeit las ich in einem Sonntagsblatt den Artikel eines namhaften Geistlichen, der das Thema behandelte und feststellte, daß die Gewerkschaften „christentumsfeindlich" und somit verantwortlich seien für die Gottlosigkeit. Das empörte mich, spontan verfaßte ich einen Gegenartikel, der im „Volksboten" erschien und in dem ich in aller Sachlichkeit, aber deutlich auseinandersetzte, daß nach meiner Meinung allenfalls von „kirchenfeindlich" gesprochen werden könne. Das aber sei durchaus nicht mit „christentumsfeindlich" identisch. Die Gewerkschaften bemühten sich nur, das nachzuholen, was die Kirchen in all den Jahrhunderten zu tun versäumt hätten, nämlich gegen die Verelendung der Massen und die himmelschreienden Gegensätze zwischen Reich und Arm zu protestieren und die Brüderlichkeit der Menschen in die Tat umzusetzen. Das belegte ich mit Beispielen. Dieser Artikel brachte mir natürlich nicht gerade stärkere Freundschaft in kirchlichen Kreisen ein. Andererseits gab es unter meinen Kollegen doch manche, die mit uns sympathisierten. Es bildete sich eine religionspädagogische Arbeitsgemeinschaft von Lehrern und Pastoren, selbstverständlich nahm ich daran teil. Da ergaben sich manchmal heiße Auseinandersetzungen, obwohl die ganz Orthodoxen gar nicht dabei waren. Durchweg kamen jüngere Geistliche aus Landgemeinden.

Eigentlich machte alles, was ich tat und erlebte, Freude, weil ich das Gefühl hatte, daß sich auf allen Gebieten neues Leben regte.

Eine „Theatergemeinde" wurde gegründet und durch den „Volksbühnenbund" wurden gute Aufführungen gewährleistet, zu Preisen, die für Minderbemittelte erschwinglich waren.

Die SAJ (Sozialistische Arbeiterjugend) faßte auch in Leer Fuß, und es war beglückend zu beobachten, mit welch innerer Anteilnahme diese jungen Burschen und Mädchen sich idealistisch für hohe Ziele einsetzten: für Völkerversöhnung, für die allgemeinen Menschenrechte. Nun hatte ihre Freizeit Sinn: Sie musizierten, sangen, lasen, wanderten – wieviele Jugend- und Wanderlieder habe ich damals gelernt und begeistert mitgesungen, denn auf all unseren Tagungen, kleinen Festlichkeiten und Veranstaltungen waren die Jugendlichen der SAJ vertreten und sorgten für den festlichen Rahmen. Alkoholgenuß und Rauchen waren bei ihnen verpönt, darum fielen sie nie unangenehm auf. Es erschütterte und erfreute zugleich, wenn man feststellte, wie Kinder aus elenden Verhältnissen, wo der Vater trank und die Mutter verlotterte, sich in die Reihen ihrer jugendlichen Freunde eingliederten und mit welchem Verständnis sie aufgenommen wurden.

Nur eins machte sich empfindlich bemerkbar: Uns fehlte ein größerer Raum. Man war immer auf Gaststätten angewiesen, das war stets mit Kosten verbunden und hielt manchen von der Teilnahme zurück. Kleinere Zusammenkünfte konnte man hier und da in einer Wohnung abhalten. Wie oft habe ich, als die Zahl noch nicht so groß war, die Jugend bei mir versammelt. Da saßen wir dann wie die Heringe zusammengedrängt, doch das tat der Fröhlichkeit keinen Abbruch.

Hermann Tempel richtete Bildungsabende ein, dafür wurde uns die Aula des Gymnasiums zur Verfügung gestellt. So konnte ein weites Feld, das bisher brachgelegen hatte, bestellt werden. Wie dankbar wurde alles aufgenommen! Wir brachten Lesungen aus bedeutenden Werken der Weltliteratur, vor allem solchen, die Einblick gaben in das Elend der breiten Massen rings in der Welt, so in Amerika, wo in Riesenbetrieben die Menschen aus purer Gewinnsucht bis zum Letzten ausgebeutet wurden, wie es etwa Upton Sinclair und Jack London schilderten.

So erfuhren die Hörer, daß nicht sie allein Leidtragende waren, sondern daß überall Mißstände herrschten, die zu bekämpfen und zu bessern die internationale Bewegung des Sozialismus auf dem Wege war. Sich in sie einzureihen, erschien uns als Pflicht.

Solche Aufklärung war nötig und wurde richtig verstanden: Nicht mit Gewalt und Blutvergießen sollte eine Änderung herbeigeführt werden – das war der Weg des Kommunismus – sondern durch Zusammenschluß aller Gutwilligen in allen Völkern. Es war ein großes Ziel, das begeistern konnte.

Aber nicht nur ernste politische Kost sollte an solchen Abenden angeboten werden, Bildungsarbeit auf breiterer Grundlage war nötig. Üble Formen der Geselligkeit, an die viele sich gewöhnt hatten, mußten überwunden werden. Da war ja ein Gebiet, das bis dahin unter der Fahne „heitere Unterhaltung" gesegelt war: Schund oft niederster Sorte bis hin zu übelsten Zweideutigkeiten und Zoten, die als „Couplets" ihre Runden machten. Bisher hatte niemand sich um diese Dinge gekümmert.

Ein „Volkschor" bildete sich aus sangesfreudigen Männern und Frauen; in unserem Kollegen Friedrich Geerdes fand sich auch ein Dirigent. Er begeisterte ein paar interessierte Jungen für das Violinspiel, und eine Musikgruppe der Jugend entstand.

Natürlich dauerte es seine Zeit, aber es kam der Abend, an dem ein Konzert stattfinden konnte, ganz mit eigenen Kräften, denn kosten durfte es nichts: Lieder des „Volkschors", Klaviervorträge eines befreundeten Lehrers, Beethoven und Mozart, Geigenspiel der Jugend – die große Aula voller Menschen lauschte mit Hingabe.

Immer drängender wurde indessen das Bedürfnis nach einem Heim. An einen Neubau war nicht zu denken, woher sollte wohl das Geld kommen? Aber ohne Geld war wiederum kein Raum zu mieten. Da hatte Louis Thelemann eine Idee: Jeder organisierte Arbeiter sollte neben seinem Beitragsgroschen einen „Kulturpfennig" zahlen – das war keine Belastung, und viele Wenig machen im Laufe der Jahre ein Viel.

Etwas später kam Thelemann eine weitere Eingebung: Jeden Tag führte ihn sein Weg an einem alten, verfallenen Seuchenstall vorüber – sollte daraus nichts zu machen sein? Es war an einem Winterabend, als er Hermann Tempel und mir den Gedanken mitteilte, und ich sehe uns drei noch bei Nacht und Nebel durch den Schnee um das große Gebäude herumstapfen, das kaum noch Fensterscheiben hatte — ja, das dürfte nicht zu teuer zu haben sein, und daraus ließe sich etwas machen!

Wirklich wurde der Stall zu einem erschwinglichen Preis erworben; und nun erging der Aufruf: Freiwillige Arbeiter vor!

Als die Leute begriffen, um was es ging, erschienen bald nach Feierabend so viele, wie nur irgend gebraucht wurden, um aus dem wertlosen Gemäuer ein Heim erstehen zu lassen, wie man es sich erträumte. Thelemann, selber Baufachmann, machte den Plan: außer einem großen Saal noch zwei Räume unten, für eine Bücherei und für kleinere Zusammenkünfte, oben noch ein Dachzimmer mit einer kleinen Galerie, von der man in den Saal hinabschauen könnte. Dann ging die Arbeit los, flott und — was die Hauptsache blieb — ohne viel Nebenkosten.

Daß sich keiner für die Mitarbeit bezahlen ließ, war selbstverständlich, ebenso, daß jeder mitbrachte, was an Handwerksgerät nötig war. Daß, wer es konnte, für alles Erforderliche wie Nägel, Farbe usw. in die eigene Tasche griff, war Ehrensache!

Es war eine Freude, abends einen Blick in diese „Werkstatt" zu tun; und es war rührend zu sehen, wie emsig alle, die den Tag über schwer gearbeitet hatten, nun an Eigenem bauten — und wie stolz sie darauf waren!

Welch ein Fest, als unser „Arbeiterjugendheim" endlich eingeweiht wurde! Es war ein Schmuckkasten geworden, und das sollte es nach unserem Willen bleiben — das war nicht so einfach, weil ja niemand darin wohnte. Der neugebildete Vorstand beschloß, einen Raum der Arbeiterwohlfahrt zur Verfügung zu stellen, dafür hatten die Frauen für Sauberkeit zu sorgen.

Nun zeigte sich erst, wie nötig dieser Bau gewesen war. Versammlungen jeglicher Art fanden statt, Vortragsabende, Fortbildungskurse für Lehrlinge, Feierstunden, gemütliche Teeabende, Jugendveranstaltungen — jeder fühlte sich in „seinem Heim" zu Hause.

Ich weiß nicht mehr, wer darauf kam: Auch die Kinder, die soviel entbehren mußten, sollten mehr Freude haben! Was todsicher allen zusagen würde — ein Kasperletheater mußte her! Die Idee zündete zunächst bei den Erwachsenen, und nun kamen wahre Künstler zum Vorschein. Eine kleine Bühne wurde gebastelt mit Kulissen und allen Schikanen, jemand hatte in Emden einen Bekannten, der fabelhaft Puppenköpfe schnitzte, die Frauen der Arbeiterwohlfahrt entwarfen und nähten Kostüme für alle Rollen; und die Stücke – ja, die zu schreiben blieb natürlich an mir hängen.

Ich schrieb Grimmsche Märchen zu plattdeutschen Kasperlestücken um. Der Erfolg war hundertprozentig. Jeden Sonntagnachmittag strömten die Kinder nur so herbei, und bald waren es so viele, daß nur die Hälfte Platz fand. So wurde denn an zwei Sonntagen nacheinander dasselbe Stück gespielt – von einem Spieler, der so humorbegabt war und sich so in die einzelnen Rollen einzufühlen vermochte, daß keiner ihm, dem einfachen Arbeiter und Familienvater, das Wasser reichen konnte!

Die Begeisterung der Kinder steckte die Eltern an, und die Folge war, daß die Vorstellung auch abends für die Erwachsenen wiederholt werden mußte. Eintritt wurde nicht erhoben, alle Arbeit war ehrenamtlich. Wieviel Freude ging davon aus!

Damals war der Weltfeiertag der Arbeit, der 1. Mai, auch in Deutschland noch kein allgemeiner Festtag. Nach 1918 hatten die Gewerkschaften lediglich erreicht, daß jeder Arbeitende das Recht hatte, sich diesen unbezahlten Feiertag auf Antrag zu nehmen, und es war für die organisierte Arbeiterschaft Ehrensache, das Opfer zu bringen.

Auch uns Lehrern und Beamten stand das Recht zu, den 1. Mai zu feiern, doch machte kaum jemand davon Gebrauch. Nur Friedrich Geerdes, Hermann Tempel und auch ich hielten es für unsere Pflicht, uns nicht auszuschließen, wobei wir allerdings das beschämende Bewußtsein hatten, daß wir ohne Lohneinbuße einen arbeitsfreien Tag erhielten. Andererseits gab es uns, da wir nun eine kollegiale Schulleitung hatten, ein Hochgefühl, unseren sehr konservativen Rektor, dem die Sache ein Dorn im Auge war, nicht um den freien Tag bitten zu müssen. Wir teilten ihm nur höflich unsere Absicht mit, an der Maifeier teilzunehmen. Mit süßsaurer Miene nahm er es zur Kenntnis.

Großen Eindruck machte mir in jenen Jahren die erzieherische Wirkung, die von der Gewerkschaft, vor allem von Thelemanns starker Persönlichkeit, ausging; er war ein Mann aus ihren Reihen und wollte nie mehr sein, er war im Gegenteil stolz darauf und immer bemüht, dies gesunde Selbstbewußtsein in den Arbeitern zu wecken und zu stärken. Eines seiner Anliegen war auch, die bei Festen üblichen Saufereien zu unterbinden; so verfolgte er den klugen Grundsatz, bis zum Schluß dazubleiben und am eigenen Beispiel zu demonstrieren, wie man maßvoll trinkt, um fröhlich zu sein, ohne maßlos über die Stränge zu schlagen. Wer das nicht konnte oder wollte und sich unangenehm bemerkbar machte, wurde unerbittlich hinausbefördert. Dafür ist manche Frau und Mutter ihm dankbar gewesen.

Es mag den Anschein erwecken, als ob ich in jenen Jahren völlig in der Politik aufgegangen wäre. Das war durchaus nicht der Fall, das Leben war ja so vielseitig!

Da war nicht zuletzt die sehr rührige Heimatbewegung, der noch immer mein Interesse galt. Auch da hatte sich ein Kreis gebildet, dem ich angehörte und der mir freundschaftlich verbunden war. In ihm war jede Politik ausgeschaltet. Das war das Erfreuliche: hier war jeder Heimatfreund willkommen; was er sonst für Bindungen hatte, war seine Privatsache.

Vor allem die plattdeutschen Heimatspiele, die gleich nach dem Ersten Weltkrieg jedes Jahr im Oktober zum Gallimarkt aufgeführt wurden, dessen 400-Jahr-Feier wir 1908 begangen hatten, fanden meine begeisterte Anteilnahme. Ich habe lange Jahre mitgespielt. Diese Gemeinschaftsarbeit mit all ihren kleinen Erlebnissen und Freuden war beglückend und bewahrte vor Einseitigkeit.

In der alten Haneburg war ein kleines Museum eingerichtet; dort fanden unten im Vorzimmer unsere Zusammenkünfte statt. Hier waltete beim Koppke Tee, den unsere „Tant' Hanni" Hibben kredenzte, unter dem Vorsitz meines Bruders („Vader" genannt nach den Rollen, die er durchweg verkörperte) die Gemütlichkeit. Es wurden Pläne geschmiedet, alles Notwendige beraten, Erinnerungen gepflegt, sogar „Spukgeschichten" wurden bei Kerzenschein erzählt – kurz, die Haneburgabende waren uns allen unentbehrlich und wahrhaft entspannend. In den ersten Jahren hatte sich sogar meine Mutter noch einige Heimatspiele ansehen können, sie hatte ihre große Freude daran und sah mit Stolz ihre beiden Kinder auf der Bühne.

Zum Schreiben hatte ich zwar nicht viel Muße, aber es drängte mich trotzdem, manches zu gestalten. So entstand meine erste plattdeutsche Novelle „Hör eenzig Eegen", der das Mutter-Kind-Problem zugrunde lag. Der Friesen-Verlag nahm sie in seine Friesland-Bücherei auf. Ich beteiligte mich mit einer plattdeutschen Erzählung an einem Preisausschreiben der Lübecker Volksgilde und erhielt einen Preis von 100 Mark!

Das war damals etwa soviel, wie ich im Monat verdiente. Ich habe sie aber nie gedruckt gesehen, und das Manuskript ging mir verloren. Kleinere Arbeiten erschienen auch in den Blättern und Jahresberichten des Heimatvereins.

Dennoch drängte sich immer wieder die Politik in mein Leben hinein. Da blieb ja stets die materielle Not der arbeitenden Menschen greifbar vor Augen. Sie war nicht einfach mit gutem Willen zu meistern, zum Teil war sie auch eine Folge des verlorenen Krieges. Wir erlebten die Inflation, die das Geld in wertloses Papier verwandelte: Hartgeld verschwand, die Scheine wurden an Menge immer mehr und mit Zahlen bedruckt, die in schwindelnde Höhen stiegen. Wir wurden papierne Millionäre und Milliardäre und schließlich gar Besitzer von Billionen, nur daß der Gegenwert sich bald in nichts auflöste. Unser Gehalt bekamen wir in wöchentlichen Raten. Unser ältester Kollege holte die ganze Summe jede Woche vom Rathaus; und seine Aktentasche war so voll, daß sie sich nicht mehr schließen ließ. Wir nannten ihn unseren Finanzminister. Während wir in der Pause im Lehrerzimmer saßen, legte er jedem von uns seinen Packen Scheine auf den Platz. Kaum hatten wir sie, so sausten wir damit los, um uns zu kaufen, was wir dafür noch kriegen konnten – schließlich war es kaum noch ein halbes Brot oder eine andere notwendige Kleinigkeit. Wir aber waren froh, unser Geld umgesetzt zu haben. Denn jeden Mittag um 1 Uhr war ein neuer Kurs fällig, der sich nach dem Dollar richtete – und dann war unser „Reichtum" null und nichtig!

Als ich seinerzeit die Privatschule mit dem Staatsdienst vertauschte, hatte man mir gesagt, daß diese sechs Jahre im Privatdienst auf eine spätere Pension nicht angerechnet werden könnten, ich könne das aber ausgleichen, indem ich einen bestimmten Betrag – ich meine, es waren etwa 2000 Mark – an die staatliche Pensionskasse zahle. So vermögend war ich aber damals nicht, und ich dachte: Ob ich später einmal etwas mehr oder weniger haben werde, darauf soll es mir nicht ankommen. Dann vergaß ich die ganze Angelegenheit.

Nun sah ich eines Tages während der Geldverteilung zufällig eine Mitteilung im Amtlichen Schulblatt: Die Einzahlung in die staatliche Pensionskasse für Privatdienstjahre beträgt jetzt so und soviele Billionen. Spontan zählte ich meine Scheine und rief: „Hei – jetzt kann ich meine Privatdienstzeit bezahlen, es langt genau!" Schon stopfte ich den Haufen Papier in meine Tasche, und unter dem Gelächter des Kollegiums rannte ich los, um noch zur Kreiskasse zu kommen, die nicht weit war. Dort bestätigte man mir, daß die Summe exakt stimme, und nach einiger Zeit erhielt ich ein Schreiben von der Regierung mit der Mitteilung, daß die fehlenden sechs Jahre damit angerechnet wären. Ich lachte, ohne die Angelegenheit wichtig zu nehmen – ich ahnte nicht, daß sich in dem Augenblick das Wunder meines Lebens ereignet hatte!

Dann kam die Rentenmark, die der Inflation ein Ende setzte. Doch so mancher, der sich reich gedünkt hatte, merkte jetzt plötzlich, daß er vom Milliardär zum Bettler geworden war. Alle Kriegsanleihen, die Unzählige vertrauensvoll gezeichnet hatten, waren nichts mehr wert. Wie sollte das Wirtschaftsleben florieren, wenn die Mittel fehlten? Betriebe wurden stillgelegt, Arbeiterentlassungen mehrten sich, die Arbeitslosigkeit wuchs und damit die Not in den Familien.

Die Stadtverwaltung tat, was sie konnte. Die SPD hatte nach der letzten Wahl ihre besten Köpfe ins Stadtparlament schicken können. Die Hauptsorge war, Arbeit zu beschaffen. So wurde die Bautätigkeit angekurbelt: Der Bau des Viehhofes wurde in Angriff genommen, denn Leers Viehmarkt galt damals als der größte in Nordwestdeutschland. Der neue Wasserturm wurde gebaut, auf Thelemanns Initiative wurde oben eine Jugendherberge einbezogen. In den Ausschußsitzungen des Kreistags, in den die SPD mit Vertretern aus Stadt und Land auch eingezogen war, wurde um den Neubau des Kreiskrankenhauses

heiß gekämpft — das Bauen war ja so wichtig, denn es bedeutete Lohn und Brot für viele.
Das waren anspruchsvolle Projekte, für die aber vom Staat billiges Geld zu haben war, und Leers Bürgermeister Dr. vom Bruch war ein kluger, weitblickender Kommunalpolitiker. Er ergriff jede vertretbare Gelegenheit, dem Fortschritt und dem Wohl der Stadt zu dienen.
Auch die private Bautätigkeit wurde gefördert, auch hier wurden Kredite und verbilligte Gelder vermittelt. Ein bestehender Bauverein wurde mit neuem Vorstand, dem auch Thelemann angehörte, zu neuem Leben erweckt und begann eine erfolgreiche Tätigkeit. Die unerschlossene Gegend um den damals noch stehenden Pulverturm wurde Siedlungsgebiet, auf dem im Laufe der Jahre ein ganz neuer Stadtteil erwuchs.
Die Neubauten waren dringend nötig, denn die Wohnungsnot war groß. Die winzigen Räume in alten, zum Teil baufälligen Häusern, vor allem im westlichen Stadtteil, deren Schlafräume noch aus fensterlosen Butzen bestanden, waren oft von kinderreichen Familien bevölkert; die hygienischen Zustände dort spotteten jeder Beschreibung. Der Praktiker Thelemann, der oft neue und realisierbare Ideen hatte, veranlaßte, daß Fragebogen an die am schlimmsten Betroffenen verteilt wurden; die Bogen wurden gewissenhaft ausgewertet und das Ergebnis im „Volksboten" veröffentlicht. So mancher von diesen Ärmsten konnte im Laufe der Zeit aus den Elendsquartieren in ordentliche Wohnungen umziehen.
Auch Louis Thelemann baute mit Rücksicht auf seine Eltern, die ihre Bahndienstwohnung räumen mußten, zusammen mit einem Arbeitskollegen ein Zweifamilienhaus. Günstige Darlehen waren zu erhalten, und als Baufachleute konnten sie selber mit Hand anlegen. Daß dieser Bau auch mir noch einmal sehr zugute kommen sollte, lag damals ganz außerhalb unseres Denkens.
Die Mitarbeit der SPD in Stadt und Kreis wurde auch durchaus anerkannt. Es war erfreulich in Leer, daß sich auch die politischen Gegner menschlich gut verstanden. Da wurden wohl oft entgegengesetzte Ansichten scharf vorgebracht, aber es gab keine Gehässigkeit. Die Opposition der sozialdemokratischen Minder-

heit war immer begründet und maßvoll, und so gestaltete sich die gemeinsame Arbeit absolut positiv.

Die Zahl der SPD-Anhänger in Leer wuchs im Laufe der zwanziger Jahre beträchtlich. Im Mai 1928 wurde Hermann Tempel in den Reichstag gewählt. Das war nicht nur für die Partei, sondern auch für die Stadt ein Gewinn, konnte er doch in der Folgezeit für die umfangreichen Baupläne von Berlin aus leichter finanzielle Staatshilfe vermitteln. Da er nun viel auswärts war, wurde für die Zeitung ein anderer Redakteur, Alfred Mozer, angestellt. Die Leitung blieb natürlich bei Hermann Tempel.

Alfred Mozer, voll Temperament und jugendlichem Schwung, weder auf den Kopf noch auf den Mund gefallen, lebte sich trotz bayrischer Abkunft, genau wie seine ebenso junge wie gescheite hessische Frau bald in unserem Kreis ein, der dadurch sehr bereichert wurde.

Im Jugendheim entstand mit der Zeit eine ansehnliche Bücherei. Jeden Sonntag konnten Bücher gewechselt und entliehen werden, und die Beteiligung auch vieler älterer Arbeiter war erfreulich. Jede Organisation zahlte Beiträge für Neuanschaffungen.

Nach langem Zureden ließ ich mich überreden, für die Gemeindewahlen zu kandidieren. So kam ich ins Stadtparlament, aber die Tätigkeit dort lag mir wenig; ich wirkte vor allem im Sozialausschuß mit. Eine Wahlperiode habe ich ausgehalten, dann bin ich wieder ausgeschieden; man eignet sich eben nicht für alles.

Unser Frauenkreis hatte sich sehr erweitert. So war Frau ter Vehn, eine Lehrerwitwe, zu uns gestoßen, die in ihrer resoluten Tatkraft viel zu leisten imstande war. Sie blieb außer Frau Geerdes die einzige, die aus dem Bürgertum kam, alle anderen rekrutierten sich aus der Arbeiterschaft. Wie viele feine, tüchtige Frauen gab es da jedoch, die trotz oft sehr bedrängter eigener Verhältnisse ihre Zeit, Kraft und Liebe für andere hergaben. Glücklich waren sie, als einige Nähmaschinen zur Verfügung standen. Nun konnten Wäsche und Kleidungsstücke ausgebessert und geändert und dorthin gebracht werden, wo sie dringend gebraucht wurden.

Schön waren immer die Vorweihnachtsfeiern der Arbeiterwohlfahrt für die Kinder, bei denen zu Hause kaum ein Baum brannte, anfangs nur durch Lieder und Vortrag von Gedichten, die in den Schulen gelernt wurden, belebt. Doch dann trat man an mich mit der Bitte heran, die Feier auszugestalten. Die Kinder, die im Unterricht an darstellendes Spiel gewöhnt wurden, drängten auf Beteiligung. So stellte ich für klein und groß ein Programm auf, das von Jahr zu Jahr anspruchsvoller wurde. Im Mittelpunkt stand schließlich immer eine kleine Aufführung, und es war gar nicht so einfach, aus dem Angebotenen den Kitsch auszusondern, der sich auf diesem Gebiet breitmachte. Wochen waren mit überreichlicher Arbeit ausgefüllt, aber die Lust der kleinen Mitarbeiter und die gelungenen Abende, von Volkschorvorträgen und Musikdarbietungen der Jugend umrahmt, die ein großes Publikum begeisterten und mit weihnachtlicher Freude füllten, waren reicher Lohn.

Schön waren auch die Sonnwendfeiern der Jugend zu Johanni, die an geeigneten Stellen ein großes Feuer entzündete und Sprechchöre, Musik und Lieder einander abwechseln ließ. Die eindrucksvollste Sonnwendfeier, an die ich mich erinnere, war mit einigen Tausend Zuschauern auf der Schützenwiese – sie sollte die letzte sein, aber das konnte damals noch niemand wissen.

Schön war unser Gefühl der Zusammengehörigkeit, das immer stärker wurde. Die „Partei" der SPD war etwas anderes als jeder Zusammenschluß anderer politischer Richtungen, sie war eine Bewegung, von Massen getragen, die buchstäblich aus dem Dunkel ans Licht, aus dem elenden Heute in ein besseres Morgen drängten, die die Hoffnungslosigkeit abgestreift hatten, weil sie sahen, daß Neues sich anbahnte. Das drückte allen Versammlungen den Stempel auf. Die Verbundenheit der einzelnen innerhalb der Arbeiterbewegung dieser Zeit vermag nur der nachzuempfinden, der einmal dazugehörte. Die großen Kundgebungen jener Tage stehen mir noch vor Augen, mit ihren aufrüttelnden, von Idealismus getragenen Vorträgen. Wenn da zum Schluß die Menge stehend sich spontan die Hände reichte zu dem Lied: „Brüder, in eins nun die Hände!", wenn man den hoffnungsfrohen Schimmer in den zersorgten Gesichtern sah, dann wurden mir unwillkürlich die Augen naß. Noch heute bin ich dankbar dafür, daß ich dabeisein durfte.

Im Sommer 1930 nahm ich an einer Studienfahrt nach England

teil. Die erste Woche gehörte Holland, das ich bis dahin nur von gelegentlichen kleinen Abstechern über die Grenze kannte; nun lernte ich die größten Städte und die bedeutendsten Kulturstätten kennen. Dann erlebten wir unter kluger Führung England: London, Oxford, Stratford, aber auch das düstere Birmingham, und zum Abschluß gab es ein paar geruhsame Tage in einem kleinen Badeort dicht bei Hull.

Im selben Jahr fand in Leer ein großer Reichsbannertag statt, bei dem der Minister Severing zugegen war; dazu waren an die zehntausend Gäste gekommen. Abends bewegte sich ein Fackelzug mit viertausend Teilnehmern durch die Straßen, auf der Wiese im Julianenpark wurde eine riesige Kundgebung abgehalten.

An sich liebte ich nicht Organisationen wie den Stahlhelm, der die nationalistischen Gefühle der Bevölkerung anheizte, auch nicht das Reichsbanner, die republikanische Gegengründung, oder die kommunistische Rotfront. Aber sie waren eben Ausdruck der Zeit, die aufgrund der schlechten wirtschaftlichen Verhältnisse und der sozialen Gegensätze immer unruhiger wurde.

Vorboten des Nationalsozialismus

Da machte eine neue Bewegung von sich reden, die Nationales und Soziales gleichermaßen auf ihre Fahne schrieb – die Fahne war rot wie die der Sozialisten, trug aber in der Mitte auf weißem Grund ein schwarzes Hakenkreuz, ein altes germanisches Symbol. Sie wurden anfangs kaum ernst genommen, die Jünger des großsprecherischen Adolf Hitler, der noch dazu ein Österreicher war; sie waren nur eine kleine Minderheit von zwölf Mann im Reichstag.

Aber dann kam die Septemberwahl 1930: Sie brachte den Nazis, wie sie spöttisch genannt wurden, plötzlich 107 Sitze ein, während die SPD 10 Sitze verlor! Das gab einen Schock.

Der „Volksbote" nahm leidenschaftlich Stellung gegen diesen Hitler, den neuen „Messias der politischen Kindsköpfe". Aber die Arbeitslosigkeit stieg und stieg bedrohlich; Löhne wurden gesenkt, die Unzufriedenheit griff rapide um sich. Es gab eine erregte Plenarsitzung des Stadtparlaments mit etwa 300 Erwerbslosen als Zuhörern. Hilfsmaßnahmen konnten nur Tropfen auf heißem Stein bedeuten. Dazu wurden Stadt und Kreis die Mittel immer mehr beschnitten, während die Wohlfahrtslasten stiegen.

Die Not bedeutete Wasser auf die Mühlen der Nazis, die sich auch schon bei uns bemerkbar machten. Es mag merkwürdig erscheinen, wir nahmen sie trotz des erschütternden Wahlergebnisses noch nicht sehr ernst. Diese Unruhestifter versuchten ja schon seit 1920 überall, vor allem in Süddeutschland, Aufsehen zu erregen. In den Buchläden stand bereits seit Jahren Hitlers „Mein Kampf". Ich hatte noch nicht hineingeschaut, mich stieß schon das Gesicht ab, das groß auf dem Umschlag prangte; mir war auch die Zeit dafür zu schade.

Es gab ja soviel Arbeit, die Freude machte. In jedem Herbst

war wieder ein Heimatspiel fällig. Es war nicht immer von heiterer Art, wir gestalteten damals oft Probleme unserer Vorfahren wie in „Baas Brandt", in dem Nikolaus Uphoff den fanatischen Kampf der Lutheraner gegen die Reformierten meisterhaft dargestellt hatte. In dem Stück spielte ich die Rolle der jungen Tochter eines Schusters, die den „Andersgläubigen" liebte, also den schlimmsten Feind. Wir alle lebten so in unseren Rollen, daß wir nach der Aufführung ganz erschöpft waren. Das Publikum aber ging hingegeben mit – tempi passati!

Im Jugendheim gingen die Puppenspiele weiter über die Bretter. Immer neue Märchen mußte ich dramatisieren, und die kleine Bühne wurde von Mal zu Mal reizvoller, die Phantasie geschickter Jugendlicher kannte keine Grenzen; Väter und Mütter halfen beim Basteln, Bauen, Nähen. Kleine Wunderwerke entstanden. Waren es nun die Bremer Stadtmusikanten in ihren Tiergestalten, die Räuber, verwegen anzuschauen, war es ihre Höhle, in der sie tafelten, oder etwa das „Tischlein deck dich", das so raffiniert konstruiert war, daß auf einen Fadenzug Schüsseln mit Speisen plötzlich darauf standen, oder war es der Goldesel, der Dukaten spendete, Schneewittchen lebendig oder tot im Glassarg nebst den Zwergen – alles rief Entzücken bei klein und groß hervor.

Im Juli 1931 stand wieder eine Reise für meine beiden Freundinnen und mich auf dem Programm. Es sollte die letzte werden, die wir gemeinsam machten.

Wir kamen nach Dresden und genossen die damals noch unangetastet schöne Stadt mit all ihren Sehenswürdigkeiten, den Bauten, Anlagen, Museen. Wie war ich gespannt gewesen auf die Sixtinische Madonna, und als ich vor ihr stand, war ich irgendwie enttäuscht! Ich hatte wohl etwas erwartet, Ergriffensein – aber es blieb aus.

Dann fuhren wir über die Grenze nach Prag, der „Goldenen Stadt", die wir tagelang durchstreiften. Es waren unvergeßliche Tage, voll tiefer Eindrücke: der Altstädter Ring mit dem Hus-Denkmal, das Rathaus mit seiner astronomischen Uhr, das Ghetto mit der Synagoge, der Judenfriedhof – wer ahnte damals Kommendes! –, die Karlsbrücke mit dem einmaligen Blick auf die Burg, der Aufstieg zu den imponierenden Bauten mit dem

Veitsdom – das Goldmachergäßchen nicht zu vergessen und wieder die Aussicht von oben herunter auf die Moldau –, wir konnten uns an allem noch unbeschwert von den herannahenden politischen Ereignissen freuen. Nach einigen erholsamen Tagen auf Wanderwegen durch den Böhmerwald und die Sächsische Schweiz kehrten wir in die Heimat zurück.
Dort war man inzwischen in unserem sozialdemokratischen Freundeskreis einem Plan nähergetreten, den Louis Thelemann schon lange vorbereitet hatte. Ihm erschien es angesichts des diktatorischen Anspruches der Nazis eine Notwendigkeit, die Jugend bewußt demokratisch zu erziehen, um sie gegen das Gift jener Lehren gefeit zu machen. So hatte er die Idee, ein Kinderdorf zu schaffen, wo laufend Gruppen von Jugendlichen die Freizeit verbringen könnten, und zwar so, daß sie selber dies kleine Gemeinwesen gleichsam verwalteten.
Es wurde tatsächlich ein Weidestück in Logaerfeld erworben, und die Jugend ging zunächst einmal mit Begeisterung daran, Kastanien zu sammeln, aus denen dann rund herum eine Umzäunung wachsen sollte. Mit Hilfe von Arbeitslosen, die so Beschäftigung erhielten, sollten Häuschen gebaut werden, in denen kleine Gruppen nach bestimmtem Zeitplan wohnen könnten; auch ein kleines Kaufhaus sollte da sein, aus dem sich alle versorgen würden. Eine Verwaltung sollte durch Wahl aus ihren Reihen gebildet werden, die auf demokratische Weise – natürlich zuerst unter Anleitung – alles Notwendige regeln und in Ordnung halten müßte.
Unsere Jugend war Feuer und Flamme für den Plan, und wer Zeit hatte, zog mit Spaten und Schaufel hinaus nach Logaerfeld, um zunächst das Gelände zu bearbeiten.
Aber für die Erwachsenen wurden die politischen Sorgen größer. Die Nazis entfachten immer stärker die nationalistischen Leidenschaften. Sie werteten die Demokratie ab, indem sie ihre Vertreter diffamierten und verleumdeten. Die Notstandsgesetze, ursprünglich wohl von manchem um der wirtschaftspolitischen Lage willen gutgeheißen, wurden immer mehr gegen die demokratischen Kräfte eingesetzt.
Auch bei uns wurden die Nazis aktiver; überall, auf dem Lande wie in der Stadt, bildeten sich SA-Gruppen. Ihr lautstarkes Auf-

treten, ihr Hetzen gegen die „Systemregierung", der alle Schuld an der Wirtschaftsmisere in die Schuhe geschoben wurde, blieb nicht ohne Eindruck auf verbitterte Gemüter. Hitler wurde als der einzige gepriesen, der das Volk aus der Not herauszuführen imstande wäre, wenn man ihm nur zur Macht verhülfe.

Ich will und kann hier nicht das große politische Geschehen ausbreiten, ich will nur festhalten, wie sich in unserem Umkreis etwas wie ein drohendes Gewitter allmählich zusammenzog. Wir sahen mit Schrecken, wie die politische Auseinandersetzung immer mehr verrohte, wie sie schließlich in offene Gewalttätigkeit ausartete. Wir konnten noch nicht glauben, daß unser Volk diesen braunen Horden erliegen würde, die mit nachweisbaren Verleumdungen und Lügen arbeiteten.

Ich las nun endlich auch „Mein Kampf", und mir wurde klar, was dieser „Führer", wenn er ans Regiment käme, für einen „Wandel" schaffen würde. Aber ich hielt es noch immer nicht für möglich, daß es so weit kommen könnte.

Das Ausland verfolgte die Entwicklung bei uns mit Sorge. Das spürten wir, als die holländischen Sozialisten uns zu einer großen Friedenskundgebung nach Groningen einluden. Nie vergesse ich den Herbsttag 1932, als wir in einem mit Segeltuch verhangenen Wagen bei strömendem Regen dahin fuhren in der Hoffnung, es würde sich aufklaren. Es war wie ein böses Omen: Die mit soviel Mühe vorbereitete Veranstaltung, die unter freiem Himmel stattfinden sollte, weil kein Saal die zu Tausenden herbeigeströmten Freunde hätte fassen können, fiel buchstäblich ins Wasser. Es goß, was vom Himmel herunter wollte, den ganzen Tag! Trotzdem formierte sich ein ungewöhnlich langer Demonstrationszug, und ein paar Reden wurden gehalten. Die gastfreien Holländer nahmen so viele von den triefenden Gestalten mit nach Hause, wie sie nur konnten, damit sie sich äußerlich wie innerlich aufwärmten – was half's? Naß wie Katzen mußten wir die Heimfahrt antreten, und jeder wußte irgendein Abenteuer zu erzählen, während es im Wagen überall durchleckte. Wir trugen es mit Humor.

In unserer kleinen Stadt gärte es. Die Nazis wußten geschickt die Bürger aufzuwiegeln, die sich sonst nicht mit Politik befaßten, die Handwerker, Geschäftsleute, ganz allgemein die Steuerzahler. Sie hämmerten ihnen ein, mit ihren Steuergroschen werde Schindluder getrieben, das ganze demokratische Regime im Reich wie in den Ländern und Städten sei korrupt und die wirtschaftliche Not nur Folge einer allgemeinen Mißwirtschaft. Der Ton der Demagogen wurde immer rüder, ihre Verleumdungen machten vor nichts und vor niemandem halt, und – man glaubte ihnen!

„Steuerprotestler" nannten sie sich, die in Scharen zu Versammlungen zusammenkamen und sich vorreden ließen, daß der Bürgermeister und das ganze Rathaus käuflich wären, einschließlich der gewählten Stadtvertreter, die den Bürgern das Geld aus der Tasche zögen, um sich selber zu bereichern. Verdächtigungen wurden ausgestreut und kolportiert, ohne daß sich jemand hätte wehren können; es sickerte aus unsauberen Quellen und verseuchte jegliches Denken.

In den politischen Zusammenkünften ging es turbulent zu. Wo die Nazis keine Argumente beizubringen hatten, suchten sie ihre Meinung mit Gewalt durchzusetzen. Sie bildeten Schlägerkolonnen, die von Ort zu Ort eilten, um jede gegnerische Versammlung zu sprengen.

Natürlich zog der „Volksbote" kräftig gegen diejenigen zu Felde, die das politische Leben so verhängnisvoll vergifteten und statt geistiger Waffen ihre Fäuste und Knüppel oder Schlimmeres einsetzten. Als eines Tages im November 1932 im Schaufenster des „Volksboten" Schlagwerkzeuge ausgestellt waren, die den Nazis abgenommen waren, ließen sie Sprengkörper vor dem Gebäude explodieren; zum Glück gingen nur die Fensterscheiben zu Bruch.

Es kam der 30. Januar 1933, der Tag der „Machtergreifung" durch Hitler, er wurde Reichskanzler. Hermann Tempel kehrte von Mal zu Mal aufgebrachter aus Berlin zurück und berichtete, wie herrisch und unduldsam sich die Rechtsradikalen im Reichstag benähmen, wie sie vor Gemeinheiten und brutalen Drohungen nicht zurückschreckten. Er fürchtete die nächsten Wahlen, die im März bevorstanden. Wir in Leer konnten und wollten nicht so schwarz sehen, die ostfriesischen Arbeiter ließen sich, wie wir meinten, nicht von den Umstürzlern beeindrucken.

Auch in unserer Kulturarbeit ließen wir uns nicht stören. Nach wie vor hatten die Kasperlespiele großen Zulauf. Wir brachten „Max und Moritz“ auf unsere kleine Bühne – Wilhelm Busch hätte sicher sein Vergnügen daran gehabt! Da fehlte nichts: die Bühnenbilder, die kleinen Kulissen, die Figuren, die Köpfe – die Künstler übertrafen sich selber, mit technischem Raffinement wurden Einzelheiten ausgeklügelt. Da war z. B. die Szene mit dem Lehrer Lämpel, dem die zwei Nichtsnutze die Pfeife mit Pulver füllen, daß sie mit Krach und Rauch und Gestank explodiert. Thelemann, der immer wieder mit eigener kindlicher Freude dabei am Werk war, als Erholung von schwerer politischer Arbeit, hatte eigens dafür ein wenig Pulver erstanden und damit natürlich einen Knalleffekt bei klein und groß erzielt.

Ein Konzertabend unter Geerdes' Leitung fand wieder ein volles Haus, die Aula des Gymnasiums war bis auf den letzten Platz besetzt: Haydn, Loewe, Mendelssohn-Bartholdy, Volkslieder – der Chor wie die Musikgruppe junger Arbeiter zeigten, wie ihr Können gewachsen war. Es war eine Freude!

Hitler regiert

Je näher die Wahl rückte, desto hektischer jagten sich die Versammlungen der Parteien. Es ging nicht mehr ohne Saalschutz, die Nazis rückten mit ihrer SA-Truppe an.

Ich erinnere mich an die letzte Parteiversammlung, die wir im Jugendheim abhielten. Trotz heftigen Regens war der Saal übervoll. Hermann Tempel, gerade aus Berlin gekommen, sprach von den Erlebnissen dort, von Gewalttaten der SA, die sich immer frecher gebärde. Er malte schwarz in schwarz; es gäbe bereits Presseverbote im Reich: „Sie werden aus Deutschland eine große Kaserne, ein großes Zuchthaus machen!" Ich weiß noch, daß ich auf dem Rückweg sagte: „Man muß nicht übertreiben, so den Teufel an die Wand zu malen – das glaubt ja keiner!" Er blieb stehen und widersprach heftig: „Das ist wahr! Das kann man nicht übertreiben, es sind Verbrecher!"

Wir konnten noch nicht glauben, daß er recht hatte.

Dann kam die letzte SPD-Versammlung vor der Wahl mit Hermann Tempel als Redner. Er galt als einer der besten Redner in Nordwestdeutschland; was er sagte, war mitreißend, klar, nie ohne Niveau. Deshalb war er bei den Nazis auch einer der Bestgehaßten; das zeigte sich an diesem Abend in erschreckender Weise. Ein Massenbesuch setzte ein, anderthalbtausend Menschen wollten in den großen Tivolisaal – heute ein Discounthaus an der Jahnstraße –; er mußte vorzeitig polizeilich geschlossen werden, so daß Ungezählte keinen Einlaß bekamen. Ein Lastwagen voller Nazis wollte die Versammlung sprengen, aber auch sie mußten draußen bleiben.

Dafür zogen etwa hundert Rowdies vor Tempels Wohnung, um ihm das Fortgehen unmöglich zu machen, aber Polizei und Reichsbanner waren stärker; unter ihrem Schutz und dem Gejohle der andern wurde er zum Lokal geleitet, ein beispielloser Vorgang in Leer! Es wurde eine imposante Versammlung; unter brausendem Beifall konnte der Redner ungestört enden.

Die Wahl fand am 5. März statt. Am Abend vorher veranstaltete die SPD einen Fackelzug. Ganz Leer war mobil. Diszipliniert zog die Menge durch die Straßen bis auf den Marktplatz, wo Alfred Mozer in seiner manchmal bissigen, aber immer witzigen und geistvollen Art noch einmal die Massen begeisterte. Der „Volksbote" war bereits Ende Februar verboten worden.

Dann kam der 5. März 1933 – er besiegelte Deutschlands Schicksal: Eine Mehrzahl der Deutschen entschied sich für den politischen Umsturz. Ob ahnungslos, ob leichtsinnig – „Es muß einmal anders werden!" – oder ob absichtsvoll: Schuldig wurden sie alle im Augenblick, als sie ihre Stimme dem „Führer" gaben, mögen sie später auch gleich dem törichten Kind, das über die Folgen seiner Tat entsetzt ist, gerufen haben: „Das habe ich nicht gewollt!"

Die Kommunalwahlen vom 12. März bestätigten nur das Ergebnis der vorausgegangenen Reichstagswahlen. Die SPD behauptete sich zwar, und als die erste Sitzung der städtischen Kollegien einberufen wurde, glaubten wir noch, daß die parlamentarische Ordnung nach dem Verhältnis der gewonnenen Sitze gewahrt bleiben könnte. Aber, von SA und SS umgeben, erkannten die Stadtvertreter bald, daß die demokratische Minderheit nichts mehr zu sagen hatte.

Diese stürmische erste Sitzung im großen Rathaussaal sollte für die Unseren die letzte sein. Haßgeschwängert war die Atmosphäre. Man hatte für die richtige Zuhörermenge gesorgt. Sie kargte nicht mit hämischen Rufen, und als die Linke es wagte, beim „Heil Hitler!" sitzen zu bleiben, während alle anderen sich erhoben, nahm die Menge eine drohende Haltung an. Als die Minderheit überhaupt nicht zu Wort kam, stand sie auf und verließ in aller Ruhe geschlossen den Saal, trotz wütender Rufe. Hermann Tempel half noch Frau ter Vehn, dem einzigen weiblichen Mitglied, höflich wie immer in den Mantel. Jeder ging mit dem unheimlichen Gefühl, hinterrücks gepackt zu werden. Damit hatte die Alleinherrschaft der Hakenkreuzler in unserer Stadt begonnen.

In der Schule ging trotzdem zunächst alles seinen gewohnten Gang. Wenn auch die meisten Kollegen skeptisch in die Zukunft sahen, so waren sie doch außer Geerdes und mir politisch kaum engagiert; man war nur gespannt, wie es weitergehen würde.

Auf Veränderungen brauchten wir nicht lange zu warten. Zunächst schwirrten Gerüchte durch die Stadt über Entlassungen in Betrieben, die von rechtsradikalen Elementen besetzt waren, aber Genaues wußte keiner.

An einem Sonntag waren verschiedene Freunde bei mir, wir tauschten beim Tee Erlebnisse aus und orakelten, was die Zukunft bringen würde. Da hielt ein Wagen vorm Haus, einer von uns sagte: „Polizei – sie kommen hierher!"

Schon klingelte es, erstaunt öffnete ich.

„Ist Thelemann hier?"

Der hörte wohl seinen Namen und kam heraus: „Was gibt's denn?"

„Sie müssen mitkommen!"

„Was ist denn los?"

Der Beamte zuckte verlegen die Achseln: „Sie sollen verhört werden."

„Verhört?"

„Ja – vielleicht dauert es nicht lange."

Er fuhr mit. Wir waren verstört und konnten uns nicht denken, was da vorliegen könnte.

Stunden vergingen, er kam nicht. Jemand ging zu seiner Wohnung, da war helle Aufregung: „SA und Polizei haben ihn ins Jugendheim gebracht, und da sind sie noch!"

Wir wurden immer unruhiger.

Louis Thelemann erschien endlich gegen Abend. Erregt, aber lachend erzählte er eine Groteske: bei der Polizei erwartete ihn ein Nazijüngling, ein Primaner, der Zeuge gewesen war, als Thelemann in einem bekannten Waffengeschäft Pulver gekauft hatte! Darob große Aufregung: Ein führender Sozi und Pulver! – das war eine hochpolitische Angelegenheit, die polizeiliche Untersuchung forderte. So hatte man ihn einem hochnotpeinlichen Verhör unterzogen. Seine Erklärung, daß das zwar stimme, daß aber nur für ganze siebzig Pfennige Pulver gekauft worden wäre, um zur Kinderbelustigung Lehrer Lämpels Pfeife in die Luft gehen zu lassen, war mit Skepsis aufgenommen worden; weder die Polizei noch die versammelte SA hatten je etwas von Wilhelm Buschs unsterblicher Figur gehört!

Nach langem Geplänkel hin und her kam der Befehl: Auf zum Jugendheim, um an Ort und Stelle nach Beweismaterial zu suchen!

Seit dem Spiel waren Wochen vergangen, und Thelemanns große Sorge war, ob sich noch etwas finden ließe, was seine Erklärung glaubhaft machte. So wurde das Jugendheim durchsucht, und glücklicherweise wurden unter einem Haufen Requisiten noch ein Stück der Tonpfeife und ein kleines Brett gefunden, rauchgeschwärzt und Ausgangspunkt der „Explosion". Damit war der Beweis für die Harmlosigkeit des Falles erbracht, und der Angeklagte wurde entlassen.

Das war ein kleiner Vorgeschmack. Es sollte sehr viel schlimmer kommen.

Thelemann, der als Bauaufseher bei der Stadt angestellt war, wurde entlassen, und ebenso erging es allen, die der SPD angehörten, bis hin zum letzten städtischen Arbeiter und Lehrjungen.

Dann nahte der 1. Mai, der Festtag der Arbeiterbewegung, und wieder holten die Nazis zu einem Schlag aus, der, so harmlos er anmutete, doch geschickt geführt wurde. Man erhob den Tag zum Staatsfeiertag der Arbeit, zum bezahlten Feiertag, an dem jeder Arbeiter sich der „großen Volksgemeinschaft" zugehörig wissen und zeigen sollte. Als äußeres Zeichen dafür wurden im ganzen Reich, in jeder Stadt und in jedem Dorf, große Umzüge arrangiert.

So natürlich auch in Leer; und an diesem Umzug hatte jeder Arbeiter, Angestellte und Beamte auf ausdrückliche Anordnung teilzunehmen. Damit hatte man sich eine vorzügliche Kontrolle geschaffen: Wer nicht teilnahm, war verdächtig! Unser Rektor ordnete an, daß das Kollegium geschlossen teilzunehmen hätte.

In mir bäumte sich alles auf — das konnte ich nicht! Mir war hundeelend zumute. Was tun? Als Ausweg fiel mir plötzlich ein: Geh zu einem Arzt, und laß dich krankschreiben!

Ich wählte den nächsten Arzt, den ich von Jemgum her kannte.

Konsultiert hatte ich ihn noch nie, wie er politisch eingestellt sein könnte, wußte ich nicht. Doch ich hatte Glück. Als ich vorbrachte, daß ich mich außerstande fühlte, am Umzug teilzunehmen, sagte er spontan, bevor er mich untersucht hatte: „Nein, das können Sie nicht!"

Mir fiel ein Stein vom Herzen:

Er war ein Nazi-Gegner! Und schon sprudelte er seine ganze Empörung gegen „diese Gesellschaft" hervor, anscheinend froh, sie einmal loszuwerden. Dann stellte er eine Herzinsuffizienz fest, und ich wurde zu einer Woche Bettruhe verpflichtet. Schleunigst schickte ich das Attest meinem Chef, heilfroh, diesem Ärgernis entronnen zu sein.

Aber ich sah ihn, diesen Riesenumzug, der sich mit vielen geschmückten Wagen einzelner Geschäfte und Handwerksbetriebe und mit Musikkapellen aller Art durch die Straßen bewegte, auch durch die Bremer Straße, an der ich damals noch wohnte. Ich sah die verbissenen Gesichter der Arbeiter, die zum erstenmal gezwungen wurden, einen Tag zu „feiern", dem sie früher stolz einen kärglichen Tageslohn geopfert hatten, freiwillig und mit Freuden. Jetzt trieb sie die Angst, ihren Arbeitsplatz zu verlieren. Lustlos trabten sie dahin, bis einer intonierte: „Es geht alles vorüber, es geht alles vorbei . . ." Das wurde aufgegriffen, gruppenweise sangen sie es, immer wieder von vorn, und dabei flankierte in Abständen SA den Zug!

Schier endlos war er – wer hätte da zu fehlen gewagt? In geschlossenen Formationen marschierten sie: die Angestellten von Behörden und Firmen, die Beamten, die Kollegien der einzelnen Schulen, ja, eine Gruppe Primaner mit ihren Mützen – ich hörte sie schon von weitem laut und begeistert singen: „Haut den Juden mit dem Schädel an die Wand . . ." und „Wenn das Judenblut vom Messer spritzt . . ." Vor Tempels Wohnung klang es: „Dem Hermann Tempel haben wir 's geschworen, dem Hermann Tempel brechen wir's Genick! Vielleicht ist er schon morgen eine Leiche – dann hängen wir ihn an die höchste Eiche . . ." Und direkt dahinter – mir stockte der Herzschlag – da gingen unsere lutherischen Pastoren! Das war zuviel für mich. Für alle andern konnte ich Verständnis aufbringen: für die Urteilslosen, für die um ihre Stellung Bangenden, für die,

die Angst um ihre Familie hatten. Aber daß diese vorgeblichen Hüter des Christentums, die ihres Meisters Lehren anderen predigten, nun hinter solchen „Sängern" hermarschierten und nicht den Mut aufbrachten, wegzutreten und sich zu distanzieren – das versetzte mir einen Schlag, und ich sagte mir: In diese Kirche gehörst du nicht mehr! Am nächsten Tag ging ich zum Amtsgericht und erklärte meinen Austritt aus der Kirche. Etwas später bin ich dann bei den Mennoniten eingetreten, und das habe ich nie bereut.

Ich habe mich hinterher manchmal gefragt: War dieser spontane Schritt richtig? Heute weiß ich, wie die „Bekennende Kirche" den Mut zur Opposition aufbrachte, wie tapfere Männer wie Pastor Niemöller sich um ihrer Überzeugung willen ins KZ bringen ließen. Aber damals gab es auch die „Deutschen Christen", die mit vollen Segeln der NSDAP folgten. Da gab es zum Beispiel einen jungen Pastor Meyer in Aurich, der als Agitator überall auftrat. Er hatte mir lange vorher einen diffamierenden Brief geschrieben und mich auch in der Presse angegriffen, weil ich seine Behauptung, es gäbe keine Klassenunterschiede mehr, in einem Artikel widerlegt hatte. So war nun dies Erlebnis vom 1. Mai nur der Tropfen, der den Becher zum Überlaufen brachte. Ich konnte einfach nicht anders handeln.

Wer riskierte noch öffentlich Widerspruch gegen die Machthaber? Wo sich jemand hervorwagte – sofort wurde zugegriffen!

Der 1. Mai hatte gezeigt, wie raffiniert die Nazis vorgingen, jeden Widerstand auszuschalten.

Hinter dem Begriff „Volksgemeinschaft" ließ sich jeder Zwang, jede Gemeinheit verstecken.

Nachdem der große Feiertag vorüber war, setzte am 2. Mai in Leer die „Säuberungsaktion" ein. Zunächst wurde unser „korruptes Rathaus" von allen „Elementen" befreit, die irgendwie SPD-verdächtig schienen. Hand in Hand damit gingen Anschuldigungen gegen die „Systembonzen" wegen Veruntreuungen und Mißwirtschaft. Da sie jeder Grundlage entbehrten, konnten sie aber nirgends nachgewiesen werden. Das hinderte die neuen Machthaber keineswegs daran, eine Reihe führender

Persönlichkeiten in „Schutzhaft" zu nehmen, angeblich, weil die „spontane Volkswut" sonst nicht zu bändigen gewesen wäre.
Thelemann wurde in der Stadt aufgegriffen, im Wagen zum Rathaus gebracht und anschließend ins Gefängnis gesperrt. Auch den Bürodirektor der Stadt, den späteren Stadtdirektor Epkes, brachte man dorthin. Der Bürgermeister Dr. vom Bruch durfte seine Wohnung, die sich in den oberen Räumen des Rathauses befand, nicht verlassen; ein bewaffneter SA-Mann stand vor seiner Tür. Aus einem letzten erklärenden Brief, den er an Konsul Brouer als den ältesten Senator der Stadt richtete, geht hervor, wie die Nationalsozialisten diesem klugen, lauteren Mann, der sein großes Können restlos in den Dienst der Stadt gestellt hatte, mit unglaublicher Roheit zugesetzt und ihn gequält haben, bis seine Nerven am Ende waren. Mit Genugtuung wurde schließlich die Nachricht verbreitet, daß er sich das Leben genommen habe. Es waren seine Peiniger, die es ausstreuten – wer wollte sagen, was sich wirklich zugetragen hatte?
Eine Aufregung folgte der andern. Unser Schulleiter sorgte für die nächste. Eines Tages legte er dem Kollegium in einer Pause ein Schriftstück vor, das er für tunlich und notwendig erachtete – es war eine Ergebenheitserklärung an den „Führer", und er bat uns, es namentlich zu unterschreiben. Einer nach dem andern setzte seinen Namen darunter; ich weigerte mich, ebenso Friedrich Geerdes.
Der Rektor war entsetzt; er redete auf mich ein, ich solle bedenken, was für Folgen das haben könnte. Ich erwiderte jedoch, ich könne eine Unterschrift vor meinem Gewissen nicht verantworten. Geerdes gab er zu verstehen, er solle an Frau und Kind denken. Die kurze Antwort war: „Meine Frau denkt wie ich."
Bald darauf erhielt ich die amtliche Mitteilung, daß ich „vorläufig vom Dienst beurlaubt" sei.
Für den 16. Mai wurde ich zum Schulrat beordert. Er sagte, daß verschiedene Anklagen gegen mich vorlägen, unter anderem, daß ich nach wie vor mit führenden SPD-Leuten verkehre, vor allem aber, daß ich meine Unterschrift verweigert hätte. Er versuchte auf alle Weise, mich zur „Umkehr" zu bewegen, und verlangte, ich solle versprechen, jeden Umgang mit meinen

Freunden abzubrechen und mich in Zukunft bedingungslos dem „Führer“ zu verpflichten. Ich entgegnete ihm, daß mein Umgang meine Privatsache sei und ich Freundschaften nicht einfach aufgeben könne, daß ich noch nie meinen Unterricht mit Politik verquickt hätte und das in Zukunft auch nicht tun würde – ich ahnte ja damals noch nicht, wie politisch man den Unterricht würde gestalten müssen! Aber er ließ nicht ab, mir zu erklären, daß ich nicht umhinkönne, seine Forderungen zu erfüllen.
Meine Nerven drohten mich im Stich zu lassen: „Sie können mich doch nicht zum Gesinnungslumpen machen!“ Er zuckte die Achseln: „Wollen Sie riskieren, daß Sie entlassen werden? Dann nehmen Sie meinen Rat an!“ „Das kann ich nicht.“
„Ja, dann kann ich Ihnen nicht helfen.“
Er setzte sich und schrieb. „Ich lese Ihnen das Protokoll vor.“ – Dann: „Haben Sie dazu noch etwas zu sagen?“
„Ja“, sagte ich, „fügen Sie bitte hinzu: aus Gründen der Religion und des Gewissens.“
Er tat es, und ich unterschrieb.
„Sie haben mit Ihrer Entlassung zu rechnen. Ob Sie für Ihre Dienstzeit Pension bekommen oder nicht, wird sich erst entscheiden, wenn das neue Gesetz kommt, das jetzt in Arbeit ist.“
Damit stand ich draußen. Zu Hause löste sich meine Erregung in einem Weinkrampf. Aber ich wußte, daß ich keinen anderen Weg gehen konnte. Inzwischen hatte Thelemann eine demütigende Untersuchung über sich ergehen lassen müssen. Er wurde von den Nazis beschuldigt, große Summen Gewerkschaftsgelder in die eigene Tasche manövriert zu haben! Er, der alles ehrenamtlich tat!
Aber alles Suchen und Forschen nützte nichts, es war kein Pfennig veruntreut. So blieb ihnen nichts anderes übrig, als ihn nach acht Tagen aus dem Gefängnis zu entlassen. Auch den anderen Inhaftierten war keine Schuld nachzuweisen.

Während jener Woche war Hermann Tempel in Berlin, wo der neue Reichstag zusammentrat, in den er wieder gewählt war. Natürlich hatte man in Leer auch ihm alles mögliche unterstellt:

Von vielerlei Kostbarkeiten, die er zu Hause angehäuft haben sollte, wurde vor allem ein vergoldetes Treppengeländer genannt! Wir hatten das für einen Ulk gehalten und gelacht, als wir davon hörten. Aber so grotesk konnte in dieser Zeit gar nichts sein, daß man es nicht geglaubt hätte.

So drangen denn in seiner Abwesenheit SA-Leute in seine Wohnung ein, bedrohten die über achtzigjährige Mutter mit vorgehaltenem Revolver und durchsuchten alle Räume, natürlich mit negativem Erfolg. Aber wegen dauernder Belästigung mußte die alte Frau schließlich ihr Heim verlassen. Ihre Tochter holte sie zu sich nach Aurich, und ihr Sohn pendelte nun zwischen Berlin, Aurich und Leer hin und her.

Eines Vormittags klingelte er an meiner Tür und erzählte, daß er für 11 Uhr eine polizeiliche Vorladung im Rathaus habe – weswegen, wußte er nicht. Er ging pünktlich fort, und ich fragte mich, was das wieder zu bedeuten hätte. Er kam aber gegen Mittag ergebnislos zurück, der zuständige Beamte sei nicht da gewesen, und die anderen hätten nicht Bescheid gewußt. Ich muß hier festhalten, daß die Polizisten durchweg auf unserer Seite standen, wenn auch nur heimlich. Nun – er wollte nachmittags noch einmal hingehen.

Wir aßen zusammen, und er erzählte von den Schikanen, denen alle ausgesetzt waren, die nicht ihre Gesinnung von heute auf morgen wechselten. Er nannte viele, die bereits inhaftiert wären, „Schutzhaft“ war an der Tagesordnung. „Wenn man es mit anständigen Gegnern zu tun hätte – aber die übelsten Elemente sind am Werk! Ich möchte nicht in ihre Hände fallen“, meinte er. Dann ging er in seine Wohnung, um seinen Schreibtisch durchzusehen: „Ein Wunder, daß sie den nicht aufgebrochen haben, er war abgeschlossen.“

Nachmittags, bevor er noch einmal zum Rathaus ging, kam er herein und sagte: „Wie gut, daß ich an den Schreibtisch kam – hier ist eine Liste mit all den Namen unserer Vertrauensmänner auf dem Lande – wenn die ihnen in die Hände gefallen wäre! Man hätte sie ja alle festgenommen.“

Er wollte gern noch eine Tasse Tee zur Stärkung trinken und setzte sich ins Zimmer. Aus einem großen Umschlag zog er einen beschriebenen Bogen und reichte ihn mir.

Ich lachte: „Sowas hat Louis Thelemann gestern auch mitgebracht, es liegt in dem Buch da auf dem Klavier."

In dem Augenblick klingelte es, ich faltete mechanisch das Papier zusammen, ging zur Tür – und prallte zurück: Vor mir standen zwei Polizeibeamte und zwei SA-Männer.

Der eine Beamte – früher einmal SPD-Mitglied, er hatte sich offenbar schnell umzustellen gewußt – schnarrte mich an: „Wir möchten Haussuchung halten!"

Ich hatte meine linke Hand mit dem Papier in die Tasche meiner Strickjacke gesteckt und sagte kühl: „Bitte!"

„Ihr bleibt an der Tür!" wurde die SA angewiesen, und die zwei Polizisten traten ins Zimmer.

„Ah – Sie finde ich hier!" wurde Hermann Tempel angesprochen; der erklärte, daß er vergebens den Weg zum Rathaus gemacht hätte. „Na, ich kann Sie auch hier vernehmen, warten Sie!" Dann zu mir gewendet: „Führen Sie uns durch die Räume!"

Nun ging es los. Jeder Schrank, jede Lade wurde geöffnet und durchgesehen. Vor allem der Bücherschrank hatte es ihnen angetan: Mit wichtiger Miene griffen sie Bücher heraus, blätterten, legten ab und zu eins auf den Tisch. – Ich staunte: Es waren harmlose, unpolitische Sachen; vielleicht hatte irgendein Wort wie „sozial" oder dergleichen sie verdächtig erscheinen lassen. Dagegen sahen sie andere, wirklich politische Literatur nicht! „Gesegnet sei ihre Unwissenheit", dachte ich.

Schließlich hatten sie einen Stapel Bücher zusammengebracht. Vom Schreibtisch nahmen sie die Schreibmaschine. Ich protestierte: „Wie können Sie mir die nehmen?"

„Was brauchen Sie noch 'ne Maschine!"

Allerhand Geschriebenes, noch einige Bücher ließen sie mitgehen. Da entdeckten sie die Kasperlepuppen. „Her damit!"

Es war immer der einstige SPD-Freund, der kommandierte. Nun forderte er den andern auf: „Sehen Sie die anderen Räume durch, ich nehme mir den da vor."

Ich führte ihn weiter ins Schlafzimmer. Er schaute in und unter die Betten; dann in die Küche, ins Hinterhaus – da war nichts mehr zu finden.

„Haben Sie einen Keller?"
„Ja – bitte!"
Ich machte die Kellertür auf: „Gehen Sie nur hinunter."
Er stieg in die Tiefe, und ich nutzte den Augenblick – mit einem Schritt in die Küche, wo der Kochherd brannte, den Teekessel hoch – und meine schwitzende Linke schleuderte das gefährliche Papier in die Flammen.
Ich stand wieder an der Kellertür, als er heraufkam. Auch unter den Kohlen hatte er nichts entdeckt.
„So – das wär's!"
Er befahl dem einen SA-Mann: „Hol einen Wagen!"
Ich ging wieder mit ihm ins Vorderzimmer, der andere war mit Hermann Tempel nebenan. Auch hier wurden Schränke und Laden geöffnet. Ich dachte mit Angst an das Buch auf dem Klavier, das auch ein Papier barg! Ich stellte mich davor und lehnte den Rücken an das Instrument. Er ging vorbei; ich atmete auf.
Da sah er den großen Umschlag auf dem Tisch liegen – lieber Himmel, sollte noch etwas darin stecken?!
„Was ist das?" fragte er.
Daneben lag eine Illustrierte; die nahm ich und warf sie auf den Umschlag: „Ein Rundfunkheft."
Da warf er einen scheuen Blick ins Nebenzimmer, wandte sich mir zu und raunte: „Wenn Sie noch was haben, verbrennen Sie es!"
Mir wurde warm ums Herz: unter Larven eine fühlende Brust! Ein Wagen fuhr vor, die SA-Männer schleppten hinein, was beschlagnahmt war. Dann zogen sie ab.
Ich sank auf den nächsten Stuhl; so ruhig ich mich gegeben hatte – jetzt zitterten meine Beine.
„Wo ist die Liste?" fragte Hermann Tempel.
„Die heizt den Küchenherd."
„Gott sei Dank!"
Es klingelte wieder, wir schraken zusammen – kamen sie zurück?
Nein, es war Hermann Tempels Schwester Lida aus Aurich, die zufällig gekommen war und die „Wache" vor meiner Tür gesehen hatte. So hatte sie in der Wohnung gegenüber angstvoll

gewartet, bis bei mir die Luft rein war. Auch Louis Thelemann kam; er hatte gehört, was bei mir los war. Wie froh war ich, daß ich den Nachmittag nicht allein war!
Hermann Tempel berichtete von seinem „Verhör". Er hatte vor längerer Zeit der Arbeiter-Jugend für ihre Fahrten ein Zelt geschenkt, das hatte man beschlagnahmt. Wahrscheinlich argwöhnte man, daß es gestohlen sei – woher sollten Arbeiterkinder das Geld für solchen Luxus haben! Sie hatten erklärt, es sei ein Geschenk. Das mußte geprüft werden – so wurde er vorgeladen.
Die drei blieben, solange sie konnten. Aber dann war ich allein. Seit dem Tod meiner Mutter war ich allein in der Wohnung, es hatte mir nie etwas ausgemacht. Aber in dieser Nacht hatte ich Angst.
Ich wußte, in meiner nächsten Umgebung wohnten SA-Leute, zum Teil rohe Gesellen, manchmal betrunken und randalierend – ich lag und lauschte nach draußen, wo es dann und wann laut wurde.
Der Vollmond schien durch die Fenster, ich stand auf, ging durch die Zimmer und lugte durch die Scheiben. Dann schalt ich mich selbst albern und legte mich wieder hin.
Alles war still. Ich wollte schon einschlafen, da – da war ein Geräusch – hinter dem Haus!
Ich fuhr hoch – da – da war es wieder – als wenn jemand etwas hinstellte oder verschöbe. Kalt rieselte es mir den Rücken hinunter – ich hörte es deutlich schurren!
Alle Schrecken, von denen ich gelesen und gehört, zogen mir durch den Sinn: Man legte Bomben – konnte das da nicht jemand hinter dem Haus bewerkstelligen? Mein Herz raste.
Schließlich raffte ich mich auf, schlich, ohne Licht zu machen, zum Fenster, das auf den Hof ging, schob vorsichtig den Vorhang einen Spalt zur Seite und sah auf den mondhellen Platz – aber da war nichts. Ich schlich in die Küche und schaute vorsichtig durch das Fenster dicht neben der Hintertür – nein, auch hier nichts zu sehen!
Ob man da inzwischen etwas hingelegt hatte? Den Mut, die Tür zu öffnen, draußen nachzusehen, brachte ich nicht auf. An Schlaf war nicht zu denken. Wie sehnte ich den Morgen herbei!

Früh stand ich auf, und mein erster Gang war durch die Hintertür in den Hof. Da fand ich des Rätsels Lösung: Der Deckel vom Aschkessel stand halb hoch, und über den Rand hingen und auf der Erde lagen Reste von Fischabfall. Wir hatten mittags Schellfisch gegessen, ein Hund oder eine Katze hatte das wohl gerochen und an dem Blechgefäß herumgezerrt!

Mir fiel ein Stein vom Herzen, aber lachen konnte ich nicht. Viermal mußte ich mir noch in den folgenden Wochen eine Haussuchung gefallen lassen. Jedesmal argwöhnte man irgendetwas. Entweder hatte man einen Mann mit einer Aktentasche in meine Wohnung gehen sehen und mutmaßte, er habe ein Geheimschreiben oder dergleichen gebracht, wo er doch nur eine harmlose Bestellung ausgerichtet hatte – oder man hatte sonst etwas Verdächtiges wahrzunehmen geglaubt. Weiß der Himmel, was sie alles bei mir vermuteten! Zwar zogen sie jedesmal enttäuscht ab, aber ich hatte wieder den Schrecken gehabt.

Die Angst nistete sich bei mir ein; ich bin sie zwölf Jahre lang nicht losgeworden.

Das Jugendheim wurde beschlagnahmt. Das war für uns alle ein Schlag, dessen Schwere nur der ermessen konnte, der erlebt hatte, wie an unzähligen Feierabendstunden aus einem Seuchenstall dieser Schmuckkasten geschaffen wurde. Nun sollte er plötzlich ein „Schweinestall" sein, der „ausgemistet" werden müßte, wie ein paar Naziweiber es laut über die Straße schrien.

Das war das Deprimierende: Keiner fühlte sich mehr sicher. Kübelweise wurden Verdächtigungen, Verleumdungen ausgeschüttet, und wenn auch nichts bewiesen werden konnte, so blieb doch immer etwas hängen. Sonst ganz unpolitische Menschen entdeckten auf einmal ihr Naziherz, weil sie merkten, daß sie damit am sichersten durch die Zeit kamen. Schon ein unvorsichtiges Wort konnte für den, der es äußerte, zur Katastrophe werden.

Das mußte mein Bruder erleben, der sich nie mit Politik befaßt hatte, weil er ganz in seinen heimatkundlichen Interessen aufging. Trotzdem hatte er seinen Standpunkt, und angesichts der schlimmen Geschehnisse ging die Empörung mit ihm durch, so

daß er Bekannten gegenüber bemerkte, was sich dieser Hitler, ein „Butenlanner“, doch anmaße! Schon war ein anonymer Denunziant zur Stelle – und die Folge war: mein Bruder wurde fristlos entlassen.
Solche Vorkommnisse schüchterten natürlich die Menschen ein, und da Zivilcourage zu allen Zeiten dünn gesät ist, zog man es vor, den Mund zu halten, um nicht sich und seine Familie unglücklich zu machen.

Inzwischen lief die Propagandamaschine der NSDAP auf vollen Touren. Goldene Zeiten versprach der „Führer“ allen, die ihm folgen würden, vor allem Beseitigung der Arbeitslosigkeit. Das war natürlich Musik für die Ohren Verzweifelter, die keine Arbeit hatten. Und all die Urteilslosen folgten gläubig dem Ruf, in die Partei einzutreten, besonders als sie sahen, daß die Stellen, aus denen soviel Mißliebige herausflogen, nun mit „guten Volksgenossen“ besetzt wurden.
Der „Volksbote“ war seit Monaten verboten, alle Angestellten dort waren mithin erwerbslos. Sie hatten nicht einmal den restlichen Lohn, der ihnen noch zustand, erhalten. Das Blatt war seit langem der Parteipresse eingegliedert, so war die „Konzentration“ in Berlin dafür zuständig. Wie Hermann Tempel bei persönlicher Rücksprache erfahren hatte, stand dort noch das nicht ausbezahlte Geld zur Verfügung, nur wagte man nicht, es zu schicken, weil es dann unweigerlich beschlagnahmt würde.
In Emden trafen sich nun die Verantwortlichen der Redaktion zu einer Besprechung im Hinterstübchen eines Lokals, dessen Inhaber sie vertrauen konnten. Ich war mitgefahren, um mich nach Frau Mozer umzusehen. Ein paarmal klingelte ich, ohne daß jemand erschien, und glaubte schon, es wäre niemand da. Noch einmal drückte ich anhaltend auf den Knopf – da wurde zaghaft die Gardine etwas verschoben – nie werde ich das Gesicht vergessen, die angstgeweiteten Augen, die mich anstarrten, und dann die Erleichterung, mit der die Freundin mir um den Hals fiel.
Ich erfuhr, daß in Emden nicht weniger Verfolgungen statt-

fanden als bei uns. Alfred Mozer war bei der Gleichschaltung der Gewerkschaften am 2. Mai in aller Herrgottsfrühe von einem Aufgebot mit Maschinenpistolen bewaffneter SA aus dem Bett heraus verhaftet und abgeführt worden. Anschließend folgte eine Haussuchung; die Eindringlinge zogen mit Koffern voll Beschlagnahmtem ab. Unter anderem hatten sie Privatkorrespondenz aus der Verlobungszeit mitgenommen, die in den folgenden Wochen in ihrer Zeitung veröffentlicht wurde! Allerdings wurde Mozer erst einmal freigelassen, als sich herausstellte, daß er nicht Gewerkschaftsredakteur war. Nun war die junge Frau dabei, ihr Hab und Gut zusammenzupacken. Natürlich war ihr Mann für die Nazis einer der Bestgehaßten, hatte er doch eine spitze Feder geführt und in den Redeschlachten kein Blatt vor den Mund genommen. Kein Wunder, daß man seiner erneut habhaft zu werden suchte.
Man hatte im Freundeskreis ernsthaft überlegt, ob er sich dem Gegner, der nun der Sieger war, stellen sollte, aber das war ein zu gemeiner, rachsüchtiger Sieger! Alle hatten jedoch gemeint, es sei sinnlos, sich dessen brutalem Vernichtungswillen auszuliefern. So war beschlossen worden, daß ein zuverlässiger Freund Mozer bei Nacht und Nebel mit dem Motorrad über die holländische Grenze bringen sollte, sobald die Situation es erfordern würde. Seine Frau wollte zu ihrer Mutter nach Süddeutschland fahren.
Noch war es nicht so weit, aber heimlich wurden alle Vorbereitungen getroffen.
Schweren Herzens trennten wir uns. Ich ging um die verabredete Zeit zur Bahn. An einer Straßenecke gesellte sich ein Bekannter zu mir, ging ein paar Schritte mit und raunte mir zu: „Die Versammlung ist aufgeflogen! SA erschien, aber der Wirt hielt dicht, und alle sind hinten herum weggekommen!“ Er riet mir, allein in den Zug zu steigen und mich nach niemandem umzusehen.
Scheinbar ruhig wartete ich auf den Zug, stieg ein, sah niemanden. Auch in Leer ging ich allein nach Hause, und wir blieben unbehelligt.
Man hatte aber Hermann Tempel gebeten, doch in Berlin das Geld für die Volksboten-Leute loszueisen und selbst mitzu-

bringen. Zeit und Stunde waren vereinbart, wann und wo er es abliefern könnte. Damals bestand an der Mühlenstraße noch der Konsumladen, und der Verwalter Hugo Wassenberg war einer unserer treuesten Freunde. Er wollte das Geld in Empfang nehmen, und Harm Janssen, der noch in Emden arbeitete, würde es an Ort und Stelle abliefern.

Ausgerechnet an dem Tag, als Hermann Tempel aus Berlin zurückkehren wollte, wurde Louis Thelemann von dem damaligen Polizeikommissar Hieronymus – er war deutschnational, aber nazifeindlich – heimlich informiert: Die Polizei hätte Anweisung erhalten, Tempel festzunehmen, sobald er sich wieder in Leer blicken ließe.

Wie konnten wir verhindern, daß Hermann Tempel, der schon unterwegs war, nicht nach Leer kam? Die einzige Möglichkeit war, ihn in Oldenburg abzufangen. Da ich dort verschiedene Bekannte hatte, war es am unauffälligsten, wenn ich das übernahm.

So machte ich mich beklommenen Herzens auf den Weg und kam unbemerkt nach Oldenburg. Als der Zug aus Berlin eintraf, brauchte ich nicht lange zu suchen. Tempel stieg erstaunt aus, als er mich sah, und ich teilte ihm in fliegender Hast mit, daß er nicht weiterfahren dürfe.

„Aber ich habe das Geld!" sagte er.

„Das nehme ich mit", erklärte ich, „ich fahre mit diesem Zug zurück."

Möglichst unauffällig steckte er mir einen Umschlag zu, und ich stieg ein, während er zu seiner Schwester ging, die in Oldenburg wohnte.

Mir schlug das Herz bis zum Hals.

Wenn ich nur unbehelligt nach Hause kam! Noch nie hatte ich soviel Geld bei mir gehabt; ich weiß nicht mehr, wieviel es war, es ging in die Tausende, und viele Familienväter warteten darauf. Wenn nun plötzlich jemand hereinkäme und meine Tasche kontrollierte – nichts Besonderes in jenen Tagen! Noch nie ist mir eine Fahrt so lang geworden wie diese!

Es ging alles gut. In Leer stand ein guter Bekannter an der Sperre; der würde mich nicht verraten. Im Konsum stand Hugo Wassenberg wie unabsichtlich in der Tür und bugsierte mich hinein. Dort im Hinterzimmer warteten meine Freunde; ich sank erlöst in die Sofaecke und genoß eine stärkende Tasse Tee, nachdem ich meine Handtasche geleert hatte.

Inzwischen hatte Mozer von einem Stahlhelm-Anhänger aus dem Stadtparlament – also einem politischen Gegner! – die Warnung erhalten, er müsse sich sogleich in Sicherheit bringen, weil man ihn verhaften wolle, morgen sei es zu spät. Da brachte ihn, wie abgesprochen, noch in derselben Nacht ein Motorradfahrer über die Grenze.

Wir haben es alle erfahren, was es heißt, vogelfrei zu sein: rechtlos der Willkür ausgeliefert und wehrlos gegenüber jedem Zugriff. So wurde Louis Thelemann eines Tages von bewaffneten SA-Männern aus seiner Wohnung geholt, ins Jugendheim transportiert und dort stundenlang verhört. Er verdankte es nur einem Zufall, daß er nicht samt dem Heim verbrannte – es war schon Stroh zu dem Zweck herbeigeschafft worden! So verhetzt war diese Masse, daß sie in Menschen, die bislang friedlich und nur mit dem Willen zu helfen unter ihnen gelebt hatten, nun plötzlich Verbrecher sah. Die Arbeiter blieben treu, das bewiesen sie bei jeder Gelegenheit, doch sie standen wehrlos roher Gewalt gegenüber. In solchen Zeiten kriechen immer die Ratten aus den Löchern; das Gesindel, das Morgenluft wittert, drängt sich nach oben.

Daß auch das anständige Bürgertum diesen Gesellen auf den Leim ging, wollte mir nicht in den Sinn. Leichtgläubig vertraute es den Phrasen, die in die Welt geschmettert wurden. Daran berauschte man sich und verachtete das „rote Gesocks“, das an Gleichheit aller Menschen und Gleichberechtigung aller Rassen glaubte. Man wußte vor allem den Spießbürger an seiner schwachen Stelle zu packen: Wer wollte nicht gern eine öffentliche Rolle spielen? So schuf man Ämter, Uniformen, Orden und Ehrenzeichen, vom Haus- und Blockwart angefangen bis zu den Formationen der HJ, SA, SS usw. Man kam damit dem Geltungsbedürfnis der Menschen entgegen und konnte zugleich Kontrolle ausüben, wo immer man wollte. Es war ein raffiniert erklügeltes System, das der harmlose „Volksgenosse“ jedoch nicht durchschaute.

Mir hatte sich beim Lesen von „Mein Kampf“ eine Stelle eingeprägt, die besagte, man müsse es nur verstehen, die Masse bei den niedrigsten Instinkten zu fassen, dann habe man sie hinter sich! Das haben die Nazis wahrhaft verstanden! Was sonst zum Glück im Menschen verborgen bleibt, lockte man hervor: etwa das Begehren, auf Kosten eines anderen etwas zu werden, oder die Bereitschaft, jemanden zu bespitzeln und zu denunzieren. Daraus erwuchsen Mißtrauen, Angst, Heuchelei. Es dauerte nach der „Machtübernahme" nicht lange, da traute einer nicht mehr dem anderen. Jeder erkannte: Wer das Geringste sagt oder tut, was den Anschein erweckt, man sei gegen die „Bewegung" – der ist verloren. Da wurde nicht gefackelt, sondern sofort zugegriffen. Die Meinungslosen stellten sich bald darauf ein: Einfach mitmachen, das konnte nur nützen!

„Ich bin nichts, mein Volk ist alles!" Klang das nicht edel, geradezu fromm? Erzog das nicht scheinbar zur Selbstlosigkeit? Tatsächlich ließ dieses Motto von dem Selbst, vom Eigenen, Individuellen nicht das Geringste übrig. Nicht einmal grüßen durfte man, wie man wollte. „Heil Hitler!" hatte der Gruß zu lauten – wehe, wer das vergaß! Das genügte, ihn verdächtig zu machen und unter Kontrolle zu stellen.

Dennoch brachte nicht nur ich allein es fertig, zwölf Jahre lang diesen Gruß zu vermeiden! Obwohl wir aus der „Volksgemeinschaft" ausgeschlossen waren und selbstverständlich alle Veranstaltungen, Versammlungen und dergleichen mieden, war es gar nicht so einfach, sich immer wieder darum zu drücken, besonders wenn man aus irgendeinem Grunde bei einer Behörde vorsprechen mußte. Aber wir wären eher gestorben, als daß wir je „Heil Hitler!" gesagt hätten. Immer mehr Hiobsbotschaften erreichten uns – nicht direkt, denn unsere Briefe wurden überwacht – aber es sickerte bald von der einen, bald von der anderen Seite die Nachricht durch, daß dieser oder jener von unseren Freunden bei dunkler Nacht geholt und wegtransportiert sei, unbekannt, wohin. Was Wunder, daß man bei jedem Klingeln an der Haustür, bei jedem plötzlichen Anhalten eines Autos vorm Hause, bei jedem Auftauchen einer Uniform angstvoll zusammenfuhr!

Sogar die gegenseitigen Besuche wurden problematisch. Als Thelemann und ich einmal einen Nachmittag bei Bekannten

im westlichen Stadtteil verbracht hatten, erlebten sie anschließend eine Haussuchung. Dabei hatte man den Gedankenaustausch so nötig! So mußten wir denn immer wieder Listen und Schleichwege ersinnen, und wir freuten uns jedesmal diebisch, wenn wir etwa, von verschiedenen Seiten kommend, bei Familie Geerdes am Pulverturm eintrafen und durch den dunklen Garten später wieder entwichen. Es blieb ja nur ein kleiner Kreis wirklich Vertrauenswürdiger, sehr schnell sonderte sich die Spreu vom Weizen.
Da konnte es geschehen, daß einem auf der Straße sehr gute Bekannte entgegenkamen, und plötzlich blieben sie vor einem Schaufenster stehen, bis man vorbeigegangen war, oder sie wechselten auf die andere Straßenseite. Natürlich zog man es von da an vor, sie auch nicht mehr zu kennen.
Es gab aber Gottseidank auch andere: manche, die man sonst nur flüchtig gekannt hatte, blieben stehen und drückten einem die Hand. Im übrigen hatten wir ja keinen Anlaß, uns zu verstecken, wir hatten nichts Unrechtes getan. Wenn wir uns zurückzogen, so nur, um andere nicht zu gefährden.

Aus dem Schuldienst entlassen

So lange ich von der Schule nur beurlaubt war, ging mein Gehalt weiter. Schlimm waren andere dran, z. B. Thelemann, der plötzlich ohne Einkommen war. Trotzdem war er noch guten Mutes, er meinte, es würde sich schon eine Verdienstmöglichkeit finden. Vorläufig machte er sich daran, sein Haus, das bislang nur unten wohnfertig war, weiter zu vervollständigen.

Das Material dazu lag lange bereit, aber nie war Zeit dafür dagewesen; nun hatte er unversehens Zeit in Fülle und konnte sie so nutzen.

Inzwischen war das „Gesetz zur Wiederherstellung des Berufsbeamtentums“ herausgekommen, wie es sich hochtrabend nannte. Das „korrupte System“ hatte nach Hitlers Meinung vorzugsweise „Parteibuchbeamte“ eingestellt, von all diesen mißliebigen Elementen mußte der Staat „gesäubert“ werden. Auch hier wurden Behauptungen aufgestellt, die man weder beweisen konnte noch wollte. Mit meinem Beruf hatte das Parteibuch nichts zu tun, und ebenso war es bei all jenen, die wie ich entlassen oder degradiert wurden. Aber man hatte sich eine gesetzliche Handhabe geschaffen und wandte sie rigoros an. So erhielt ich am 31. August 1933 die amtliche Mitteilung, daß ich aus dem Schuldienst entlassen sei.

Ich hatte es erwartet, aber nun ich es schwarz auf weiß in Händen hielt, traf mich die bittere Wahrheit doch schwer. Ich war dreiundvierzig Jahre alt, stand also in der Mitte des Lebens, war immer mehr in meinen Beruf hineingewachsen, die Kinder hingen an mir und ich an ihnen – nun war es aus damit. Andere Arbeit? Ich war mir klar darüber, daß es die nicht für mich geben würde, war mir doch jeglicher Privatunterricht untersagt; auch hatte ich ausdrückliches Schreibverbot.

Das Gesetz bestimmte: Wer dreiundzwanzig Dienstjahre aufzuweisen hatte, bekam einen Bruchteil der ihm eigentlich zustehenden Pension. Ich stellte fest: von 1910 bis 1933 – genau dreiundzwanzig Jahre!

In dem Augenblick ging mir auf, welch ein Wunder geschehen war, daß ich mir 1923 zufällig mit meinen Inflationsbillionen sechs Privatdienstjahre erkauft hatte – hätte ich damals nichts eingezahlt, würde ich von nun an keinen Pfennig mehr bekommen! Es lief mir kalt den Rücken herunter, als ich das erfaßt hatte. Konnte man das noch Zufall nennen? Ich empfand es als unbegreifliche Fügung.

Zwar war es keine große Summe, aber sie erwies sich als Reichtum, und das nicht nur für mich allein. Thelemann offenbarte mir sorgenvoll, daß er nicht wisse, womit er die Zinsen für sein Haus bezahlen solle; die kleine Witwenrente der Mutter – der Vater war Anfang des Jahres gestorben – reichte nicht hin und nicht her. Er plante nun, die halbe Wohnung so abzutrennen, daß sie vermietet werden könnte. „Aber – wer zieht da ein? Das wagt ja keiner!"

Da brach es aus mir heraus: „Kann ich da nicht einziehen?" Und ich schilderte ihm, welche Angst ich ausstünde in meiner Wohnung, daß ich halbe Nächte schlaflos läge und auf alle Geräusche horchte. Auch könne ich die bisherige hohe Miete nicht mehr aufbringen, aber soviel, daß er seine Abgaben bezahlen könne, gäben meine Mittel wohl her.

„Ich will's mit meiner Mutter besprechen", sagte er.

Wieder war es mir wie eine Fügung. Im Herbst zog ich aus den Räumen aus, die mir 37 Jahre Heimat gewesen waren, verließ sie wie auf der Flucht und fühlte mich im neuen Heim sicher und geborgen.

Von Hermann Tempel hörten und sahen wir nichts mehr. Schreiben durften wir nicht, unsere Post wurde ja überwacht. Seine Schwester Lida hatte den Haushalt der Mutter aufgelöst und die Möbel nach Aurich transportieren lassen; sie sagte, er pendle zwischen Oldenburg und Aurich hin und her.

Eines Tages faßten wir einen Plan. Mit dem Bus nach Aurich zu fahren, erschien uns zu gewagt, aber wandern konnten wir ja, und zwar nicht die Hauptstraße, sondern quer durchs Land.

An einem schönen Sonntagmorgen brachen wir früh um 6 Uhr auf. Kein Mensch war weit und breit zu sehen. Wir zogen von einem Dorf zum andern, und in Iheringsfehn fragten wir einen Bauern, wie wir wohl auf kürzestem Wege nach Aurich kämen. Er sah uns verwundert an und meinte, da hätten wir doch lieber den Bus nehmen sollen; zu Fuß wäre das zu weit. Er nannte uns aber doch die Orte, die wir passieren müßten. Kopfschüttelnd sah er uns nach.

So zogen wir über die Fehne, die wir zum Teil nur dem Namen nach kannten. Die Gegend war reizvoll und das Wetter recht zum Wandern, ab und zu rasteten wir ein wenig, aber die Sorglosigkeit unserer früheren Fahrten durch das weite Land fehlte. Gegen Mittag waren wir in Timmel.

Müde setzten wir uns an einen Grabenrand und verzehrten unser Brot. „Timmel liggt midden unner de Himmel" fiel uns ein alter Neckreim ein — ja, über uns prangte der blaue Himmel, und rundherum war grüne Einsamkeit; wir kamen uns recht verlassen vor. Aber weiter — wir hatten ein Ziel!

Endlich sahen wir die Stadt auftauchen, gegen 15 Uhr waren wir angelangt.

Eine freudige Überraschung war uns gelungen, man wollte gar nicht glauben, daß wir zu Fuß gekommen waren. Immerhin konnten wir einen Nachmittag zusammen sein und uns aussprechen.

Auch Hermann Tempel war aus dem Schuldienst entlassen worden. Zwar hatte man ihm in Aurich noch keine Schwierigkeiten bereitet, aber was sollte er anfangen? Niemand würde ihn irgendwo einstellen. Ins Ausland gehen, wie es manche bereits getan hatten? Legal kam er nicht mehr über die Grenze, man hatte uns allen den Auslandspaß abgenommen. Zwar hatte ihm ein befreundeter Grenzbeamter aus der Bentheimer Gegend sagen lassen, daß er auf seine Hilfe rechnen könne, aber wie sollte er unbemerkt dahin kommen?

Wir rieten ihm, jede mögliche Gelegenheit zur Flucht zu nutzen; doch ihm widerstrebte es, er kam sich feige vor. Aber ihm war auch klar, daß es sinnlos wäre, sich seinen Verfolgern auszuliefern — wem wäre damit gedient? Würden sie ihn nicht, wie bereits so viele, spurlos verschwinden lassen? Im Ausland

würde er wenigstens durch Wort und Schrift dazu beitragen können, der Öffentlichkeit die Augen zu öffnen — so glaubten und argumentierten wir.
Zu schnell vergingen die Stunden, und am Abend wagten wir es, im Schutze der Dämmerung mit dem Bus zurückzufahren. Aber in Loga stieg mein Begleiter aus; ich fuhr bis zum Bahnhof und kam glücklich unbemerkt nach Hause.
Kurze Zeit danach kam Thelemann aufgeregt zu mir. Der alte Polizeikommissar Hieronymus hatte ihn wiederum benachrichtigt, die Fahndung nach Hermann Tempel sei nicht mehr auf Leer beschränkt; er solle ihn möglichst warnen.
Da gab es kein Überlegen — sofort nach Aurich! Mit dem nächsten Bus — ich stieg erst in Loga ein — fuhr ich am frühen Nachmittag hin.
Das gab ein Erschrecken! Diese Warnung von einem früheren politischen Gegner rührte ihn tief, sie war nicht leicht zu nehmen.
Was war zu tun?
Seine Schwester sauste auf dem Rad zu einem guten Bekannten, der kein Parteifreund war und ein Auto hatte. Sie sagte ihm kurz, ihr Bruder sei in Gefahr und fragte, ob er ihm helfen wolle wegzukommen. Er zögerte keinen Augenblick.
Hermann Tempel schwankte zwar noch; wir drängten jedoch. Bewundernswert war seine über achtzigjährige Mutter in ihrer entschlossenen Haltung: ein kurzer Abschied von ihrem liebsten Sohn — sie haben sich nie wiedergesehen. Ohne Gepäck ging er zu der vereinbarten Stelle mit dem Rest seiner Barschaft in der Tasche — es waren ganze 150 Mark, die der als „Bonze" Verschriene noch besaß.
Ich fuhr mit dem nächsten Bus nach Hause.
Daß die Suche nach dem Verhaßten erfolglos blieb und er weder in Oldenburg noch in Aurich ins Netz gegangen war, mußten Tempels Verwandte büßen: Beide Schwager wurden strafversetzt, obwohl sie keine SPD-Mitglieder waren, der eine nach Arnsberg, der andere bis nach Kattowitz.
Es hagelte Strafversetzungen. Auch Geerdes mußte von der Stadtschule fort in ein Dorf an der Küste. Ähnlich ging es im weiteren Umkreis manchem Beamten, und damit kamen sie noch

glimpflich davon. Es gab aber Kollegen, die nicht wie ich 23 Dienstjahre aufweisen konnten – sie wurden entlassen und konnten sehen, wie sie sich und ihre Familien durchbrachten. Zwar gab es Hilfsbereite unter den nicht betroffenen Freunden, die etwa kleine Beträge auf ein bestimmtes Konto einzahlten, aber das waren Tropfen auf heißem Stein. Und sie blieben immer Verdächtige, Ausgestoßene.

Ich durfte nicht klagen, ich hatte ein Existenzminimum, mir war die große Angst genommen, seitdem ich Freunde als Nachbarn hatte. Thelemanns hatten einen großen Acker, von dem ich mit ernten durfte, soviel ich brauchte.

Gewiß, in unserer Nähe patrouillierten ständig SA-Leute, und wie wir erst später erfuhren, war einem Nachbarn schräg gegenüber aufgetragen worden, zu kontrollieren, wer bei uns ein und aus ginge; es waren nur wenige damals.

Einmal erschien noch Hermann Tempels Schwester, um Abschied zu nehmen vor dem Umzug nach Arnsberg; sie erzählte, daß der Bekannte ihren Bruder glücklich an den ihm benannten Ort gebracht hätte. Ob und wie es ihm geglückt war, über die holländische Grenze zu kommen, wußte natürlich niemand; wir konnten es nur hoffen.

Damit zogen wieder Freunde aus erreichbarer Nähe fort, unser Kreis wurde immer kleiner. Aber was von ihm übrigblieb, hielt zusammen wie Pech und Schwefel. Wie manchen Abend verbrachten wir im Hinterstübchen des Konsum-Ladens, wo wir unseren Herzen Luft machen konnten!

Ab und zu sickerten auch nicht sehr erfreuliche Nachrichten durch von fernen Freunden: in Schutzhaft genommen, abgeholt bei Nacht und Nebel, unbekannt wohin!

Um uns herum ging die Welt ihren lauten Gang: Die Partei beherrschte alles. Es war, als hätte ein Rausch die Menschen erfaßt. Wer nicht dazugehörte, schwieg. Die Schlagzeilen der gleichgeschalteten Zeitungen, die Propaganda, die Goebbels raffiniert unter die Massen brachte, die Phrasen von der deutschen Herrenrasse, die Verteufelung aller Andersdenkenden, das Umwerben der Jugend, der „Garanten der Zukunft“, verbunden damit der Zwang zum Eintritt in die NS-Organisationen – all das wirkte wie ein Narkotikum auf die große Mehrheit.

Dieser Bewegung konnte man sich nicht entziehen. Mit dem Strom zu schwimmen war ohne Risiko, und man sah ja schließlich, was mit denen geschah, die nicht mitmachten! Wir wenigen aber lebten wie auf einer Insel.

Besonders die Jugend folgte begeistert den Fanfarenklängen, den Aufrufen zu den Festen, die für sie und mit ihnen veranstaltet wurden, den Parolen, die man so wohlklingend formulierte. Der Führer rief, und fasziniert folgten ihm die jungen Menschen.

Man verstand es, Hitler zum Idol, seine Person zum Gegenstand eines förmlichen Kults zu machen. Uns jedoch war es unfaßbar, wie dieser brüllende Mann mit dem doch nicht gerade anziehenden Gesicht eine solche Wirkung haben konnte.

Welch ein Theater wurde auch um die Fahne gemacht, die Hakenkreuzfahne! Sie wurde nationales Heiligtum, das man, wo immer sie einem in den vielen Umzügen begegnete, mit erhobener Hand grüßen mußte – wehe dem, der es unterließ! Wie oft habe ich, wenn ich unterwegs Musik hörte und von weitem die Fahne leuchten sah, kehrtgemacht oder eine Seitenstraße eingeschlagen.

In unserem schönen Jugendheim tobten sich die Nazis aus. Es lag nun in meiner nächsten Nachbarschaft, so daß ich wohl oder übel Zeuge sein mußte. Alles, was nicht niet- und nagelfest war, wurde kurz und klein geschlagen, Stühle, Tische, Bühne mit all den so liebevoll verfertigten Requisiten – alles wurde hinausbefördert und auf einen Haufen geworfen, bis hin zu den unschuldigen Kasperlepuppen! Die Nähmaschinen unserer Frauen wurden, soweit sie erstklassig waren, „sichergestellt" bei einigen „Prominenten", die übrigen standen herum und verkamen draußen in Regen und Unwetter. Der Haufen alter Möbel wurde dann als Sonnwendfeuer von der Hitlerjugend verbrannt.

So endete, was mit soviel Opfersinn und Freude erarbeitet worden war.

Wir verfügten nun über etwas, was wir seit Jahr und Tag nicht mehr gekannt hatten, nämlich Zeit.

Nachdem ich etwas zur Ruhe gekommen war, wurde in mir ein Wunsch mächtig, dem ich nie so recht hatte Raum geben können:

das Bedürfnis zu schreiben. Zwar hatte ich offiziell ausdrückliches Schreibverbot; es bedeutete, daß ich nichts veröffentlichen durfte. Das wollte ich auch gar nicht. Aber in mir hatte sich soviel aufgestaut, was mich zu gestalten drängte. Nicht etwa die politischen Geschehnisse oder mein eigenes Erleben – nichts lag mir ferner! Nein, Kindergesichter, von Not und Hunger gezeichnet, stiegen innerlich vor mir auf, das Milieu, in dem Kinder aufzuwachsen gezwungen waren, Elend und Tapferkeit so mancher Mütter, Haltlosigkeit vieler Väter – darüber begann ich nun zu schreiben. Es war der Anfang meines Buches „Keerlke".

Freund Thelemann konnte zwar seine Tage mit Arbeit auf dem Acker und an seinem Haus ausfüllen, aber damit wurde nichts verdient. Er konnte sich auch endlich einmal in Bücher vertiefen, bisher hatte es nur zu flüchtiger Zeitungslektüre gereicht. Und bei dem sonnigen Herbstwetter holte er mich nachmittags zu einem Spaziergang ab. Dabei merkten wir, daß uns in angemessener Entfernung immer jemand folgte. Blieben wir irgendwo stehen, tat er es auch. Glaubte man wirklich, daß wir draußen auf weiter Flur politische Freunde träfen? Nun machten wir uns einen Spaß daraus; der „Schatten" sollte richtig laufen! Wir dehnten unsere Gänge immer weiter aus, und siehe da – unser Verfolger nahm sich ein Rad mit! Es war zum Lachen. Blieben wir stehen, stieg er ab, immer in bestimmtem Abstand. Natürlich nutzten wir das weidlich aus, auch bei Regen und Wind. Thelemann las gerade ein astronomisch-philosophisches Buch von Bürgel, das ihn sehr interessierte, und unterwegs erzählte er mir dann, was ihn daran begeisterte.

Im übrigen ließ man mich in Ruhe, seit ich umgezogen war. Thelemann wurde manches Mal vor irgendeine Instanz zitiert – es gab davon recht viele! Dabei versuchte man es auch auf die sanfte Art. Es erschien den Nazis wohl nützlich, ihn auf ihre Seite zu ziehen. Man suchte ihn zu überzeugen, daß dem „Führer" gerade an der Arbeiterschaft gelegen sei; Hitler wolle ja die Arbeitslosigkeit beseitigen und dem ganzen Volk zum Wohlstand verhelfen. Thelemann entgegnete jedoch trocken, das wolle er erst einmal abwarten. Da ließ man ihn laufen. Aber Arbeit bekam er nicht.

Ich weiß noch, daß eines Tages die Firma Garrels Arbeiter anforderte, um einen Holzdampfer zu löschen. Sofort machte sich auch Thelemann auf den Weg, und wirklich wurde er eingestellt. Stundenlang schleppte er schwere Balken aus dem Schiff, und als er in der Mittagspause heimkam, hatte die ungewohnte Last die Schulter blutig gescheuert. Seine Mutter legte ihm einen Verband an und meinte aufgeregt, das könne er nicht weitermachen. Er aber ließ sich nicht abhalten. Als er jedoch zur Arbeitsstelle zurückkam, standen SA-Leute bereit, die ihn nicht heranließen.

Der Chef kam und sprach sein Bedauern aus; er habe striktes Verbot, ihn weiter zu beschäftigen. So glaubten die Nazis, die Widerspenstigen auf die Knie zu zwingen, aber das ist ihnen bei diesem Mann nicht gelungen.

Dann geschah wirklich, was wir kaum für möglich gehalten hatten: die Wirtschaft wurde angekurbelt. Aber wer sich mit nazistischer Literatur befaßte, wußte, worauf es hinauslaufen würde: Straßenbau, Autobahnen, Kasernen! Unsere kleine Stadt wurde Garnison — wir dachten an Hermann Tempels Prophezeiung: „Sie werden aus Deutschland ein großes Zuchthaus und eine große Kaserne machen!" Sie erfüllte sich wortwörtlich. Mit der Beseitigung der Arbeitslosigkeit wuchs natürlich auch die Anhängerschaft der Partei.

Eines Tages bekam ich eine Anfrage vom Verlag Karl Mahnke, Verden, ob ich nicht plattdeutsche Märchenspiele schreiben wolle. Mit der Verherrlichung von „Blut und Boden" im „Dritten Reich" vertrug sich auch eine Pflege der plattdeutschen Sprache. In den Schulen wurde sie forciert, doch fehlte es nun an geeigneten Stücken, vor allem an Spielen für die Kleinen.

Ich schrieb zurück, daß ich nichts lieber täte, aber leider Schreibverbot hätte. Der alte Herr Mahnke war, wie sich herausstellte, kein Freund der braunen Machthaber. Er machte mir den Vorschlag, ein Pseudonym zu suchen, zu schreiben und das Weitere nur ihm zu überlassen.

Das war ein Hoffnungsstrahl! Hatte ich doch für unsere Kasperlebühne so viele Märchen dramatisiert, daß ich die Spiele nur so aus dem Ärmel schütteln konnte. So entstanden in jenen Jahren „Sneewittje“ und „Rumpelstiltje“ und „De Düvel mit dree gollen Haar“, und wie sie alle hießen. Unter dem Decknamen Wilmke Anners brachte Mahnke sie heraus; es machte ihm diebischen Spaß, daß es klappte. Einmal meinte er jedoch eine Konzession machen zu müssen. In einem Weihnachtsspiel kam ein Engelreigen vor, und er dachte, daß man auf den wallenden Gewändern unten herum einen Kranz mit den Buchstaben „NSV“ (Nationalsozialistische Volkswohlfahrt) anbringen könne. Aber als ich erklärte, dann zöge ich das Stück zurück, ließ er den absonderlichen Plan sofort fallen.

Auch das „Keerlke“-Manuskript wuchs zusehends, und eines Tages lag es fix und fertig in meinem Schreibtisch. Damit waren viele Erinnerungen, die mich bewegt hatten, niedergelegt; daß sie in jener Zeit nicht an die Öffentlichkeit gelangen durften, wußte ich.

Unversehens bekam ich auch Anregung für eine neue Arbeit. Ein sonniger Herbstsonntag verlockte uns zu einem Spaziergang. Wir wanderten durch Logaerfeld, Logabirumerfeld bis an das Königsmoor, das noch der letzte rosige Schimmer blühender Heide färbte, und weil ich noch nie weiter gegangen war, Freund Thelemann sich aber auskannte, wanderten wir ein ganzes Stück hinein.

Er kramte Kindheitserinnerungen aus. Als Junge hatte er einmal einen Heidebrand miterlebt und war den Leuten, die löschen wollten oder auch nur neugierig waren, nachgerannt. In einer Hütte, die nur aus Holz, Grassoden und Heideplaggen bestand, hatte eine alte Frau gewohnt. Ihre Behausung war vom Feuer erfaßt worden, und es war nicht gelungen, die Frau zu retten.

Er wußte ungemein anschaulich zu erzählen, so daß ich alles deutlich vor mir sah. Dann blieb er stehen und machte mich auf eine alte Kate aufmerksam. Vor vielen Jahren hatte ein Verwandter von ihm darin gewohnt, ein arbeitsamer, fleißiger Mann, der gehofft hatte, sich durch Abtorfen und Urbarmachen des Moorbodens eine Existenz zu schaffen. Das versuchten damals viele und hatten dank mühevoller Arbeit auch Erfolg. Er hatte sich jedoch in ein junges Ding vergafft, das zwar lieb und

nett, aber unsagbar faul gewesen war und sich von aller Arbeit zu drücken gewußt hatte. Daran war er gescheitert und fast zugrunde gegangen.
Diese Ehegeschichte, die so tragisch endete, fesselte mich in all ihren Einzelheiten, und der lange Heimweg wurde mir kurz. Von jeher haben Probleme, die das Leben einem Menschen aufgab, mich angeregt zu schreiben und die Menschen, die sich damit auseinanderzusetzen hatten, so darzustellen, daß ihr Handeln sich aus ihren Charakteren entwickelte und glaubhaft wurde.
So ließ auch diese Erzählung mich nicht los, und weil ich aus dem Leben dieser beiden Menschen viele Einzelheiten erfuhr, sah ich ein weites Arbeitsfeld vor mir. Ich erkannte zugleich die Möglichkeit, die kulturhistorischen Gegebenheiten unserer Heimat um die Jahrhundertwende, die ich ja selbst noch miterlebt hatte, einzubeziehen und festzuhalten.
Da der „Held" dieser Geschichte als jüngerer Sohn eines Landgebräuchers auf der Geest dem Erstgeborenen das väterliche kleine Anwesen hatte als Erbe überlassen müssen, war er selbst gezwungen, sich als Knecht in der Marsch zu verdingen, bevor es ihm gelang, eine Moorstelle zu pachten. Die Geest und die Marsch kannte ich, auch ihre Menschen mit ihren Eigenheiten, aber das Moor war mir ganz fremd geblieben. Ich mußte mich jetzt gründlich damit befassen. So begannen meine Tage, die leer zu werden drohten, sich wieder mit Arbeit zu füllen, die mich lockte. Ich studierte die Geschichte der Moorkultivierung, und Freund Thelemann brachte mich mit einigen ihm bekannten Moorkolonisten zusammen, so daß ich auch an Ort und Stelle die mir neue Welt der „Moorhahntjes" entdeckte. Bis dahin hatte ich nur einen Torfbauern gekannt, der uns im Herbst unseren Brennstoff für den Winter brachte.

Aber so zügig, wie sich das heute schreibt, ging das zunächst alles nicht. Jahre sollten darüber hingehen, denn ganz unerwartet wurde meine Freizeit beschnitten.
Dirk Lottmann, der Leiter der Ostfriesischen Blindenwerkstätten in Ihrhove, bat mich, ihm bei Büroarbeiten zu helfen. Zahl-

reiche Blinde fertigten dort Körbe, Matten und Besen. Und auch hier wurden die Schwierigkeiten immer größer.

Man sprach zwar nicht gerade von „unwertem Leben“, aber von staatlicher Hilfe war auch nicht die Rede.

Nun interessierten mich Buchführung und alles, was mit Rechnen zu tun hatte, nicht sonderlich. Aber konnte ich diese Bitte abschlagen? Natürlich hatten die Blinden kein Geld für eine bezahlte Kraft, und als solche zu arbeiten, war mir ja auch verboten. Aber jemandem zu helfen, konnte mir schließlich niemand untersagen. So nahm ich kurz entschlossen an und fuhr nun jeden Tag vor- oder nachmittags nach Ihrhove, führte Buch und erledigte die Korrespondenz sowie andere Arbeiten, zu denen sehende Augen gehörten. Es war doch ein beglückendes Gefühl, wieder nützlich sein zu können. Und man lernte danken für etwas, was man bisher als selbstverständlich hingenommen hatte: die Gabe, sehen zu können!

Lottmann haßte die Nazis von Herzen, und ich fühlte mich ihm und seiner tapferen Frau bald freundschaftlich verbunden; sie wohnten gegenüber den Werkstätten, und ich brachte bei ihnen manche Stunde privat in vertrautem Gespräch zu.

Im Vorderteil des Hauses, dessen Anbau die Arbeitsstätten beherbergte, wohnte Rektor Saul. Er teilte mein Schicksal, denn er hatte offen gegen Hitler Stellung genommen und brachte nun mit schmaler Pension seine Familie durch die Zeit. Seine Frau Theda hatte mit mir das Seminar besucht. So war da ein kleiner Kreis, in dem jeder dem andern vertrauen konnte. Man war sehr vorsichtig geworden.

Doch bevor ich diese Bindung einging, erhielt ich im Sommer 1936 eine Einladung von meiner Freundin Marie Brouer. Sie war Ärztin geworden, hatte den Studienrat Senf geheiratet und wohnte in Oliva.

Es war nicht ohne Risiko, mich einzuladen, in diesem Falle besonders, denn Oliva bei Danzig lag jenseits des polnischen „Korridors“, der nach dem Ersten Weltkrieg entstanden war. Das bedeutete, daß man nicht ohne Paßkontrolle dorthin kam.

Man hatte ja aber uns Gemaßregelten gleich zu Anfang die Pässe abgenommen. So blieb mir, wenn ich der Einladung folgen

wollte, nichts anderes übrig, als bei der Stadtverwaltung einen Ausweis für diese Reise zu beantragen.
Das gab ein langes Hin und Her. Zunächst hatte ich den Brief mit der Einladung vorzulegen und anzugeben, wem mein Besuch gelten sollte und ob Verwandte davon in Leer wohnten. Der Vater meiner Freundin, der alte Konsul Brouer, war bekannt. Dann wurden Erkundigungen in Oliva eingezogen, und weil das Ehepaar dort nicht politisch hervorgetreten war, fand man nichts zu beanstanden, und mir wurde ein Paß bis zum Oktober 1936 ausgestellt.

Ich packte die Gelegenheit beim Schopf und fuhr über Berlin zunächst nach Königsberg, wo ich zwei Tage Wiedersehen mit meiner Freundin feierte, um von da nach Oliva weiterzufahren. Die drei Wochen waren in mehr als einer Hinsicht ein Erlebnis, sie waren ein Urlaub aus dem Gefängnis! Dort war ich unter Menschen, bei denen ich kein Blatt vor den Mund zu nehmen brauchte, auch wenn sie das bisherige Geschehen von einer anderen Seite sahen:
Sie, die sich vom übrigen Deutschland abgeschnitten fühlten, waren bereit, sich für Hitlers Bemühen um Danzig zu begeistern. Natürlich verurteilten sie die „Ausschreitungen", meinten aber, es handele sich nur um revolutionäre Auswüchse, wenn auch manches sie bedenklich stimmte. Sie hatten weder erlebt noch erfahren, was wir persönlich mitgemacht hatten.

Es waren erholsame Wochen, und ich genoß die Wege, die an den Strand der Ostsee und an die mir unbekannte Steilküste führten; ich genoß das kostbare alte Danzig und die ganze sorglose Zeit, die nur zu schnell dahinging.
Die Rückreise war besonders reizvoll. An einem sonnigen Tag brachte mich meine Freundin nach Zoppot auf den Dampfer, der in anderthalb Tagen nach Kiel fuhr.
Diese erste Reise nach 1933 hatte mir Mut gemacht, im nächsten Jahr einer Einladung nach Arnsberg von Hermann Tempels Angehörigen zu folgen, zumal dazu kein Paß nötig war, nur ein gewisses Maß an Vorsicht bei der Abreise. Es galt zu erkunden, wann Beamte Dienst taten, die uns wohlwollten. Das glückte.
Als meine Freundin Lida mich von der Bahn abholte, stellte sie

mir eine junge Frau vor, die abfahren wollte. Ich traute meinen Ohren nicht, als ich vernahm, was es mit dieser Frau auf sich hatte: Es war eine Holländerin, die es gewagt hatte, die Fahrt von Amsterdam nach Arnsberg – die erste Deutschlandreise ihres Lebens – zu machen, um ausführliche Nachricht über Hermann Tempel zu bringen.
Die tapfere Gerda Meyer-van Veen, Mutter von zwei kleinen Söhnen, hatte den Weg ins fremde Land mit all seinem Risiko nicht gescheut, um der alten Mutter und den Geschwistern die Gewißheit zu bringen, daß der, um den sie bangten, in Holland unter fremdem Namen zwar dürftig, aber gesichert bei Freunden lebte. Nun konnte sie auch einen Gruß von mir mitnehmen. Briefe zu wechseln, war natürlich unmöglich. Selbst dieser Besuch mußte ein Geheimnis bleiben; nicht einmal guten Freunden außer Thelemann und Geerdes wurde je ein Wort darüber verraten. Stets blieben wir auf noch so gut gemeinte Fragen dabei, daß wir keine Ahnung von Hermann Tempels Verbleib hätten.
Denn das lehrte uns diese Zeit: Schweigen konnten nur ganz wenige; unter dem Siegel der Verschwiegenheit wurde so manches ausgeplaudert, was dann jemandem zum Verhängnis wurde. Wir haben schweigen gelernt.

Längst war auch der Emder Freundeskreis auseinandergerissen worden. Irmgard Jung – ihr Mann war vom Oberstudienrat zum Studienrat degradiert worden und dann nach kurzer Erkrankung gestorben – war nach Tübingen verzogen, wo ihre Söhne studierten. Unser Freund Kribbe war strafversetzt nach Bremerhaven. Das bedeutete, daß er jahrelang in einem möblierten Zimmer hausen mußte, bevor er eine Zweizimmerwohnung fand und seine Frau zu sich holen konnte.
Wir anderen sahen uns selten und nur verstohlen. Helene Heyer, meine alte Schulfreundin, die immer eine zarte Gesundheit hatte, war von dem Schock der turbulenten Ereignisse, der Entlassungen und Verhaftungen so mitgenommen, daß sie förmlich darauf wartete, daß man ihrem Mann etwas antat. Aber der verdankte es wohl seiner Anstellung in Emden, daß man ihn verschonte.

Doch die stete Angst zerrte an ihren Nerven, so daß sie schwermütig wurde und kaum noch imstande war, der Arbeit im Haushalt und für den Mann und die Kinder gerecht zu werden.
Wie oft habe ich ihr die Furcht auszureden versucht! Dann schien sie auch zur Einsicht zu kommen, aber die Besänftigung hielt nie lange vor. Sie kam in ärztliche Behandlung, eine Zeitlang wirkten Beruhigungsmittel, doch dann wurde es schlimmer als zuvor. Unbezwingbare Angst beherrschte sie. „Du sollst sehen, was sie mit mir machen!" behauptete sie eines Tages. Wir schüttelten die Köpfe und versuchten, ihre Sorgen hinwegzulachen. Aber sie blieb dabei, daß ihr Schreckliches angetan werde.
Schließlich mußten wir einsehen, daß ihren Wahnideen nicht mehr beizukommen war, der Arzt überwies sie in die Heil- und Pflegeanstalt Osnabrück.
Das war das erschütternde Ende einer Freundschaft seit Kindertagen. Als wir noch gemeinsam jeden Tag zur Schule trabten, hatte man uns das Ponygespann genannt, und wir titulierten uns seitdem gegenseitig Pony I und II. Sie war einstmals so leicht beschwingt und konnte von Herzen lachen und ausgelassen sein – wer hätte dieses Schicksal vorausgesehen!

Es war wohl im Sommer 1938, als ich einer Einladung von Irmgard Jung nach Tübingen zu folgen wagte. Ich verlebte ein paar schöne Wochen in Schwaben. Wir konnten uns aussprechen über so vieles, was im wahrsten Sinne des Wortes „unbeschreiblich" war. Wir wanderten in die mir unbekannte, reizvolle Umgebung, etwa zur Wurmlinger Kapelle, dem Vorwurf von Uhlands „Droben stehet die Kapelle".
Auf der Rückfahrt von Tübingen konnte ich es mir nicht versagen, einen Abstecher nach Hersfeld zu machen, wo Änne Mozer nun bei ihrer Mutter wohnte. Sie war so schweigsam geworden; unendlich lange hatte ich nichts von ihr gehört. Ich meldete mich nicht an; es sollte ja nur ein kurzer Besuch sein.
Als ich ankam und durch die Straßen ging, wimmelte die Stadt von SA-Leuten; es mußte wohl eine besondere Tagung sein,

vielleicht eine Art Heerschau. Nun, mich kümmerte es nicht, mich kannte ja niemand, und so schlenderte ich dahin, bis ich das Haus fand, in dem ich vor Jahren einmal gewesen war; ein Geschäftshaus an der Hauptstraße, alter Familienbesitz mit Goldschmiede- und Uhrenwerkstatt.

Vor der Wohnungstür war ein kleines Portal, das man von der Straße aus zunächst betrat. Es war inzwischen Abend und dunkel geworden, und ich suchte die Klingel. Da kam plötzlich jemand von draußen herein, stutzte, daß da ein Mensch stand, und ich hörte eine mir vertraute Stimme:

„Zu wem wollen Sie?"

„Änne —"

Sie schrak zusammen: „Du —?! O Gott — du darfst nicht —"

„Warum nicht?" flüsterte ich.

„Nein — ich habe Angst, daß . . ." dann, nach kurzer Pause: „Doch — komm mit — zur Mutter —." Sie schloß die Tür und lotste mich die alte, dunkle Treppe hinauf; erst oben im Flur machte sie Licht. Sie brachte mich ins Zimmer zu ihrer überraschten Mutter. Da erfuhr ich dann ihre erschütternde Geschichte.

Es war ihr bald nach 1933 gelungen, zu ihrem Mann nach Holland zu emigrieren, wo dann ihr Junge geboren wurde. Aber das Emigrantendasein war schwer. Arbeit war Ausländern nicht erlaubt wegen der Arbeitslosigkeit im eigenen Lande, und es gab nur geringe Unterstützung. Ihre an sich zarte Gesundheit war den Entbehrungen nicht gewachsen, sie schleppte sich hin. Durch einen glücklichen Zufall kam eines Tages ihr Bruder, der als Kunsthistoriker und Mitarbeiter von Professor Hamann für dessen Kunstgeschichte Aufnahmen machte, nach Amsterdam und fand sie so elend, daß er es kurzerhand wagte, sie und das Kind mitzunehmen und irgendwo im Süden, wo keiner ihren Namen kannte, über die Grenze zu schleusen. So landete sie wieder daheim.

Aber nun wurde natürlich die Partei auf sie aufmerksam. Sie kam unter Polizeiaufsicht, und es wurde ihr strikt verboten, mit ihrem Mann wieder in Verbindung zu treten. Trotzdem gelang es hin und wieder, durch irgendjemanden, der vertrauenswürdig und politisch unverdächtig war, eine Nachricht hin oder her zu

schmuggeln. Auf diese Weise war einmal wieder ein Brief in ihre Hände gelangt. Aber am selben Tag erschien die Gestapo, hielt Haussuchung und fand das Schreiben. Darauf wurde sie mitgenommen und in Haft gesetzt.
Nach geraumer Zeit kam jemand in ihre Zelle, legte ihr einen mit Schreibmaschine geschriebenen Brief vor und verlangte, sie solle ihn unterschreiben. Es war ein Schreiben an ihren Mann, so raffiniert aufgesetzt, als hätte sie es verfaßt, in dem sie ihn scheinbar bat, doch heimlich zu einem Wiedersehen nach Mainz zu kommen. Natürlich weigerte sie sich, ihren Namen darunter zu setzen. Darauf eröffnete er ihr, wenn sie es nicht täte, käme sie in ein KZ, und ihr Kind würde sie nie wiedersehen.
Von ihren flehentlichen Bitten – „auf den Knien habe ich vor dem Mann gelegen" – blieb er ungerührt. Er ließ ihren Bruder holen und forderte ihn nach kurzer Erklärung auf, sie umzustimmen. Der raunte ihr zu, ihr Mann würde doch merken, daß es eine Falle sei, und man würde versuchen, ihm eine verschlüsselte Nachricht zu senden, daraufhin unterschrieb sie. Ihrem Bruder, der für sie haftbar gemacht wurde, sagte man: Wenn das Geringste davon in die Öffentlichkeit käme, würde er einen Kopf kürzer gemacht! Damit wurde sie entlassen.
Als ihr Mann auf den Brief nicht reagierte, kam die Gestapo mit einem neuen Schreiben, in dem sie ihm mitteilte, daß sie sich scheiden lassen wolle. Als aller Widerstand nichts half, unterschrieb sie wieder. Sie tat es in der Zuversicht, ihr Mann müsse erkennen, daß alles nur unter Zwang geschehen war. Sie blieb trotzdem unter Polizeiaufsicht und mußte sich jeden Tag melden. Inzwischen hatte man ihr mitgeteilt, daß die Scheidung erfolgt sei.
Unter diesem Schock stand sie noch, darum ihre Angst über mein Erscheinen, eine Angst, die sich nun auch mir mitteilte. Entdeckte man mich – und gerade gegenüber war das SA-Hauptquartier! –, konnte neues Unheil über uns beide hereinbrechen. So beschloß ich, sofort im Schutz der Dunkelheit zu verschwinden.
Wie gern hätten sie mich dabehalten, doch auch die Mutter, leidgeprüft genug, wagte es nicht. Die gütige alte Frau suchte mir auf alle Art Liebes zu erweisen, sie packte mir selbst-

gebackenen Kuchen ein. Aber ich hatte keine Ruhe mehr. Ich warf noch einen Blick in die trauliche Stube, der Kleine spielte ahnungslos auf dem Teppich mit seinen Bauklötzen — noch eine Umarmung, und sie brachte mich die dunkle Treppe hinunter. Nach prüfender Ausschau schloß sich die Haustür hinter mir.
Ganz benommen schlenderte ich zur Bahn. Nach Hause kam ich nicht mehr. Ich stieg in den Zug nach Bebra — nur fort von hier!
Das Erlebnis löschte vorläufig alle schönen Erinnerungen an die Tage im Schwabenland aus. Die Wirklichkeit mit all ihren Schrecken stand wieder im Vordergrund.
Jene Briefe hatten aber doch verheerende Folgen. Fassungslos las der Ehemann, was seine Frau ihm vermeintlich antat — wer konnte denn solch abgrundtiefe Gemeinheit ahnen, die so etwas zuwege brachte!
Und zehn Jahre später, als das „Tausendjährige Reich" zusammenbrach, erwarb er die holländische Staatsangehörigkeit („Ich schämte mich, Deutscher zu sein!", sagte er) und heiratete eine Holländerin, deren Eltern ihn unter der Diele ihres Hauses vor den deutschen Verfolgern versteckt gehalten hatten. Damit wurde die Tragödie von Frau und Kind besiegelt, die dem Ende des Schreckens entgegengehofft hatten.

Inzwischen hatte die Judenhetze immer krassere Formen angenommen. Verzweifelt bemühten sich die jüdischen Familien, durch Beziehungen zu Verwandten und Bekannten im Ausland die Möglichkeit zur Ausreise zu bekommen. Doch nur wenigen gelang die Emigration.
Dann kam die schreckliche Nacht zum 9. November 1938.
Ich war gerade aufgestanden, da hörte ich draußen Geschrei und Jammerlaute, und eine Nachbarin kam hereingestürzt: „Sie holen die Juden weg!"
Drei alte jüdische Geschwister, die in unserer Nachbarschaft wohnten, wurden von SA-Burschen roh und unbarmherzig aus dem Haus geholt, gestoßen, geschlagen — während ihr Hausrat drinnen zertrümmert wurde. Die armen Alten, die herzzerreißend weinten, wurden rücksichtslos auf einen Wagen ge-

worfen – und fort ging es, um die nächste „Judenhöhle" auszuräuchern!
Nun hörten wir, was in der Nacht passiert war: Die Synagoge war in Flammen aufgegangen, und anschließend geschah sämtlichen jüdischen Bürgern der Stadt das, was wir in nächster Nähe erlebt hatten. Aus ihren Wohnungen gerissen, wurden sie auf dem Viehmarkt zusammengetrieben und schließlich abtransportiert – Ziel unbekannt.
Im ganzen Reich wurde bekanntlich in dieser Nacht auf Anordnung der obersten Parteispitze eine „spontane" Großaktion gegen die Juden durchgeführt. Da gingen wohl manchem gedankenlosen Mitläufer die Augen auf.
Als ich an dem Vormittag durch die Stadt ging, sah ich, wie der Laden eines jüdischen Klempnermeisters, eines fleißigen, geachteten Mannes, den sie bereits abgeholt hatten, geplündert wurde.
Alles wurde auf einen Lastwagen verfrachtet. Ich schämte mich für diese Banditen, die sich auf ihr „Deutschtum" etwas zugute taten, und ich war im Grunde meines Herzens stolz darauf, daß ich aus ihrer „Volksgemeinschaft" ausgestoßen war.

Von den in südlichere Gegenden verzogenen Freunden hörte ich selten. Es konnten ja immer nur belanglose Nachrichten sein, die wir austauschten, weil kein Brief unkontrolliert blieb, wenigstens in den ersten Jahren – später wurden Stichproben gemacht. Aber mit der Zeit lernten wir, wichtige Mitteilungen über Ereignisse, die uns oder Nahestehende betrafen, so zu umschreiben, daß sie für die Kontrolle harmlos und uninteressant erschienen.
Wer ein Telefon besaß und in dem Raum, wo es sich befand, Besuch erwartete, deckte vorsorglich ein Kissen darüber, aus Furcht, abgehört zu werden.

Der Zweite Weltkrieg beginnt

Inzwischen gebärdete sich der nationalistische Eifer der Herrschenden immer lauter und aufdringlicher. Im Sommer 1939 häuften sich die Gerüchte, daß Kriegsvorbereitungen getroffen würden. Die Zeitungen füllten sich mit Andeutungen über kriegerische Absichten der uns umgebenden „Feinde". Truppen wurden in Bewegung gesetzt, und am 1. September begann der „Führer" tatsächlich seinen Krieg, den Zweiten Weltkrieg, der so unvorstellbares Leid über die Menschheit bringen und mit der größten Katastrophe für Deutschland enden sollte. Schwer legte sich die Nachricht vom Kriegsausbruch auf aller Gemüt. Wie anders war es als 1914: Damals begeistert und siegesgewiß hinausziehende Truppen – diesmal marschierten sie schweigend und bedrückt durch die Straßen.

Die Presse schäumte über von Beschuldigungen gegen unsere Nachbarn, die uns Friedliebende überfallen und zum Kampf gezwungen hätten – er hatte sein Ziel erreicht, der „Führer".

Der Siegeszug durch Polen versetzte die national Begeisterten zunächst in Hochstimmung. Schon bald aber häuften sich die Gefallenenanzeigen, Verwundetentransporte, die Gestellungsbefehle – es war keine Lust mehr zu leben. Nur die Hoffnung auf baldigen Sieg wankte nicht.

Sieg? Wir Andersdenkenden schauderten im Gedanken an einen Sieg, der dem Wahnwitz Hitlers beschieden sein könnte! Wir waren nur froh, daß man uns zu nichts heranzog. So umfassend die Organisation war, die alles und jeden erfaßte: Jede Wohnung hatte ihren Hauswart, Straßen hatten ihren Blockwart, Luftschutzwarte wurden ausgebildet und ernannt – wir „Unwürdigen" blieben zu unserer tiefen Befriedigung von allem ausgeschlossen. Überhaupt hatten die Zuständigen auf allen möglichen Gebieten – und wer von den vielen Gernegroßen

hätte sich nicht dazu gezählt – nun soviel in den Kopf zu nehmen, daß wir unwichtig geworden waren; wir merkten es mit Erleichterung!
Es muß gegen Ende 1939 gewesen sein, als ich einen Brief von Georg Clasen aus Hamburg bekam. Ich hatte ihn bei meiner ersten Lesung dort vor Jahren kennengelernt. Er war Lektor und gab die „Schul- und Jugendbühne“ beim Quickborn-Verlag heraus. Er fragte an, ob ich denn nicht mehr schriebe, er habe so lange nicht von mir gehört. Ich teilte ihm meine Situation mit, daß zwar ein Roman-Manuskript in meinem Schreibtisch liege, ich aber ja nichts damit anfangen könne. Daraufhin erwiderte er sofort: Die „Niederdeutsche Vereinigung Hamburg“ habe ein Preisausschreiben für plattdeutsche Romane veranstaltet; ich solle doch gleich mein Manuskript einschicken, und zwar, wie üblich, ohne Namen, nur unter einem Kennwort. Meinen Namen solle ich in einem verschlossenen Umschlag beifügen, der erst nach der Preisverteilung geöffnet würde.
Ich mußte lachen und dachte: Der kennt die Nazis noch nicht! Dennoch reizte mich die Sache, und ich schickte das „Keerlke“-Manuskript auf die Reise.
Monate vergingen; ich dachte nicht mehr daran. Da – ausgerechnet am 1. Mai, der uns immer wieder erboste, weil Nazideutschland diesem internationalen Feiertag seinen Stempel aufdrückte – bekam ich die Nachricht, daß „Keerlke“ mit dem Johann-Hinrich-Fehrs-Preis ausgezeichnet worden sei!
Mir blieb der Mund offen stehen – das konnte doch nicht wahr sein! Aber so stand es da schwarz auf weiß, und obendrein die Einladung, an der feierlichen Verleihung des Preises am 11. Mai 1940 im Klub „Blauer Peter“ in Hamburg teilzunehmen; bis dahin möchte ich diese Mitteilung vertraulich behandeln.
Ich eilte mit meiner Nachricht zu Thelemanns, auch da zuerst ungläubiges Staunen, aber dann diebische Freude!
Doch nun war die Frage: Sollte ich nach Hamburg fahren? Es war ja nichts Politisches, eine rein literarische Angelegenheit, und die „Niederdeutsche Vereinigung“ war eine altbekannte Gesellschaft zur Pflege des Niederdeutschen; sie hatte mit den Nazis nichts zu tun – ich konnte nicht widerstehen – also hin!
Zuvor fragte ich bei Zylmanns in Hamburg an, ob ich bei ihnen

übernachten könne; postwendend kam die zustimmende Antwort. Daraufhin sagte ich meine Teilnahme zu.
Natürlich fuhr ich mit Bangen hin; mir war doch nicht ganz geheuer zumute. Einmal waren gerade die ersten Bomben in Hamburg gefallen, zum anderen wußte ich nicht, ob der feierliche Akt von der Partei beeinflußt würde. Aber Hamburg war nicht Leer.
Nie vergesse ich, wie Martha Zylmann, die mich begleitete, und ich uns auf die Suche nach dem „Blauen Peter“ begaben und uns, als wir das Haus gefunden hatten, durch verschiedene Büros hindurchfragten nach dem oben gelegenen Raum. Jedem „Heil Hitler!“ begegneten wir mit „Entschuldigen Sie – wie kommen wir zum ‚Blauen Peter‘?“ Nicht ums Verrecken hätten wir den Gruß gesagt!
Als wir den Raum betraten, fiel mein erster Blick auf eine Hitler-Büste. Ich erschrak. Aber tröstlich grüßten mich zwei bekannte Gesichter: Georg Clasen und Hermann Quistorf. Alle anderen waren mir fremd.
Es gelang mir, mit dem Rücken zum „Führer“ Platz zu nehmen, ganz wohl war mir nicht! Wirklich war ein Vertreter der Nazis erschienen, dem ich aber nicht bekannt war. Er sprach ein paar Worte zur Eröffnung. Dabei stellte sich heraus, daß ich nur den halben Preis bekommen hatte – die andere Hälfte hatte man einem Parteischriftsteller geben müssen! Doch dessen Erzeugnis ist meines Wissens nie erschienen.
Danach ging die Feierstunde schmerzlos und in freundlicher Atmosphäre weiter. Ich empfing die Urkunde, wurde gebeten, ein Kapitel zu lesen, und kam nach Beglückwünschung und Händeschütteln ungeschoren und ohne „Heil Hitler!“ davon.
Aber draußen hielt mich jemand an – mir stockte das Herz! Was kam nun? Zu meiner freudigen Überraschung war es der Kassenwart, der mir eröffnete, daß die Ehrung noch von einigen Hundertern begleitet sei, die er mir zu übergeben habe – das war für mich ganz und gar nicht ohne Bedeutung!
Auf der Rückfahrt zu Zylmanns nach Rahlstedt sahen wir ein feindliches Flugzeug, von Scheinwerfern angestrahlt. Zwar blieb die Nacht ruhig, doch ich war froh, als ich anderentags wieder heil im kleinen Leer ankam, das noch von Bomben verschont blieb.

Am nächsten Morgen fuhr ich wieder nach Ihrhove, von Familie Lottmann mit Spannung erwartet, und berichtete von den Ereignissen. Als ich dann über den Büchern saß, kam plötzlich Theda Saul hereingestürzt; sie schwang ein Blatt und rief, während ihr Tränen über die Wangen rollten: „Du – du stehst in der Zeitung!"

Erstaunt sah ich, was sie mir da vor die Augen hielt: Wahrhaftig – da prangte mein Name groß an der Spitze der Lokalseite, und darunter stand ein Bericht von der feierlichen Preisübergabe! Freude – dann Schrecken: Wie war das möglich? Ich, die Verfemte, groß herausgestellt in der Nazizeitung! Da hatte man von Hamburg nichtsahnend diese Nachricht an die Heimatpresse geschickt, und weil sich die Redaktion damals in Emden befand, der Lokalredakteur zudem fremd in Ostfriesland war und meine „Vergangenheit" nicht kannte, hatte er eine willkommene Neuigkeit an hervorragender Stelle gebracht. – Ein bekannter Setzer erzählte später von dem Krach, den es ob dieses Mißgriffs gegeben hatte.

Für Leer war es eine Sensation. Wenn ich in jenen Tagen durch die Stadt ging, drückte mir mancher, den ich kaum kannte, verstohlen die Hand; man freute sich wie über einen gelungenen Streich. Aber mich traf auch manch wütender Blick der „Zuständigen", und meine Sorge war nicht gering, daß man sich des Schreibverbots erinnern würde . . . Doch hatte man jetzt anderes zu bedenken.

Für die „Niederdeutsche Vereinigung" war es selbstverständlich, daß der „Quickborn-Verlag" das Buch herausbringen sollte. Aber nach geraumer Zeit schrieb mir Georg Clasen, daß man keine Druckerlaubnis bekäme, weil sich herausgestellt hätte, daß ich nicht Mitglied der Reichsschrifttumskammer sei. Wenn mir unser Schrifttums-Gauleiter bekannt sei, dann solle ich mich doch einmal an ihn wenden.

Ich wußte, das war der Oldenburger August Hinrichs, von dem ich zwar manches Buch gelesen hatte, den ich aber noch nicht persönlich kannte; auch wußte ich nicht, wie er eingestellt war. Aber ich fragte bei ihm an, ob er helfen könne. Er antwortete, daß er gern das Manuskript kennenlernen würde. Ich schickte es ihm und hörte lange nichts.

Eines Tages klingelte es bei mir. Beim Öffnen erschrak ich: Da stand ein Uniformierter! Lange hatte man mich verschont – was wollte der? Er müsse einige Auskünfte haben, sagte er.
Ich ließ ihn eintreten, und er öffnete einen Aktendeckel mit einer Liste, die müßte er ausfüllen, sagte er.
Nun begann ein Fragen und Antworten: Er nannte sämtliche NS-Organisationen, und ich mußte angeben, ob ich darin Mitglied sei. Lakonisch lautete jede meiner Antworten: „Nein."
Er sah mich ganz entsetzt an: „Nirgends Mitglied?"
„Nein. Aber wozu wollen Sie das wissen?"
Er zuckte die Achseln. „Keine Ahnung. Sie haben wohl einen Antrag gestellt?"
„Ich – einen Antrag? Nicht, daß ich wüßte."
Er stand auf: „Tja – dann weiß ich nicht – na, Heil Hitler!"
Schweigend öffnete ich ihm die Tür. Hinterher fiel mir ein: Ob das mit der Druckerlaubnis meines Manuskriptes zusammenhing? Das Resultat dieser Befragung konnte ich mir denken!
Aber wieder nach geraumer Zeit bekam ich eines Tages eine gedruckte Aufforderung, drei Mark auf das Konto der Reichsschrifttumskammer zu überweisen. Das bedeute Mitgliedschaft für ein Jahr; nach Ablauf dieser Zeit würde sie wieder erlöschen.
Und siehe da, Georg Clasen teilte mir mit, die Druckerlaubnis sei da. Wahrlich ein salomonisches Urteil war gefällt – von wem, erfuhr ich nicht.
So erblickte mein „Keerlke" legitim das Licht der Naziwelt. Man hatte höheren Orts Wichtigeres im Kopf – es war Krieg. Und August Hinrichs, der, wie ich später erfuhr, alles andere als ein Nazifreund war – man hatte ihm als bekanntem Schriftsteller einfach das Amt aufgezwungen –, hatte sicherlich das Seine dazu getan. Auch Georg Clasen erwies sich als hilfreicher Freund. Er hatte mich schon vorher gebeten, für seine „Schul- und Jugendbühne" eine „Gudrun" zu schreiben. Daraufhin hatte ich das alte Gudrunlied hervorgesucht, und ganz von selbst formte sich mir der Stoff zu einem Laienspiel, das seine Zustimmung fand. Zu meiner Freude schrieb Professor Borchling ein Vorwort, und ohne Aufsehen wurde es im Quickborn-Verlag mit eingereiht.

Mir machte es viel Freude, zu entdecken, wie gut das Plattdeutsche zu dem Stoff paßte, und ich übertrug das Epos in Auszügen im originalen Versmaß. So waren meine Tage immer ausgefüllt. Leider ist das Manuskript verlorengegangen.
Auch Freund Thelemann fand jetzt Arbeit. Durch die Einberufungen zur Wehrmacht fielen immer mehr Arbeitskräfte aus, so daß von Arbeitslosigkeit keine Rede mehr sein konnte. Im Gegenteil – jetzt konnte man es sich nicht mehr leisten, die Kraft der „Ausgestoßenen" brachliegen zu lassen, nun hieß es: Ran mit ihnen zu Notstandsarbeiten!
Zuerst herrschte Freude bei den Beteiligten, daß sie endlich wieder in regelrechte Tätigkeit und zu einem – wenn auch schmalem – Verdienst kamen. Aber bald wurde die anfängliche Lust zur Last, denn es stellte sich heraus, daß die Menschen nur noch Mittel zum Zweck der Kriegsführung waren.
So wurde Thelemann zu Kanalarbeiten nach Dörpen im Hümmling verpflichtet. Das bedeutete, daß er früh um 5 Uhr mit der Bahn dorthin fahren mußte; bis zum Arbeitsbeginn um 8 Uhr legte er sich je nach Wetter und Jahreszeit auf eine Bank oder auf die Erde, um den versäumten Schlaf nachzuholen; dann kam die schwere Arbeit, nur unterbrochen von einer kurzen Mittagspause, und erst gegen 20 Uhr traf er wieder zu Hause ein. Da blieb bald zu nichts mehr Zeit als zum Schlafen.

Hermann Tempels Schicksal

Am 10. Mai 1940 marschierten deutsche Truppen in das neutrale Holland ein.

Offiziell gab es nur die Heeresberichte. Aber Gerüchte über Judenverfolgungen nun auch im Nachbarstaat verbreiteten sich rasch, und wir, die wir Augen und Ohren immer offen hatten, sahen sie bald bestätigt. Hatten doch Thelemanns und andere Nachbarn Äcker auf dem Bahngelände, und so konnte man in vorüberrollenden Viehwagen vor den schmalen Luftluken oben Kopf an Kopf gedrängt sehen:

Judentransporte – wohin?

Es ging auch die Rede von Konzentrationslagern, aber Genaues wußte kaum jemand. Doch immer wieder sickerten aus geheimen Quellen Nachrichten durch, die nur flüsternd an vertrauenswürdige Freunde weitergegeben wurden.

Sie verstärkten auch die Sorge um unsere Emigranten, die nun schutzlos waren. Näheres erfuhren wir aber erst, als der Tragödie zweiter Teil in Deutschland abrollte.

Selbstverständlich hatte bald die Jagd begonnen auf alle, die der Nachbarstaat so lange beschützt hatte. Hermann Tempel suchte man zunächst in seiner Wohnung; er hatte jedoch bei Freunden Unterschlupf gefunden. Als man ihn nicht fand und der Hausherr behauptete, seinen Aufenthalt nicht zu wissen, wurde dieser verhaftet. Man drohte, ihn festzuhalten, bis man den Richtigen erwischt habe. Als Hermann Tempel das erfuhr, wollte er nicht den anderen für sich leiden lassen und stellte sich.

Damit begann sein Martyrium. In einem Gedichtband, der seine in der Haft entstandenen Verse enthält, ist darüber Erschütterndes geschrieben.

Nach wochenlangem Aufenthalt im Amsterdamer Gefängnis

wurde er, gefesselt wie ein Schwerverbrecher, nach Deutschland transportiert, von einem Kerker in den anderen, bis die Untersuchungshaft in Osnabrück begann. Seine Schwester in Arnsberg erwirkte die Erlaubnis, ihn in gewissen Zeiträumen zu besuchen, und durch ihre Briefe wurden wir vorsichtig unterrichtet. Nur flüsternd konnte die Unterhaltung bei den Besuchen geführt werden, weil sie ja nie alleingelassen wurden.

Als wir einmal einen Besuchstermin erfuhren, wagten Thelemann und ich es, an diesem Tag, einem Sonntag, auch nach Osnabrück zu fahren, um uns dort mit ihr zu treffen. So konnte sie unsere persönlichen Grüße mitnehmen, und wir warteten an einer verabredeten Stelle, bis sie zurückkam. Sie berichtete, wie froh es ihn gemacht habe, daß wir seinetwegen aus Ostfriesland gekommen seien. Er hatte gebeten, wir möchten die Straße heruntergehen, die am Gefängnis vorbeiführte, er würde uns aus seinem Zellenfenster sehen können. Das war kein Risiko, niemand kannte uns dort. Unsere Augen suchten im Vorübergehen die vergitterten Fenster des unheimlichen Gebäudes ab. Wir wußten nicht, hinter welchen Eisenstäben uns sehnsuchtsvolle Blicke folgten; wir schwiegen und glaubten sie zu spüren.

Endlich wurde eine Gerichtsverhandlung angesetzt. Er war des Hochverrats angeklagt und wurde trotz mangelnder Beweise zu zwei Jahren Gefängnis verurteilt, die er in Wolfenbüttel zu verbüßen hatte.

Viele Jahre nach dem Krieg kam ich zu einer Schriftstellertagung zum ersten Mal nach Wolfenbüttel. Es trieb mich, die Mauern zu sehen, die das „Blutgefängnis“, wie es damals genannt wurde, umschlossen.

Erst am Morgen des letzten Tages gelang es mir, den Taxichauffeur, einen älteren Mann, zu bitten, mich dahin zu fahren. Er fuhr mich langsam an dem klotzigen Bau vorbei; er wußte noch von der Zeit, als auf dem Hof hinter den Mauern Galgen standen, als Schüsse fielen, die so manches Leben auslöschten.

Zwei qualvolle Jahre verbrachte Hermann Tempel hinter diesen Gittern inmitten von Verbrechern – und von Menschen wie ihm, deren einzige „Schuld“ ihre Gegnerschaft zum Naziregime war. Seine Gedichte geben eine Ahnung von der bitteren Schwere jener Tage. Eins möge hier Platz finden:

Einmal

Einmal wird die Stunde sein, wo der Jahre Marter endet
und der Wüstenweg sich wendet nach der Freiheit jungem Schein.

Stunde, wenn die Fessel fällt und die letzten Riegel klirren
und die ersten Blicke irren über eine fremde Welt.

Stunde, wenn der scheue Fuß zögernd prüft der Straße Weite
und die Bäume dir zur Seite trostvoll rauschen ihren Gruß.

Dürstend schlürfe ich die Luft. Dürstend lausch ich, der Gebannte,
in das Alt- und Unbekannte, auferstanden aus der Gruft.

Wird es Herbst sein oder Mai? Ob die Heimat fahnentrunken?
Ob sie tief im Leid versunken? Ob der alte Groll vorbei?

Nur noch eine Ewigkeit ...
Dann, o Stunde, wirst du rufen,
und ich taste deine Stufen aufwärts in die neue Zeit.

Doch auch die zwei Jahre gingen hin. Wir aber bangten dem Ende entgegen, hatten wir doch mehr als einmal gehört, daß am letzten Tag die Gestapo draußen bereitstand, um den Entlassenen nun irgendeinem KZ zuzuführen. Diesmal jedoch erfüllte sich unsere Befürchtung nicht: Hermann Tempel kam frei. Allerdings hatte er sich täglich bei der Gestapo zu melden, ohne deren Genehmigung er nichts unternehmen konnte. Sie mußte die Erlaubnis geben, daß er bei seiner Schwester wohnte, die ihren Mann verloren hatte und von Kattowitz nach Berlin gezogen war. In einem Verlagshaus durfte er, der Überragendes hätte leisten können, Lehrlingsarbeit übernehmen.
Wir erfuhren all das über seine Arnsberger Schwester. Direkte Verbindung durften wir seinet- wie unseretwegen nicht aufnehmen. Ach, die Briefe jener Zeit, die wir empfingen und schrieben, sie waren Meisterwerke der Umschreibungskunst; kein Mensch außer uns hätte aus den ersonnenen, so harmlosen Verwandtengeschichten erraten, was sie sagen wollten! Keiner

außer unserem ganz engen Kreis wußte um Hermann Tempels Schicksal. Wie oft wurden wir von den Wohlmeinenden gefragt – wir logen mit bestem Gewissen.

Eines Tages kurz vor Weihnachten 1942 hatte Thelemann einen Arbeitsunfall, eine Hand wurde derart gequetscht, daß mehrere Fingernägel abgerissen wurden. Er konnte wochenlang nicht an Arbeit denken, doch die aufgezwungene Ruhe tat ihm gut. Natürlich beschäftigte ihn der Gedanke stark, daß Hermann Tempel wieder in Deutschland war, und in den ersten Januartagen 1943 kam er plötzlich mit einem abenteuerlichen Plan zu mir: Er wollte eine Fahrt nach Berlin wagen und fragte, ob ich mitmachen würde.

Zuerst war ich erschrocken – das war ein Wagnis für uns alle drei! Aber er meinte, die Freizeit, die ihm durch seine Verletzung so einmalig geschenkt wurde, könnte auf diese Weise sinnvoll verwandt werden, und wir sollten diese Freundestat wagen.

Ja, er hatte recht, ich ließ mich überzeugen. Nun galt es, ganz vorsichtig zu planen.

Wir lösten verschiedene Fahrkarten. Soweit ich mich erinnere, zunächst jeder bis Oldenburg oder Bremen; dann erst fuhren wir zusammen. Thelemann hatte einen schweren Koffer zu tragen, denn wir hatten zu ergattern versucht, was an Lebensmitteln nur erschwinglich und aufzutreiben war. So entsinne ich mich, daß wir allerhand Libby-Milchdosen hatten und als Clou eine ganze Dauerwurst, die mir jemand vom Lande zu Weihnachten geschenkt hatte. Wenn wir es uns auch nicht eingestanden, so war uns doch recht beklommen zumute. Selbstverständlich hatten wir in Berlin sondieren lassen, ob unser Besuch erwünscht und möglich sei, hatten auch die genaue Ankunftszeit verschlüsselt angegeben; doch wer wußte, was für Zufälle uns hindernd in den Weg kommen konnten?

Endlich war Berlin-Charlottenburg erreicht, und wir erfragten die Straße. Ein hohes Mietshaus wie viele andere – wenn nur nicht der Hauswart uns entdeckte und fragte: wohin?

Wir mußten in die zweite Etage, aber wir stiegen erst einmal geräuschvoll höher, um dann zurückzuschleichen und an der Wohnungstür zu klingeln.

Ich sehe noch das ängstliche Gesicht der Schwester, die uns einließ. Wir standen herzklopfend, als die Tür sich hinter uns schloß.
Und dann kam das Wiedersehen – nach zehn Jahren! Wir waren alle so erschüttert, daß keiner von uns ein Wort hervorbrachte. Was war aus dem einst so vitalen Hermann Tempel geworden! Der gut Fünfzigjährige war ein weißhaariger alter Mann, ein von Not und Leiden Gezeichneter.
Ich dachte unwillkürlich an den Tag der ersten Haussuchung, da er das letzte Mal bei mir zu Gast war, wie er, erregt mit einem Bleistift spielend, hervorstieß: „Dieser Bande in die Hände zu fallen und gequält zu werden – nein, das hielte ich nicht aus!" Und dabei zerbrach der Bleistift unter seinen Fingern. Er hatte es ausgehalten, aber sie hatten ihn zerbrochen.
Es war eine schmerzvolle Freude, dies Wiedersehen; für ihn war es eine Wohltat, sich rückhaltlos aussprechen zu können. Er konnte es zuerst gar nicht glauben, daß wir noch Mut hatten, daß wir auf ein nicht allzu fernes Ende der Nazimacht hofften. Doch langsam kehrte bei der Aussprache in vertrauter Runde, die er so lange entbehrt hatte, auch bei ihm die Hoffnung zurück. Drei Tage konnten wir zusammensein. Wir hatten nur die Sorge, daß Fliegeralarm käme – dann mußten alle Hausbewohner in den Keller, dafür war der Hauswart verantwortlich, er durfte uns auf keinen Fall sehen, denn das hätte eine Katastrophe für uns alle bedeutet.
Das blieb uns erspart. Unbemerkt konnten wir nach bewegtem, aber nicht verzweifeltem Abschied wieder fortgehen. Wir waren dankbar für das Geschenk dieser Tage.

Ausgebombt

Während noch die deutschen Truppen in den Nachbarländern siegreich kämpften und Tod und Verderben verbreiteten, suchten gegnerische Flugzeuge unseren Luftraum heim. Auch über Leer flogen sie gelegentlich, es gab Fliegeralarm, und wir eilten in den Keller.

Die Stadt Emden war wegen ihres Hafens und der exponierten Lage schon frühzeitig das Ziel von Luftangriffen. Darum fuhr ein Teil der Einwohner abends aus der Stadt hinaus, zu Bekannten und Verwandten aufs Land oder auch in unsere kleine Stadt. So kam meine Freundin Anny Kribbe jeden Abend zu mir, übernachtete oben im Gaststübchen und zog morgens wieder ab, bis es endlich ihrem Mann gelang, sie nach Bremerhaven zu holen. Sie hatte sich hier immer geborgen gefühlt, sie blieb seelenruhig, wenn es hier einmal Alarm gab, während mich beim ersten Sirenenton stets eine qualvolle Angst packte, die mich in den Keller trieb. Und merkwürdig: Jedesmal, wenn ich die Kellertreppe hinabstieg, kam mir ein Vers aus der Schulzeit in den Sinn aus dem Gedicht vom „frommen Mütterlein": „Eine Mauer um uns baue . . ."

Thelemann war inzwischen an eine Arbeitsstelle zwischen Oldersum und Petkum beordert worden, wo Flakstellungen gebaut wurden. Er hatte sich ein altes Motorrad gekauft und fuhr jeden Morgen dorthin mit unserem Nachbarn Loquard, der die andere Hälfte unseres Zweifamilienhauses gebaut hatte.

Den 20. März 1943 werde ich nicht vergessen. Morgens schreckte mich Voralarm aus festem Schlaf. Ich hörte, wie draußen das Motorrad davonknatterte, und überlegte: Voralarm – muß ich aufstehen? Für gewöhnlich warteten wir noch, aber ich wußte, daß die alte neunundachtzigjährige Oma Thelemann sehr ängstlich war, und sie war nun unten allein. Schon stand ich auf,

bekleidete mich notdürftig und ging die Treppe hinunter, um in ihre Wohnung zu gehen.
Da hörte ich ein Flugzeug – sollten wir in den Keller müssen? Ich ging in den Flur und öffnete die Kellertür, um Licht zu machen, bevor ich die alte Frau holte.
Da – auf einmal alles dunkel um mich her, Staub in Augen, Nase, Mund – und Gasgeruch – penetrant! Instinktiv kam der Gedanke: raus hier!
Meine Augen flogen durch das Dunkel – da oben – eine Handbreit Tageslicht – dahin! Meine Hände griffen wie auf Nägel – ich muß dahin – nach oben! Weiter dachte ich nichts. Ich stieg irgendwie höher, unter mir brach es, ich hielt mich an etwas fest, ich kletterte, bis meine Hand den hellen Spalt faßte – da hörte ich Stimmen, weit weg. Ich schrie – „Da unten ist noch jemand!" hörte ich. Wieder schrie ich. „Hand weg! Wir kommen!" klang es von weitem.
Und dann mit einemmal Tageslicht, Männer mit Schaufeln, die mich faßten, hochzogen, mich in die Mitte nahmen und in ein Nachbarhaus brachten, in ein Zimmer. Ich weiß nur noch, daß ich zitterte, daß meine Zähne aufeinanderschlugen, ich konnte dessen nicht Herr werden.
„Wo ist Oma Thelemann?" fragte jemand.
„Ich weiß es nicht", sagte ich. Alle gingen wieder.
Dann waren plötzlich viele Menschen da, auch mein Bruder, der mich in die Arme schloß, was sonst nicht seine Art war. Und dann kam auch Thelemann, ganz verstört. Er fragte nach seiner Mutter. Jemand nahm ihn mit nach draußen.
Da kam Frau ter Vehn, unsere gute Bekannte, und als mein Bruder mich mitnehmen wollte, sagte sie, daß sie Platz für uns alle hätte. Jemand zog mir einen Mantel über, der bis auf die Füße reichte, dann ging ich mechanisch mit.
Und da erst erfaßte ich, was geschehen war: Wo unser Haus gestanden hatte, lag ein wüster Steinhaufen!
Als ob mein Denken so lange ausgeschaltet gewesen wäre – plötzlich überfiel es mich: Ausgebombt – kein Haus, keine Möbel, nichts mehr. Fassungslos stand ich und starrte vor mich hin.
„Und Oma Thelemann?" fragte ich.

„Tot, eine Mauer begrub sie unter sich, man brachte sie bereits in die Leichenhalle."

Was war geschehen? Bomben, die für den Güterbahnhof bestimmt waren, hatten an beiden Seiten der Bahn je ein Haus getroffen, außer unserem ein Geschäftshaus, in dem zwei Kinder zu Tode kamen. „Ausgerechnet die muß es treffen, die keine Nazis sind!" regten sich unsere Nachbarn auf.

Es stellte sich heraus, daß die Bombe in mein Schlafzimmer, durch das Bett acht Meter tief in den Kellergrund gefallen war, wo sie explodierte und alles in die Luft warf. Teile des Hauses waren über den Wasserturm hinausgeflogen. Auch die Treppe, auf der ich gerade von oben gekommen war, wurde hochgeschleudert. Sie hatte sich dann quer über die Kellertreppe gelegt – und da, wo die beiden Treppen sich überkreuzten, muß ich in einer Lücke gestanden haben und so geschützt worden sein.

Wie ich dahin gekommen war, ist mir noch heute unerklärlich. Nichts war mir geschehen, außer Abschürfungen und blauen Flecken. Dabei war alles ringsum kurz und klein!

In der anderen Haushälfte war Frau Loquard am Kopf verletzt worden. Die alte Mutter, die oben schlief und gerade aufgestanden war, fand man im Nachthemd auf der Treppe sitzend, die zwischen lauter Trümmern stehen geblieben war.

Frau ter Vehn nahm außer Thelemann und mir auch das Ehepaar Loquard mit in ihr Haus auf.

Die beiden Männer, die früh mit dem Motorrad zur Arbeit gefahren waren, hatte man dort telefonisch benachrichtigt: Sie müßten zurückkommen. „Ein Haus ist platt", hatten sie verstanden und sich gewundert, warum gerade sie deshalb kommen sollten.

Thelemann war wie versteinert. Der Tod seiner alten Mutter, an der er sehr hing, traf ihn tief, so daß der materielle Verlust vorerst zurücktrat. Aber abends brach er zusammen; es traf ihn die Erkenntnis, nichts mehr zu haben.

Ja, es war bitter, plötzlich vor dem Nichts zu stehen. Gewiß, wir hatten das Leben gerettet, auf wunderbare Weise war eine „Mauer um mich gebaut" worden – aber wozu? Mußte auch dies noch über uns kommen? Hatte das Leben noch einen Sinn?

Es dauerte eine Zeit, bis Manfred Hausmanns Verse „Wo kein Sinn mehr mißt, waltet erst der Sinn. Wo kein Weg mehr ist, ist des Wegs Beginn“ mehr als bloße Worte für mich bedeuteten. Es ist ein schlechter Trost, zu wissen, daß man das Schicksal so unendlich vieler teilt. Erst wenn man sich ganz hineingeben kann in die Hand, die solches Schicksal nicht abwendete, aber die einen trotzdem hält, findet man Kraft, es zu tragen.

Am anderen Morgen fand sich in der Lokalzeitung außer den Todesanzeigen der Familien eine der NSDAP, die den „Heldentod der für das Vaterland Gestorbenen“, der ersten Fliegeropfer in der Stadt, zur Kenntnis brachte. Sie sollten „mit allen Ehren“ begraben werden.

Thelemann wurde blaß vor Wut. Dies Theater mußte verhindert werden! Im Schutz der Dunkelheit ging er abends mit seinem Schwager zur Leichenhalle. Heimlich holten sie den Sarg heraus und brachten ihn in die Wohnung der Tochter – ein Wagnis, das uns alle zittern machte. Was konnte jetzt geschehen?

Aber es ereignete sich nichts. Die Beerdigung der beiden Kinder fand wie angekündigt statt; um die andere, die ohne Hakenkreuzfahne, aber unter großer Beteiligung vor sich ging, kümmerten sich die Vertreter der Partei nicht. Es erschien ihnen wohl klüger, den traurigen Fall, an dem die ganze Stadt Anteil nahm, nicht noch zu dramatisieren.

Es war rührend, wie viele Freundschaftsbeweise uns von allen Seiten erwiesen wurden. Man machte sich wohl klar, was es für Frau ter Vehn bedeutete, plötzlich vier Menschen mitversorgen zu müssen. Zwar hatten wir unsere Lebensmittelmarken, aber was gab es schon darauf! So schickte uns in den ersten Tagen ein Bäcker Brot, in den verschiedenen Läden gab man so reichlich wie möglich, und wie manche kleine Gabe, die ein Opfer bedeutete, wurde uns gebracht, beispielsweise einige Tütchen mit Tee, die sonst ein Ostfriese in jener Zeit kaum verschenkte. Täglich aber kam nach Feierabend eine ganze Schar guter Freunde, die in unserem Trümmerhaufen buddelten, um zu retten, was noch herauszuholen war: Kleider, Bettzeug, zwar zerrissen, aber vielleicht noch zu reparieren, Bücher – wenn auch durchweg lädiert und verschmutzt –, und alles wurde zu-

nächst ins leere Jugendheim gebracht, das man uns „großmütig" zur Verfügung stellte, weil es nicht benutzt wurde. Natürlich zog es uns immer wieder dahin, wo unser Hab und Gut begraben lag.
Es war in jenen Tagen üblich, alles, was als Leistung des Naziregimes gelten sollte, mit Schildern oder Bändern zu versehen, auf denen mit großen Buchstaben „Das verdanken wir dem Führer!" prangte. Eines Morgens stockte uns der Atem – da hatte jemand, als es dunkel war, solch ein Schild auf den Trümmerhaufen gelegt! Jeder, der es sah, grinste und freute sich insgeheim, aber wir hielten es doch für angebracht, es lieber verschwinden zu lassen.

Es war uns allen bewußt, daß der Aufenthalt bei unserer Gastgeberin nur vorübergehend sein konnte, und wir bemühten uns, wieder ein Obdach zu finden. Doch wo gab es leere Wohnungen? Nach einigen Wochen hatten wir Glück: Das Wohnungsamt beschlagnahmte mehrere Räume in zwei nebeneinander liegenden Häusern in der Fabriciusstraße. Zufällig wohnte in jedem Haus nur eine alleinstehende Frau, und so wurden Loquards bei der Witwe H. eingewiesen und Thelemann und ich nebenan bei einer alten Frau, die, wie man uns sagte, ein wenig wunderlich sei.
Natürlich waren die beiden Eigentümerinnen alles andere als entzückt über diese Einquartierung. Wir waren jedoch froh, soviel Raum zugewiesen zu bekommen. Unten hatten wir ein gemeinsames Wohnzimmer mit kleiner Küche daneben, und oben war außer einem kleinen Schlafraum für mich noch nach hinten heraus ein geräumiger Boden, auf dem Thelemann sich eine Schlafstätte zurechtzimmerte. So konnten wir Ende April einziehen – wenn wir nur die nötigen Möbel gehabt hätten. Das machte sich die Behörde jedoch leicht. Wir erhielten ein Schreiben und wurden aufgefordert, in der Viehhalle aus dem dortigen Möbellager das Notwendige kostenlos auszusuchen.
Ein Möbellager in der Viehhalle?
Bald wurden wir aufgeklärt. Dorthin hatte man das Eigentum von aus Holland verschleppten Juden gebracht, ganze Woh-

nungseinrichtungen, prachtvolle Möbel aus reichen Häusern, Teppiche, Gardinen – wir schauderten, als wir das hörten! Das konnte man uns anbieten?! Wieder zeigte es sich, daß wir gute Freunde hatten.
Thelemann kannte so manchen Tischlermeister, und in diesem und jenem Möbelgeschäft gab es noch etwas zu kaufen; nirgends klopfte er vergeblich an.
So statteten wir unsere Wohnung zunächst mit dem Notwendigsten aus. Zwar stand im Wohnzimmer vorerst nur ein Schrank, als Tisch hatten wir eine Kluntjekiste ergattert, ein Stuhl wurde noch zwischen unseren Trümmern entdeckt, ebenso ein Korbsessel, dem nur ein Bein gebrochen war. Das wurde wieder zurechtgeflickt. Geschirr und Kochtöpfe sowie einen Herd hatten uns Geschäfte zur Verfügung gestellt. So konnten wir einziehen.
Nie vergesse ich den ersten Nachmittag im neuen Heim. Frau Geerdes hatte uns einen kleinen selbstgebackenen Kuchen geschickt, etwas Tee hatten wir auch bekommen. So setzten wir uns am Sonnabend vor Ostern feierlich zur ersten Teestunde an unseren „Tisch". Ich durfte im Korbsessel sitzen, und gerade wollte ich das Stück Kuchen, das ich auf einem Schüsselchen in der Hand hielt, essen – da sank ich mit dem Stuhl zur Seite! Das geflickte Bein hatte meinem Gewicht nicht standgehalten, und ich rollte durch das leere Zimmer, mein Stück Kuchen hinterher. Da haben wir zum erstenmal wieder herzlich gelacht.
Auch den Ostermorgen vergesse ich nicht. Freund Thelemann hatte noch den Acker auf dem Bahngelände. Da er an den Werktagen keine Zeit hatte, zogen wir in aller Herrgottsfrühe dahin und pflanzten die ersten Kartoffeln für den neuen Haushalt.
Unsere Wirtin wohnte nach hinten heraus, sie war etwas menschenscheu und ging uns möglichst aus dem Wege. Nachts aber hörte ich sie durch die Gänge tappen und vor sich hin reden, manchmal rief sie laut und unterhielt sich mit einem Gegenüber, das ihr verwirrter Geist wohl vor sich sah. Oft schimpfte sie. Mir war es unheimlich, und ich schloß mich jede Nacht ein.
Wir waren jedoch froh, wieder unsere eigenen Herren zu sein. Auf die Dauer hatte es uns doch belastet, die Güte eines an-

deren Menschen in solch starkem Maße in Anspruch nehmen zu müssen, so dankbar wir die so selbstverständliche Hilfsbereitschaft auch empfanden. Nun konnten wir die aus den Trümmern geborgenen, einigermaßen brauchbaren Sachen unterbringen.
Zwar waren fast alle Möbel entzwei, das Klavier reckte die gesprungenen Saiten in die Luft, nur der Mahagoniglasschrank meiner Mutter stand, einsam, ohne Glas und arg zerschunden, in der Wüstenei. Er wurde von dem alten Tischlermeister Eimers, dessen Großvater ihn einstmals angefertigt und mit kunstvoller Schnitzarbeit versehen hatte, wieder hergerichtet. Er dient mir noch heute, ein kostbares Andenken, als Bücherschrank.
Eiserne Träger unseres Hausdaches waren bis jenseits der Bahn geflogen, aber einige hauchdünne Glasschalen und Teller fanden sich unversehrt zwischen Scherben. Auch Kleider waren noch zum Teil instand, und am wertvollsten waren Kissen und Federbetten. Das Inlett war zwar zerrissen, aber sie wurden ohne unser Zutun von dem nun schon lange verstorbenen Textilkaufmann Gröttrup (-Bahnhof) abgeholt, repariert und – wie selbstverständlich – ohne Bezahlung ins neue Heim gebracht. So hilfsbereit waren viele; das hat uns geholfen, innerlich durchzuhalten. Sogar ein Radio wurde uns zur Verfügung gestellt, solange der Besitzer im Feld war.
Etwas Lebendiges hatte die Bombe noch verschont: Oma Thelemanns fünf Hühner und ihre Katze. Der Hühnerstall hinten im Garten war zwar ganz zugedeckt, aber, in eine Ecke geduckt, hatten die Tiere überlebt. Die Nachbarn fütterten sie, solange wir sie nicht unterbringen konnten. Holz von Türen und Fenstern lag genug herum, daraus zimmerte Thelemann einen neuen Stall hinter unserer Wohnung. Und nun waren wir glücklich über diesen Besitz, der uns Eier lieferte!
Die Katze streunte herum, sie ließ sich auch füttern. Aber als wir ihr nun eine neue Bleibe boten, weigerte sie sich, sie anzunehmen. Sie hatte in den Trümmern ihren Unterschlupf. Man sagt, Katzen hängen am Hause – wir fanden es hier bestätigt. Doch eines Tages saß sie vor der Haustür, und dann kam sie freiwillig herein und blieb.
Da ich nun einen richtigen Haushalt zu versorgen hatte – mein

Mitbewohner arbeitete damals bei einem hiesigen Baugeschäft und kam zum Essen – verlegte ich meine Beschäftigung bei den Blinden auf die Nachmittage.

Der Krieg wurde immer fühlbarer. Nicht nur die Zuteilung von Lebensmitteln verschlechterte sich, Fliegeralarm gab es jetzt bei Tag und Nacht und erregte jedesmal eine irrsinnige, nicht zu bezwingende Angst in mir. Es fielen auch wieder in der Nähe Bomben; verschiedentlich zersprangen unsere Fensterscheiben durch den Luftdruck. Auch die Fahrten nach Ihrhove wurden gefährlicher, Tiefflieger beschossen die Züge. Einmal blieb der Zug auf freier Strecke stehen, und wir hasteten alle hinaus. Manche liefen aufs freie Feld und warfen sich nieder oder hockten sich in einen Graben. Ich kroch mit anderen unter einen Wagen. Hinterher hörte ich jedoch, das sei am gefährlichsten, weil die Tiefflieger da ihr festes Ziel hätten.

Meine Gesundheit ließ zu wünschen übrig, das alte Übel machte sich bemerkbar: Gelenkschmerzen. Schließlich ging ich zum Arzt. Er stellte eine hohe Blutsenkung fest und suchte nach einem Krankheitsherd im Körper. Da er nichts fand, meinte er, die Zähne könnten die Ursache sein. Mein Zahnarzt wiederum hielt die Zähne für in Ordnung. Aber meine Glieder wurden immer steifer und ich immer dünner. Ich weiß noch, wie ich eines Tages beim Anprobieren eines Gummimantels in den Spiegel sah und erschrak, so elend und abgehärmt war mein Gesicht.

Das Radio war unentbehrlich geworden, die einzige Nachrichtenquelle, der wir Glauben schenkten. Der deutsche Rundfunk und die Zeitungen schwelgten in Erfolgsmeldungen und täuschten über die wahre Lage hinweg, deshalb sollten die Nachrichten aus dem Ausland unterbunden werden. Das Abhören der „Feindsender" wurde mit KZ- oder gar Todesstrafe geahndet, man mußte sehr vorsichtig sein und vor allem schweigen.

Abends zur bestimmten Zeit wurde das Radio angestellt. Natürlich stand das Gerät weit von jedem Fenster entfernt, man schirmte es zusätzlich ab und legte das Ohr ganz dicht an den Lautsprecher – trotzdem ging von Zeit zu Zeit einer nach draußen, um unliebsame Horcher zu entdecken und sich zu vergewissern, daß niemand etwas hören konnte. Denn immer

wieder kam die Kunde, daß der oder jener geschnappt worden sei; meistens war der Grund, daß er nicht schweigen konnte.
So wußten wir trotz aller amtlich verbreiteten Siegesgewißheit Bescheid. Aber entgegen aller natürlichen Gefühle, die uns doch eigene Erfolge der deutschen Truppen hätten ersehnen müssen, hofften wir dem „Feind“ entgegen, damit dem Elend des Krieges und dem Spuk bei uns ein Ende gesetzt würde.
Die Gefallenenanzeigen in den Zeitungen wuchsen ins Endlose, öffentliche Gebäude wurden in Lazarette umgewandelt. Schon 1941 erhielt unser Freund Rudolf Heyer die amtliche Nachricht, daß die Heil- und Pflegeanstalt in Osnabrück als Lazarett gebraucht würde und die Kranken daher nach Süddeutschland überführt seien. Seine Frau sei nach Hadamar verlegt worden.
Er kam aufgeregt mit dem Schreiben zu uns und sagte, er würde gleich am nächsten Sonntag hinfahren. Doch die Reise wurde ihm erspart: Es kam eine Postkarte (!) mit der kurzen Mitteilung, seine Frau sei plötzlich an einer Lungenentzündung gestorben; auf Wunsch könne ihm die Urne zugestellt werden.
Er war außer sich vor Schmerz und Zorn: „Was haben sie mit ihr gemacht – da stimmt doch was nicht!“
In den folgenden Tagen fanden wir in der Zeitung einige besondere Todesanzeigen. Noch mehrere Kranke waren in Hadamar „an Lungenentzündung plötzlich verschieden“! Mir klang es wieder in den Ohren: „Ihr sollt sehn, was sie Schreckliches mit mir machen!“ Sie hatte es wohl geahnt.
Die Urne wurde geschickt. Ob sie wirklich ihre Asche enthielt? Eine kleine Schar nur umstand mit dem leidgebeugten Mann das Grab. Sein Jüngster war in feldgrauer Uniform dabei. Bald darauf mußte der Älteste den „Heldentod“ sterben.

Es war wohl gegen Ende 1943, als eine Verordnung herauskam, daß zerbombte Häuser auf Staatskosten wieder aufgebaut werden sollten. Das gab eine Aufregung! Freund Thelemann und Nachbar Loquard überlegten hin und her – aber schließlich wohnten wir in fremdem Eigentum, und man sagte sich: Wir lassen uns ja nichts schenken, es ist nicht mehr als recht und billig, das zu ersetzen, was uns gewaltsam genommen wurde.

Mit intensivem Eifer ging es nun ans Werk. Natürlich war die Firma, bei der beide arbeiteten, bereit, der Verordnung nachzukommen und den Bau zu übernehmen. Aber alles war leichter gesagt als getan! Das Baumaterial wurde immer knapper, in erster Linie kamen die Erfordernisse der Wehrmacht, was übrigblieb, war durchweg von geringer Qualität.

Doch es zeigte sich, daß Thelemann auch bei Ziegeleien und Firmen, die Holz und anderes Baumaterial zu vergeben hatten, gut angesehen war. Sie kannten ihn von seiner Bauaufsehertätigkeit her, und sie versorgten ihn und seinen Freund mit dem Besten, was sie noch auf Lager hatten. Es bestand jedoch auch Mangel an Arbeitskräften. Jeder, der einigermaßen gesund war, war ja eingezogen. So hatten die Baugeschäfte nur wenige alte Leute, die selbstverständlich fast immer unterwegs waren, genauso wie Thelemann und Loquard selber.

Die meiste Arbeit am neuen Bau mußte deshalb nach Feierabend vor sich gehen, und dann fanden sich alle Freunde ein, die nur irgend helfen konnten. Was für eine Aufgabe war es schon allein, den Trümmerhaufen zu beseitigen! Zwar war im Laufe des Jahres alles, was irgend brauchbar war, herausgebuddelt, wobei sich des öfteren „Helfer“ einfanden, die für sich selber sorgten – das war bei solchen Gelegenheiten nicht selten. Davon zeugte schon das Schild, das die Polizei auch bei unserem Hügel aufpflanzte, mit der drohenden Aufschrift: „Wer plündert, wird erschossen!“ Kurz und bündig, und niemand zweifelte daran, daß gegebenenfalls die Drohung in die Tat umgesetzt würde. Es gab aber auch taktlose Zeitgenossen, die ohne Scheu Briefe und Schriftstücke mit Stock oder Schirm aus dem Trümmerhaufen zutage förderten und sie ungeniert am Straßenrand lasen. Längst dachte ich nicht mehr an meine Schreibpläne. Der Tag war mit Arbeit ausgefüllt. Zudem zerrte eine stete Unruhe an meinen Nerven, eine heimliche Angst vor dem nächsten Sirenenton.

Der Roman „Kasjen und Amke“ war über die Anfänge nicht hinausgediehen, die Manuskriptblätter ruhten mit unseren wichtigsten Papieren in dem Blechkasten, der zerbeult, doch im übrigen unversehrt aus dem Chaos herausgeholt worden war. Auch ein Haufen Bücher war gerettet worden, zum Teil stark zerfleddert, manche auch heil, aber alle schmutzig und unansehnlich; sie sind für mich noch heute Erinnerungsstücke an jene furchtbare Zeit. Doch viele unersetzbare Bücher waren verlorengegangen.

Die abendliche Heimfahrt von Ihrhove wurde immer problematischer. Jeder Zug hatte Verspätung; da hieß es warten auf dem stockdunklen Bahnhof, oft in Regen und Kälte, bis endlich die trüben Lichter der Lokomotive sichtbar wurden. Sie waren die einzige Beleuchtung, die es gab, denn die Abteile waren verdunkelt, und ich war froh, wenn ich einen Türgriff ertastete und Einlaß fand. Einmal ließ ich mich auf die Bank sinken, aber fuhr mit einem Schrei wieder hoch. Ich hatte auf etwas Weichem gesessen – da lag ein schlafender Mann, der mich knurrend fortstieß.

Seitdem war mir die Zugfahrt unheimlich ebenso wie der Nachhauseweg, denn wenn weder Mond noch Stern zu sehen waren, gab es nirgends einen Lichtstrahl. Die Häuser waren verdunkelt, Straßenlaternen brannten nicht. Zwar gewöhnte man sich allmählich an die rabenschwarze Nacht, aber ich hatte doch manchmal Mühe, die Haustür zu finden. Auch das wirkte auf die Dauer bedrückend.

Unsere Hauswirtin hatte sich allmählich an uns gewöhnt. Nachdem sie uns beim Einzug schimpfend empfangen hatte – es war ja auch keine reine Freude, wildfremde Leute einfach hereingesetzt zu bekommen – ließ sie sich tagsüber kaum sehen. Stand einmal ihre Stubentür ein wenig offen und man kam zufällig vorbei, so wurde sie hastig zugezogen und der Schlüssel umgedreht.

Thelemann erreichte es zuerst, daß ihre Tür sich öffnete. Er brachte abends immer Holz vom Trümmerhaufen mit, um es hinter dem Hause zum Feueranmachen zu zerkleinern.

Eines Abends fiel ihm ein, daß die alte Ida – ihren Nachnamen habe ich vergessen, wir nannten sie unter uns nur mit dem Vornamen – wohl auch Holz brauchen könnte; so klopfte er bei ihr an. Sie öffnete die Tür, nur einen schmalen Spalt. Überrascht nahm sie das Holz an, dankte und klappte dann aber schnell die Tür wieder zu. Das wiederholte sich nun von Zeit zu Zeit.

Dadurch ermutigt, wagte ich eines Sonntags ein Attentat. Unsere Hühner hatten dafür gesorgt, daß ich einen Pudding machen konnte. Als ein Rest übrig blieb, versuchte ich mein Heil an ihrer Tür, und sie öffnete sich auch mir einen Spalt breit. Die alte Frau sah mich ganz erschrocken an, aber sie nahm zögernd das Angebotene, um dann schnell wieder abzuschließen. Am nächsten Tag fand ich das Schüsselchen vor meiner Stubentür. Diese Szene wiederholte sich allsonntäglich, aber dabei blieb es dann auch.

Eine der unzähligen Organisationen der Nazis war die NSV (Nationalsozialistische Volkswohlfahrt), der wohl fast jedermann zwangsläufig angehörte. Raffiniert führte man Sammlungen durch, bei denen hübsche Abzeichen zum Kauf angeboten wurden, und kaum jemand wagte es, ablehnend vorbeizugehen. Wir wollten jedoch solch eine fragwürdige Wohltätigkeit nicht unterstützen! Zu uns ins Haus kam auch kein Sammler; nur ein einziges Mal hatte ein früherer Kollege, der in SA-Uniform zum Sammeln unterwegs war, die Taktlosigkeit, zu mir zu kommen, um dann verdutzt abzuziehen. Je länger aber der Krieg dauerte, desto mehr Mittel brauchte man. Wohl um sicher zu gehen, daß niemand sich dem Netz entzöge, wurden noch einmal Anmeldeformulare für die NSV in jedes Haus getragen. Und so kam denn eines Tages ein unbekannter Uniformierter und drückte mir zwei Zettel in die Hand. Auf meine Frage, was ich damit solle, sagte er: „Die müssen ausgefüllt werden, ich hole sie wieder ab."
Nach einigen Tagen kam er dann auch wieder. Er warf einen Blick auf die Bogen: „Die sind ja nicht ausgefüllt!"
„Nein", sagte ich, „wir wollen nicht beitreten."
Entsetzt sah er mich an: „Aber — das geht doch nicht."
„Wieso nicht?"
„Ja — was soll ich denn sagen, wenn sie mich nachher fragen?"
„Sie können sagen: Solange ich nicht würdig bin, in Deutschland meinen Beruf auszuüben, solange bin ich erst recht nicht würdig, in eine Ihrer Organisationen einzutreten."
Worauf er sich zögernd entfernte.

Ob er diesen Bescheid wirklich weitergab, weiß ich nicht; es schien aber so – jedenfalls hatte er dann Folgen, die ich weder voraussehen noch wünschen konnte!
Ein paar Wochen später wurde mir ein Schreiben des Bürgermeisters Drescher zugestellt mit der Aufforderung, mich an einem bestimmten Tag nachmittags um 4 Uhr bei ihm im Rathaus einzufinden. Mir fuhr ein Schrecken in die Glieder! Was hatte das nun zu bedeuten?
Äußerlich ruhig, aber zutiefst erregt, war ich um die angegebene Zeit an Ort und Stelle und fragte nach dem Bürgermeister, indem ich das Schreiben vorwies. Man hieß mich auf einer Bank im Flur warten: „Der Bürgermeister ist noch nicht da."
Ich saß und sah nach der Uhr, es war vier vorbei, es wurde halb fünf – kein Bürgermeister in Sicht. Ich ging zu dem Beamten ins Vorzimmer und sagte: „Wahrscheinlich hat man mich vergessen."
Er zuckte die Achseln: „Ich weiß auch nicht – aber warten Sie nur!" Ich nahm wieder Platz. Schließlich dachte ich: „Du willst dich hier doch nicht zum Narren halten lassen!"
Ich klopfte erneut an: „Ich gehe jetzt, wollen Sie bitte dem Bürgermeister ausrichten, ich hätte fast eine Stunde gewartet."
„O nein –" er stand auf, „warten Sie noch!"
„Das hat ja keinen Zweck", sagte ich, „bitte, richten Sie das aus!"
Und damit ging ich.
Mitten auf der Treppe begegnete er mir, ich trat auf ihn zu.
„Herr Bürgermeister, ich habe seit 4 Uhr gewartet, ich glaubte, Sie hätten mich vergessen."
Er musterte mich von oben bis unten – wir kannten uns nicht persönlich, ich ihn nur vom Ansehen, er war ein ehemaliger Zollbeamter und galt als heftig und aufbrausend, aber nicht als schlecht; ich nannte meinen Namen.
„Was – fortgehen?" brüllte er mich an. „Kommen Sie mit!"
Er stapfte mir voran und ging in sein Zimmer, ich hinterdrein. Er kramte auf seinem Schreibtisch herum, dann steckte er die Hände in die Taschen und lief wie ein kleiner Löwe hin und her. Ich stand und wartete klopfenden Herzens.

Schließlich drehte er sich nach mir um und deutete auf einen Stuhl.

Ich setzte mich.

„Ja –" sagte er plötzlich, „nun hören Sie mal zu!"

Dann setzte er mir auseinander, daß in der Berufsschule großer Mangel an Lehrkräften sei, es bedeute Dienst am Vaterlande, da einzuspringen; es ginge nicht länger an, noch irgendeine Kraft brachliegen zu lassen.

Du lieber Himmel – mir wurde angst und bange! Nun sollte ich mit „Heil Hitler!" in Amt und Würden geschoben werden?

Da kam es schon: „Nun habe ich an Sie gedacht –"

„Das geht nicht", sagte ich, „ich bin voll beschäftigt."

„Beschäftigt?" schrie er.

„Ja – freiwillig, ohne Bezahlung", beeilte ich mich, ihn aufzuklären, „ich helfe seit Jahren beim Blindenverein, und es ist unmöglich, da fortzugehen. Ich bin moralisch verpflichtet zu bleiben."

Er war verblüfft, er versuchte dies und jenes einzuwenden, aber ich blieb fest, so daß er schließlich brummte: „Na – dann nicht! Heil Hitler!"

Ich war entlassen – ich verabschiedete mich in meinem liebenswürdigsten Ton: „Herr Bürgermeister –!" Und dann nichts wie raus!

Kein „Heil Hitler!" Ob er das schluckte?

Ich rannte die Treppe hinab und durch die Straßen, so schnell meine wehen Gelenke es zuließen, immer in dem Gefühl: Gleich holt dich einer zurück! Aber ich kam heil nach Hause.

Thelemann war schon von der Arbeit zurück und wartete voller Unruhe: „Was war los?"

Ich berichtete, und er meinte auch skeptisch: „Wenn das man gut geht!" Auch mein blinder Chef erwartete mich am anderen Tag voll Spannung und war sehr beunruhigt, daß man mich ihm abwerben könnte. Aber es ging gut, niemand trat mehr an mich heran.

Mit dem neuen Jahr 1944 gingen die Arbeiten am Wiederaufbau unseres Hauses zwar langsam, aber sicher voran. Mühsam war es, den Krater so zu füllen, daß nachher nichts versacken konnte, es wurden extra Eisenträger darüber angebracht. Daran mußich noch heute oft denken, wenn nachts ein schwerer Güterzug vorüberfährt und mein Bett spürbar schwankt. Tagsüber war nur ein alter Maurer mit einem Lehrling beim Bau beschäftigt, abends fand sich außer den beiden Eigentümern noch dieser oder jener ein, sonntags vormittags aber oft eine ganze Korona, um zu helfen. Dieses Zeichen der Solidarität beeindruckte mich immer wieder: nicht viele Worte machen, einfach mit anpacken.

Inzwischen erhielten wir die Nachricht, daß die seit einigen Jahren in Berlin lebende Schwester Hermann Tempels, deren Haus in Oldenburg beschlagnahmt und einem Parteibonzen zur Verfügung gestellt worden war, nun ihr Eigentum freibekäme und daß sie nach Oldenburg zurückzöge. Ihr Bruder erhielt von der Gestapo großmütig die Erlaubnis, mit dahin zu ziehen und sich in die Obhut der Oldenburger Gestapo zu begeben.

Obwohl er uns so nahegerückt war, ließen wir erst lange Zeit vergehen, bevor wir einen Besuch wagten. Es gab zwar keinen Grund mehr, seinen Aufenthalt den anderen Freunden länger zu verheimlichen. Doch ein Treffen war ihm wie uns untersagt. So mußten wir wieder alle nur erdenklichen Vorsichtsmaßnahmen treffen, um uns doch einmal in Oldenburg aussprechen zu können. Natürlich war die Freude des Wiedersehens groß und des Erzählens kein Ende; wir alle hatten soviel erlebt. Tempel hatte in Oldenburg Arbeit in einem großen Geschäft gefunden, körperliche Arbeit, die ihm in seinem geschwächten Zustand sehr schwer wurde. Er konnte nicht genug hören von den politischen Neuigkeiten, die wir für ihn hatten und die wir dem „Feindsender" verdankten. Er erfuhr von keiner Seite etwas, und er konnte sich mit niemandem aussprechen. So richtete er sich an unserer Hoffnung auf, daß die „tausend Jahre" ihrem Ende zugingen.

Erschüttert traten wir den Heimweg an.

Unser Bau wuchs aus dem Boden, die Mauern standen, die Umrisse der einzelnen Räume zeichneten sich ab.

Es war strikte Anweisung, genau nach dem alten Plan zu bauen. Änderungen durften nicht vorgenommen werden. Doch Thelemann wäre kein Fachmann gewesen, wenn er nicht geschickt hier und da eine Verbesserung, unbemerkt von der Bauaufsicht,

durchgeführt hätte. So wurde die frühere Thelemannsche Wohnung ganz abgetrennt und auf die unteren Räume beschränkt, damit sie vermietet werden konnte.
In dieser Notzeit mußte auf manches eigentlich Notwendige verzichtet werden. So durften Fußleisten und metallene Regenrinnen nicht angebracht werden, nur die Vorderfront durfte gefugt werden. Solche Mängel mußte man in Kauf nehmen, sie machten sich erst nach Jahren unangenehm bemerkbar. Damals kümmerte uns das nicht. Wir waren froh über jeden Tag, der den Bau wachsen ließ.
Endlich war auch der Dachstuhl fertig. Es gab sogar ein kleines Richtfest. Jemand hatte eine Krone gewunden, die stolz hoch oben prangte. Dachziegel wurden gebracht, doch da fing es plötzlich an zu regnen, und Leute fehlten, um schnell das Dach zu schließen. Die paar, die da waren, arbeiteten fieberhaft, Thelemann kam nicht eher herunter, bis es geschafft war. Völlig durchnäßt kam er nach Hause, erschöpft, aber glücklich, daß der Regen nicht mehr schaden konnte.
Jedoch das dicke Ende kam nach. Er hatte sich schwer erkältet; ein Hexenschuß, der sich später als Ischias erwies, zwang ihn nieder. Die Schmerzen wurden so groß, daß ein Arzt kommen mußte, aber es wurde immer schlimmer.
Sogar unsere alte Hausgenossin Ida merkte, daß er krank war. Und das Unerwartete geschah: Eines Tages kam sie mit einem Teller Bratkartoffeln und Tomatenscheiben zu mir, die ich ihm bringen sollte.
Ich erwiderte, ob sie das nicht selber tun wolle, und sie stieg wirklich nach oben! Er war tief gerührt und versprach ihr, davon zu essen, und sie ging besorgt von dannen.
Selbst wenn er hätte essen können, hätte er ebensowenig wie ich etwas genossen von dem, was die gute Alte in ihrer nicht eben sauberen Küche zubereitet hatte.
Schließlich entschied der Arzt, daß der Patient ins Krankenhaus müsse. Am anderen Nachmittag, als seine Schwester Anna und ich uns nach ihm umsahen, lag er in einem großen Saal mit mindestens zwanzig Betten, die von Verwundeten belegt waren. Wir fanden ihn mit geschlossenen Augen und sehr blaß vor. Auf seiner Brust stand ein Becken, in das er erbrochen hatte. Als

wir ihn ansprachen, schrak er zusammen, auf unsere Fragen schüttelte er nur den Kopf und sah uns verzweifelt an. Wir nahmen das Becken weg, da kamen zwei junge „braune" Schwestern. Sie beachteten uns kaum, als wir sie ansprachen, gingen auf einige Betten zu und alberten mit jungen Männern herum. Die Patienten, die hier lagen, waren anscheinend alle auf dem Wege der Besserung. Thelemanns Nachbar, den wir befragten, sagte leise: „Da kümmern die sich nicht um!"

Allmählich reagierte der Kranke auf unsere Fragen. Man hatte ihn beim Einliefern wohl nicht sehr behutsam ins Bett gelegt – er war lang, das Bett nicht – so daß er in wahnsinnigem Schmerz die Bettwand mit den Füßen herausgestoßen hatte. Es hatte sich dann wohl herumgesprochen, was für einen „Staatsfeind" man da gebracht hatte, und dementsprechend wurde er nun behandelt. Außer den jungen Damen ließ sich niemand sehen. Er hatte vom Arzt Tabletten bekommen, doch nach wie vor wand er sich vor Schmerzen; es kümmerte niemanden.

Wohl nie haben wir unsere Ohnmacht bitterer empfunden. Wir durften nicht einmal unsere Empörung gebührend äußern, wenn wir uns nicht gefährden wollten. Wie aber konnten wir helfen? Der Arzt war zwar kein Nazi, aber vielleicht gerade deshalb viel zu unverbindlich, um Wandel zu schaffen.

Zum Glück trat in der folgenden Woche der Arzt einen mehrwöchigen Urlaub an. Sein Vertreter war der uns gut bekannte Dr. H., der sofort durch Spritzen die Schmerzen linderte. Als es dann endlich so weit war, daß Thelemann entlassen werden konnte, war er aber noch lange nicht arbeitsfähig. Er bat den wohlgesonnenen Arzt, ihn doch weiter zu betreuen, aber da dessen Kollege vom Urlaub zurückkam, übernahm dieser wieder die Behandlung. Das ließe sich nur vermeiden, gab ihm Dr. H. zu verstehen, wenn er in seine Sprechstunde käme. Doch der Weg dahin war weit, und an ein Gehen war noch nicht zu denken. Aber in der Not wird der Mensch erfinderisch: Thelemann setzte sich aufs Rad, und weil er noch nicht treten konnte, ging sein Schwager nebenher und schob ihn bis zur Praxis.

Er bekam seine Spritze, und auf dieselbe Art ging es heimwärts. Die Therapie wirkte zwar nur langsam, aber dafür auf Dauer. Wie dankbar waren wir, als diese Not ausgestanden war.

Ende Juli 1944 war unser Bau so weit gediehen, daß wir an den Umzug denken konnten. Zwar fehlte noch manches, aber das konnte allmählich nachgeholt werden. So teilten wir unserer Hauswirtin mit, daß sie uns bald loswürde, und sie – bedauerte es! Obwohl wir wenig Kontakt gehabt hatten, hatte sie uns doch zuletzt als dazugehörig empfunden.

Das war der dritte Anfang für mich innerhalb von zehn Jahren. Wir waren hoffnungsvoll, wenn wir auch wußten, daß noch nicht alles ausgestanden war. Unser Keller sollte uns nicht wieder als Luftschutzraum dienen. Wenn die Sirenen ertönten, eilten wir in den nahen Wasserturm.

Emden hatte wieder einen schweren Luftangriff erlebt. Wir sorgten uns um unsere Freundin Anny, die gerade von Bremerhaven zum Besuch ihrer alten Mutter gekommen war, und wir beschlossen, kurz hinzufahren. Wir waren entsetzt, als wir das Ausmaß der Verwüstung sahen. Wir kletterten von einem Trümmerhaufen auf den anderen und wußten bald nicht mehr, wie wir zu der Wohnung finden sollten. Wir verloren jegliche Orientierung. Plötzlich ertönte Voralarm! Panischer Schrecken erfaßte mich – wohin? „Am besten zurück!“ sagte Thelemann, und wir eilten in die Richtung, in der wir einen Zug rollen hörten und fuhren unverrichteter Dinge nach Hause.

Neue Not

Erregend war die Nachricht vom Attentat auf Hitler am 20. Juli 1944. Leider war es nicht geglückt, statt des einen Schuldigen mußten nun noch viele Tausende ihr Leben verlieren.

Nach der Arbeit des Tages gab es vorläufig für Freund Thelemann und Nachbar Loquard keinen Feierabend, denn jede freie Minute galt der Vervollkommnung unseres Hauses. Es war Anfang August. Als ich von Ihrhove zurückkam, brachten Thelemann und sein Schwager die Klingelanlage bei der Haustür an. Elektriker waren kaum zu bekommen, sie waren entweder eingezogen oder zwangsverpflichtet. So hieß es allenthalben: Selbst ist der Mann!

Die beiden probierten, die Klingel funktionierte. Der Schwager ging, und Thelemann ging in den Hof hinter dem Haus, wo noch alles wild durcheinander lag. Er wollte ihn pflastern. Ich sehe ihn noch auf den Knien die Steine nebeneinanderlegen. Obwohl es bereits dunkelte, hörte er nicht eher auf, bis alles fertig war.

An diesem Abend gingen wir noch einmal durch alle Räume, und wir fühlten uns wieder zu Hause. Alles war so neu und frisch gestrichen – wenn nun doch auch mit diesem privaten Neubeginn dem Schrecken draußen ein Ende gesetzt wäre!

Am Morgen weckte mich die neue Klingel – das erste Mal, daß jemand sie benutzte. Ich sah auf den Wecker: 7 Uhr – wer konnte denn so früh kommen? Schnell stand ich auf, da hörte ich Thelemann die Tür öffnen.

Männerstimmen – dann kam er herauf, klopfte bei mir – ich sah ein blasses Gesicht. „Die Gestapo ist unten und will mich holen!" stieß er hervor.

Mir blieb das Herz fast stehen: „Was ist denn?"

„Ich weiß es nicht – vielleicht bin ich ja bald wieder da.“
Ich hörte sie weggehen, zog mich vollends an und ging verstört nach unten, in der Hoffnung, daß er bald wieder auftauchen würde. Es mochte eine Stunde vergangen sein, da kam seine Schwester Anna ganz aufgelöst mit der Nachricht, daß die SPD-Mitglieder, die zuletzt dem Bürgervorsteherkollegium, dem damaligen Stadtrat, angehört hatten, ins Gefängnis auf der Wörde gebracht wären.
Schlimmer konnte uns nichts treffen. Ratlos saßen wir herum. Wir suchten nach einem Grund und fanden keinen. Schließlich meinte die Schwester, der Gefangenenaufseher wäre ihr bekannt; sie wollte versuchen, ob sie ihn sprechen könnte.
So saß ich denn allein und wartete. Endlich kam sie zurück. Es war ihr geglückt, nicht nur den Beamten, sondern auch ihren Bruder kurz zu sprechen. Er hätte gebeten, wir möchten ihm das Notwendige für die Nacht bringen. Damit machte ich mich dann das erste Mal in meinem Leben auf den Weg zum Gefängnis.
Der Beamte war kurz angebunden. Ich bat, Thelemann die Sachen geben zu dürfen, nach denen er gefragt hatte. Er war unschlüssig, aber dann ließ er sich herbei, ihn zu holen, blieb natürlich dabei, so daß wir kaum ein Wort wechseln konnten. Das Gebrachte wurde genau durchsucht und ihm übergeben.
Nun saß ich allein in der neuen Wohnung.
Wir erfuhren bald, daß diese Aktion eine Folge des Attentats auf Hitler war und überall im Reich durchgeführt wurde.
Es war ein Glück, daß ich täglich nach Ihrhove fahren mußte. So konnte ich mich aussprechen und war gezwungen, mich auf die Arbeit zu konzentrieren.
Eine Woche verging, ohne daß wir etwas hörten. Da, eines Morgens, stürzte Anna bei mir herein – atemlos: „Sie werden alle abtransportiert, eben hat man sie wie Verbrecher durch die Stadt zur Bahn gebracht. Komm schnell, vielleicht sehen wir sie noch!“
Ich ließ alles stehen und liegen und rannte mit ihr zur Bahn. Der Beamte an der Sperre ließ uns ohne weiteres durch und sagte: „Hier auf dem ersten Bahnsteig – ganz hinten!“
Ja, ganz hinten – wir sahen gerade noch, wie sie in einen Vieh-

wagen stiegen. Wir liefen und riefen, da sah uns Thelemann und winkte.

Das war der trostloseste Augenblick, an den ich mich erinnere. Alles, was bisher geschehen war, hatten wir miteinander getragen. Immer hatten wir uns gegenseitig den Mut gestärkt. Nun war ich allein.

Was stand den Verhafteten bevor? Wir wußten es nicht, keiner wußte etwas. Es waren furchtbare Tage und Nächte. Quälend fragte man sich: Warum? Was nun? Ist es immer noch nicht genug? Man war körperlich und seelisch schon so zermürbt! In solcher Not hilft die eigene Kraft nicht mehr, da kann man sich nur an die unsichtbare Hand klammern, die über dem Abgrund ist und uns hält.

Der August ging zu Ende. Allmählich sickerte durch, daß die Festgenommenen ins Konzentrationslager Neuengamme gebracht worden seien. Die Sorge vermehrte sich: Schreckliches wurde von diesen Lagern geraunt, wenn auch niemand Genaues wußte.

Auf Umwegen war die Hiobspost auch nach Oldenburg gedrungen, und eines Tages besuchten mich Tempels beide Schwestern. In unserer Lage war mehr Vorsicht geboten als je zuvor, die beiden älteren Damen kannte jedoch hier niemand. Ich war sehr froh, konnten sie nun doch über alles, was hier geschehen war, zu Hause berichten.

Dann kam der 6. September. Schon am frühen Nachmittag gab es Alarm, und dann sah man am nordwestlichen Horizont Flugzeugschwärme auftauchen, wie wir sie in dieser Zahl noch nie gesehen hatten. Es war klar, der Angriff galt Emden. Bald stiegen dort Rauchwolken auf, fernes Getöse drang dumpf herüber und der Himmel verdunkelte sich. Ich war so voller Angst, daß ich zu den Nachbarn hinüberlief. Uns geschah nichts, aber die Stadt Emden wurde fast dem Erdboden gleichgemacht.

Gegen Abend kam Thelemanns Schwester Anna sehr aufgeregt. Jemand hatte gesagt, er habe am Fenster eines ankommenden Zuges unsere Verhafteten gesehen. Wir konnten es nicht glauben, aber wir liefen doch zur Bahn. Wir sahen niemand. Langsam schlenderten wir zurück. Anna kam noch mit mir – es war ein milder Herbstabend, und wir gingen ums Haus herum –, da sahen wir ihn plötzlich stehen. Aber so fremd, so starr sah er uns an, ohne ein Wort ging er mit uns ins Haus.

Er saß bei uns am Tisch und sagte immer noch nichts. Er hatte noch die Mütze auf, und ich nahm sie ihm unwillkürlich ab – da erschraken wir bis ins Innerste: kahl geschoren – wie ein Zuchthäusler! Und mit einem Male warf er den Kopf auf den Tisch und schluchzte wie ein Kind.

Es dauerte eine Weile, bis wir uns alle drei gefaßt hatten. Da fiel mir ein: „Möchtest du essen?", und schon holte ich einen Rest Milchsuppe vom Mittag. Und wieder traf es uns wie ein Schlag: Mit einer Gier fiel er darüber her, die Bände sprach.

Dann sagte er, daß er nun schlafen möchte, und wir waren froh, daß sich die Starre gelöst hatte.

In der Nacht hörte ich ihn stundenlang husten. Schließlich stand ich auf und ging hinüber. Er lag mit hochrotem Kopf da und klagte über Schmerzen in der Brust. Am Morgen riefen wir den Arzt, der eine Lungenentzündung feststellte. Und dennoch: Er war in Sicherheit, das wog alles andere auf.

Nachbarn, Freunde, Verwandte, alle freuten sich mit uns, alle kamen nach und nach – aber er sagte kaum etwas.

„Es war furchtbar!" Damit mußten wir uns vorerst zufriedengeben.

Ganz allmählich taute er auf und erzählte. Sie hatten Bauarbeiten unter strenger Aufsicht ausführen müssen. Jedes Ausruhen oder Sichumsehen wurde mit Schlägen bestraft. Sie hatten gefroren in dünnen Hemden – ihre eigene Kleidung war ihnen abgenommen worden, so daß sie Zementsäcke in Stücke gerissen und sich auf die Haut gelegt hatten. Sie hatten auch herausbekommen, daß die Bauten mit den hohen Schornsteinen Verbrennungsöfen für Menschen waren.

Ein Rätsel war: Warum hatte man sie entlassen, entgegen jeglicher Gepflogenheit? Um den Hals trug er noch die Kennmarke mit der Häftlingsnummer, sie ging in die -zigtausend! Man hatte sie ganz plötzlich abtransportiert, einen großen Teil auf einem Dampfer, der, wie es hieß, nach Kiel sollte. Später erfuhren wir, dieser Dampfer sei unterwegs einem Bombenangriff zum Opfer gefallen – wie geraunt wurde, einem deutschen! Aus einer anderen Quelle hörten wir, der hiesige Bürgermeister habe auf ihre Entlassung gedrungen. Ein Ausspruch von ihm wurde kolportiert: „Es sind die anständigen Elemente, die dürfen nicht umkommen, sonst werden wir nachher an die Laternenpfähle geknüpft!"

Das ließ darauf schließen, daß bei ihnen die Erkenntnis dämmerte: Es geht dem Ende zu! Das hörten und glaubten wir nur zu gern, wir fanden es ja in den „Feindsendungen" bestätigt.

Thelemann hatte sich einigermaßen erholt, als eines Tages ein hiesiger Handwerksmeister, der mit Schanzarbeiten an der holländischen Grenze beauftragt war, ihn bat, dort die Aufsicht und Leitung zu übernehmen. Ganz erstaunt sah er den Mann an, der bestimmt kein Nazi war: „Ich – ein KZler?" Der betonte, er habe ausdrücklich die Genehmigung, ihn einzustellen.

Ablehnen konnte er nicht, wenn er nicht riskieren wollte, dorthin zurückgebracht zu werden, woher er gerade gekommen war. Also hieß es, morgens mit dem Frühzug ins Grenzgebiet hin, abends spät zurück. Er bekam fast einen Tobsuchtsanfall, als er eine Uniform anziehen sollte, die um den Ärmel eine Hakenkreuzbinde trug!

„Die kommt nicht um meinen Arm!", sagte er, trennte sie ab und steckte sie in die Tasche.

Die Arbeiter, die er einzusetzen und zu beaufsichtigen hatte, waren Holländer, die man zwangsweise abkommandiert hatte. Sie kamen aus den umliegenden Dörfern, es waren durchweg Arbeiter mit kleinem bäuerlichen Besitz. Verständlich, daß sie ihm mit Angst und Mißtrauen entgegensahen.

Er erzählte auf seine humorvolle Art, daß er sie sich zuerst in Reihen hatte aufstellen lassen, wobei er ihnen auf Plattdeutsch, das ja ihrem Dialekt ganz ähnlich war, erklärt hatte: So hätte man es ihm im KZ beigebracht. Sie horchten auf – ihre Gesichter entspannten sich. Allmählich entwickelte sich zwischen ihnen ein so kameradschaftliches Verhältnis, daß er täglich neu beeindruckt war. Er war mit ihnen allein auf weiter Flur, und sie kamen zu ihm mit ihren Sorgen. Es war Anfang Oktober, und sie hatten sich um ihre Ernten nicht kümmern können. Er ermöglichte es, daß unauffällig bald diese, bald jene einen Tag wegblieben, um eigene dringende Arbeiten zu erledigen.

Das Leben wurde immer gefährlicher. Vor allem Tieffliegerangriffe mehrten sich; in den Straßen der Stadt mußte man manchmal in den Eingang eines Geschäftes flüchten. Die Wehrmachtsberichte wurden immer unglaubwürdiger.
Aus Oldenburg kamen trübe Nachrichten. Auf dem Umweg über Arnsberg erfuhren wir, daß Hermann Tempels schwer angeschlagene Gesundheit ihm immer mehr zu schaffen machte. Ihn quälten Rückenschmerzen, so daß er weder gehen noch stehen oder liegen konnte. Zudem schikanierte ihn die Gestapo. Eines Tages wurde ihm kurzerhand mitgeteilt, daß er als Staatenloser nicht das Recht habe, länger im Haus der Schwester zu wohnen, er habe sich in das Lager für Ausländer zu verfügen. Doch den Befehl konnte er nicht befolgen, weil er ins Krankenhaus gebracht werden mußte. Dort entdeckte man bei ihm eine Erkrankung der Wirbelsäule, wohl eine Folge der unmenschlich harten Haftzeit.
Er mußte qualvolle Wochen durchmachen. Ich habe ihn nicht wiedergesehen. Thelemann wagte es, an einem Tag, an dem er in Leer zu tun hatte, sich zwischen zwei Zügen wegzustehlen und im Arbeitszeug hinzufahren.
Kurz darauf erfuhren wir, daß Hermann Tempel am 27. November 1944, kurz vor seinem 55. Geburtstag, von seinem Leiden erlöst worden war.
Auf seinem letzten Gang aber wollten wir ihn begleiten, mochte es kommen, wie es wolle. Zusammen mit den wenigen Angehörigen saßen wir in der kalten Kapelle des Gertrudenfriedhofs und hörten die Worte eines jungen Geistlichen, der ihn nie gesehen hatte. Dann nahm die fremde Erde ihn auf, ihn, der es sich so gewünscht hatte, in der Heimat die letzte Ruhe zu finden.
Das war das bittere Ende eines edlen Menschen, dessen Lebensweg, den er aus Liebe zu den Ärmsten gegangen war, ein Opfergang werden mußte.

Kriegsende

Die letzte Kriegsweihnacht war noch trostloser als die vorhergehenden. Mir ging es gesundheitlich nicht gut, meine Glieder schmerzten bei jeder Bewegung. Der Arzt hielt an seiner Ansicht fest, daß an den Zähnen ein Eiterherd sein müsse. Aber der Zahnarzt blieb anderer Meinung. „Und wenn es so wäre“, sagte er, „so dürfte man sie jetzt nicht mehr ziehen, denn woher wollten Sie Ersatz kriegen? Den gibt es nirgends mehr!“ So schlich ich mich durch die Tage, und auch der seelische Druck wurde immer stärker.

Hilfskräfte wurden schon seit langem durch Gefangene oder Deportierte ersetzt. Thelemann hatte ein besonderes Auge für diese Menschen und fand auch immer Gelegenheit, sie anzusprechen, obgleich das verboten war. So erfuhr er von einem älteren Mann, der in unserer Nähe arbeitete, daß er Hunger hatte. Er bedeutete ihm, sich abends von einer Fensterbank hinter unserem Haus etwas zu holen – das war natürlich riskant für beide Teile. Aber es klappte. Ich gab etwas vom Mittagessen, Gemüse, das unser Acker immer reichlich gab, oder Suppe in ein Blechgefäß, stellte es nach draußen, und am anderen Tag war es leer. Das ging lange Zeit so, ohne daß wir uns sahen, bis eines Tages das Essen unberührt blieb. Sicherlich hatte er einen anderen Arbeitsplatz erhalten. Ähnlich war es mit zwei Franzosen. Thelemann war im ersten Krieg lange als Soldat in Frankreich gewesen und hatte sich einige Sprachkenntnisse angeeignet. So hatte er sich auch mit diesen beiden, an deren Arbeitsstelle er täglich vorbeikam, unterhalten. Sie litten ebenfalls unter Hunger, und er brachte ihnen jeden Tag eine Tüte voll gekochter Pellkartoffeln mit.

Je mehr sich der Krieg dem Ende näherte, desto turbulenter wurden unsere Tage. Die Parole von der „verbrannten Erde“, die der Feind überall finden sollte, klang nicht nur erschreckend, sondern war auch beängstigend. Die Maßnahmen, die getroffen wurden, sprachen für sich.

Beide Brücken über die Leda und über die Ems waren für die Sprengung vorbereitet. Im April 1945 bemerkten wir eines Tages, daß uns gegenüber bei den Bahngleisen Minen gelegt wurden – im entscheidenden Augenblick würden sie hochgehen und wir wahrscheinlich mit!

Da taten sich die paar Männer, die noch in der Nachbarschaft waren, zusammen und beratschlagten. Sie beluden sich mit Spaten und Schaufeln und gingen nach Logaerfeld zu dem Stück Land, auf dem seinerzeit ein Kinderdorf entstehen sollte. Dort gruben sie einen Unterstand, groß genug, um etwa einem Dutzend Menschen Unterschlupf zu gewähren. Sie stützten ihn kunstgerecht ab und bauten sogar einen alten Kanonenofen ein, dessen verrosteter Schornstein aus der Erde ragte. Dann bepackte jede Familie einen Handwagen mit dem Notwendigsten an Hausrat, Matratzen, Decken. Auch Rucksäcke und Taschen wurden vollgepackt, und die Männer brachten alles dorthin, wo wir, wenn es nötig würde, Zuflucht zu finden hofften.

Es wurde sehr bald nötig. Ich glaube, es war am 20. April, Hitlers Geburtstag, da gab es plötzlich Alarm. Wir konnten gar nicht so schnell den schützenden Wasserturm erreichen, da hörten wir schon Bomben krachen. Es war ein schwerer Luftangriff auf die Kasernen; fast fünfhundert Menschen kamen dabei um, darunter auch viele Flakhelferinnen.

Jetzt war die Front nahe, wir durften nicht mehr zögern. Mit den noch vorhandenen Lebensmitteln machte sich unsere kleine Schar auf den Weg. Natürlich gingen wir nicht zusammen, um den Tieffliegern kein Ziel zu bieten. Thelemann und ich machten einen Umweg durch Logaerfeld, immer die Augen offen und die Ohren gespannt. Es war ein so schöner Tag, der Himmel voller Sonne – aber unter ihr blitzte es plötzlich auf, und „taktaktak" klang es – wir flüchteten in ein Haus und warteten ab, bis alles wieder ruhig war. Dann erreichten wir unser Ziel, die Höhle, die uns für die nächste Zeit bergen sollte. Wer wußte, wie lange?

Einsam war es dort, nur von weitem sah man Häuser. Uns schräg gegenüber an der anderen äußersten Ecke des Landstücks waren gleichfalls Leute am Buddeln.

Die Männer hatten einen Schlafraum geschaffen und mit Matratzen ausgelegt. Wir konnten gebückt darin stehen. Daneben war ein kleiner Raum mit Hockern, Klötzen, Kisten zum Sitzen oder zum Abstellen. Auf dem alten Ofen stand ein großer Kochtopf. Eimer draußen bargen unseren Wasservorrat.

Normalerweise hätte man es ganz vergnüglich gefunden, einmal so zu hausen, aber nun war es kein Spaß. Nie vergesse ich die erste Nacht. So wie wir waren, in Kleidern und Mänteln, legten wir uns auf die Matratzen, die Frauen nebeneinander vorn, die Männer hinten und an den Seiten – wie die Heringe! Wenn jemand sich umdrehen wollte, mußte der andere mit, sonst ging es nicht, es war trotz allem zum Lachen! Bald hörte man die Männer schnarchen, von uns Frauen tat in der ersten Nacht niemand ein Auge zu. Mir tat alles weh. Ab und zu hörte man Flugzeuge, aber man hatte doch ein Gefühl der Sicherheit.

Am Morgen ein wenig Katzenwäsche, es hieß sparsam mit dem Wasser sein, das weit hergeholt werden mußte. Aber Tee gab es zu unser aller Trost, jemand hatte ein paar Teetabletten gespendet. Woraus sie sich zusammensetzten, war schleierhaft, aber das Gebräu erinnerte in der Farbe an Tee, und man bildete sich wenigstens ein, es schmecke auch etwas danach, wenn nicht ein leichter Parfümgeruch gewesen wäre.

Die Männer gingen auf Erkundung, um zu erfahren, wie es in der Stadt aussah. Es hieß, von zwei Seiten näherten sich feindliche Truppen, von Holland her in Richtung Ems, von Süden auf die Leda zu. Die Stadt Leer solle bis zum letzten Mann verteidigt werden.

Ein paar hundert Meter von uns entfernt verlief die Eisenbahnlinie, jetzt wurde sie Verteidigungsstellung.

Junge Burschen, etwa 15- bis 16jährig, der sogenannte „Volkssturm“, mit Gewehr und Panzerfaust ausgerüstet, bezogen dort Stellung. Wir sahen sie von weitem am Bahnkörper in einigen Metern Abstand voneinander im Anschlag liegen – letzte Opfer gewissenloser Verbrecher!

Wie ein wüster Traum haften die Tage dort draußen in meiner Erinnerung. Bald drang es aus der Ferne zu uns herüber, ein Schießen und Dröhnen. Rauchwolken stiegen auf, und wir suchten zitternd festzustellen, welche Gegend betroffen sein mochte. Der Wasserturm war unsere Orientierungsmarke. In Ruhepausen pirschten die Männer sich soweit wie möglich an die Stadt heran, sie erfuhren aber nur die Hauptereignisse: beide Brücken waren gesprengt, von jenseits wurde nun in die Stadt hineingeschossen, Bomben wurden geworfen. Abends leuchtete es gespenstisch flackernd – wir Frauen verkrochen uns in unsere Höhle.

Doch eines Tages, als wir draußen waren, knatterte es ganz nahe. Die Männer trieben uns hinein: „Weg! Wir werden beschossen!"

Entsetzt horchten wir, wie Hagel klang es, angstvoll drängten wir uns drinnen zusammen. Endlich wurde es still, und da hieß es: „Wir dürfen hier nicht bleiben. Wir liegen direkt in der Schußrichtung!"

„Wohin denn?"

„Wir müssen sehen, daß wir zu denen gegenüber kommen. Da sind wir geschützt – los, es kann jeden Augenblick wieder anfangen!"

Schon rannten wir los – ach, ich konnte nicht so schnell, hatte auch weite Hausschuhe an wegen der schmerzenden Füße – da nahmen mich zwei in die Mitte und trugen mich. Es war eine lange Strecke, aber ich kam mit; es wurde drüben zwar eng, doch wir kamen alle unter.

Nicht lange darauf – es dunkelte schon – ging es von neuem los. Es sauste und pfiff, ein Trommelfeuer, das nicht aufhören wollte. Wir rätselten, weswegen hierher geschossen wurde, und einer der anderen wußte: Unsere Truppen sind aus der Stadt gezogen, stehen bei Logabirum und schießen von dort her in die Stadt hinein, denn der Feind ist schon drinnen, er hat seine Notbrücken fertig.

Mit kurzen Unterbrechungen ging das Schießen die ganze Nacht weiter; es war die elfte, die wir da draußen verbrachten. Und es sollte die letzte sein.

Gegen Morgen wurde es still. Einige wagten sich heraus ins

dämmernde Licht und stellten fest, daß das weite Feld besät war mit Patronenhülsen. Wir waren noch einmal davongekommen.
Es begann zu regnen. Wir erfuhren, daß kanadische und polnische Truppen unaufhaltsam vorrückten; der Kampf um die Stadt war vorbei.
Wir packten unser Hab und Gut zusammen, beluden die Handwagen, puckelten die Rucksäcke und trugen, was sich nicht verstauen ließ. Durch den Regen zogen wir heimwärts, diesmal alle zusammen und auf dem kürzesten Weg, schweigend und bedrückt.
Als wir den Hauptweg erreichten, kam uns ein Panzerwagen entgegen. Wir erschraken – was würde geschehen?
Der Wagen hielt, mir blieb das Herz fast stehen. Doch die fremden Soldaten musterten uns ohne ein Wort, und wir trotteten vorbei. Sie rückten sogar zur Seite. Unsere stumme kleine Schar, durchnäßt und bepackt, mit den Wägelchen voll Hausrat muß wohl solch einen erbarmungswürdigen Anblick geboten haben, daß man uns ziehen ließ.
Wir sahen sonst keinen Menschen, auch bei den Häusern nicht. Hier und da Trümmer, da und dort rauchte irgendwas, und da war unser Wasserturm. Die dicken Mauern voller Einschläge, auch an der Seite, die nur von unseren Truppen beschossen sein konnte.
Unser Haus stand, aber wie sah der schmucke Neubau aus!
Neben unserem Teil des Hauses stand ein Panzerwagen. Ziegel waren kaum noch auf dem Dach, aus der geöffneten Haustür trat ein Soldat.
„Können wir hinein?" fragten wir.
Er sah uns verständnislos an.
„That is our house", raffte ich mein Englisch zusammen, „may we go in?"
„No!" er hatte begriffen und sprach auf uns ein, und ich verstand Bruchstücke „downstairs – in the cellar –", aber was unten im Keller sein sollte, blieb uns unverständlich. Nur daß wir nicht hineindurften, war uns klar.
„Where shall we go?" fragte ich verzagt.
Er zuckte die Achseln: „To the neighbours –"

Zu den Nachbarn? Wem konnten wir zumuten, uns aufzunehmen?

„Wir gehen zu meinem Bruder“ fiel mir ein, „dann weiß ich auch gleich, wie es da steht.“

Aber mit Sack und Pack durch die ganze Stadt? Das war ausgeschlossen. Wir versuchten, ob das Jugendheim gegenüber offen war – ja, wir konnten hinein und verstauten alles in einer trockenen Ecke, es regnete fast überall durch.

Dann gingen wir durch die menschenleere Marienstraße. Ich hörte merkwürdig dumpfe Geräusche, und als wir die Hauptstraße erreichten, sagte Thelemann: „Gott sei Dank, daß wir da hindurch sind!“

„Warum?“

„Es wurde ja noch hineingeschossen!“

Wie gut, daß ich das nicht geahnt hatte!

Dieser Zug durch die Straßen der Stadt bleibt mir unvergeßlich. Wir waren wohl die einzigen Fußgänger. Neben uns rasselten unaufhörlich Panzerwagen vorbei, und die Fußsteige waren besät mit Trümmern, Glas und Steinbrocken – und da? – nein, es waren nicht tote Menschen, wie ich im ersten Schreck meinte, Schaufensterpuppen waren es, die nackt, verstümmelt, mit verrenkten Gliedern vor den fensterlosen Kaufhäusern herumlagen. Klaffende Löcher in den Hauswänden, abgedeckte Dächer, hier und da Lücken, wo Häuser gestanden hatten. Ich hielt krampfhaft Thelemanns Hand gefaßt und stolperte neben ihm her, triefend vor Nässe. Es goß immer noch, die Kleider hingen schwer an mir herunter.

So kamen wir schließlich zum Uferplatz und sahen schon von weitem: Das Museum lag teilweise in Trümmern, aber eine Seite stand. Wir konnten hineingehen, die Treppe hinauf in die Wohnung.

Mein Bruder und meine Schwägerin waren froh, als sie uns sahen. Sämtliche Fensterscheiben waren entzwei, und der Regen peitschte in die Zimmer. Mein Bruder hatte sich vergebens bemüht, sie mit seinen gichtigen Händen abzudichten. Thelemann war froh, etwas tun zu können. Genug Holz lag ja herum, um eine Schutzwand gegen die Nässe zu zimmern, auch wenn die

Küche dadurch sehr dämmerig wurde. Es war doch tröstlich, zusammenzusein. Sie hatten große Sorge. Ihre drei Söhne waren draußen, der älteste seit 1944 vermißt; sein Schicksal ist nie geklärt worden.
Ein paar Tage blieben wir. Die neuen Herren der Stadt verhängten zunächst ein Ausgehverbot für die Einwohner. So mußte jeder bleiben, wo er gerade war.
Eine Wohltat war es für mich, den schweren Mantel loszuwerden, ich hatte ihn zwölf Tage und Nächte getragen! Gern hätte ich auch Kleider und Wäsche gewechselt, aber woher sollte ich neue nehmen? Nur ein Paar Strümpfe fanden sich in meiner Handtasche, und ein Paar alte Hausschuhe hatte meine Schwägerin.
Die Nächte verbrachten wir in dem großen Keller, der mit seinen dicken Gewölben bislang den beiden Schutz gegeben hatte; da lagen Matratzen und Decken. Auch aus der Nachbarschaft fanden sich dort einige Leute ein, die kein Dach über dem Kopf mehr hatten. Wir gern hätten wir gewußt, wie es in unserem Haus aussah und ob es noch besetzt war.
Die fünfjährige Enkelin meines Bruders war mit Nachbarskindern in der Umgebung herumgestrolcht und kam mit irgendwelchem neuen Küchengerät strahlend an: „Hier, Oma, das hab' ich gekriegt!"
Erstaunt fragten wir, woher sie das bekommen hätte.
„Von Soldaten", erwiderte sie, „die haben eine ganze Menge, und jeder kann kriegen, was er will. Soll ich dir auch was holen?" fragte sie mich.
Wir vermuteten, daß wohl einige Sachen an die Bevölkerung verteilt würden, und ich sagte: „Ja – wenn du einen Kessel kriegen kannst! Meiner ist ganz verbeult und ohne Deckel."
Schon stob sie wieder davon. Nicht lange darauf kam sie mit einem neuen Emaillekessel zurück, den ich freudig annahm. Viel später erfuhren wir erst, woher der Segen kam: Soldaten hatten in Siegerstimmung Geschäfte geplündert und wahllos ihre Beute verteilt. Das hatte sich herumgesprochen, und alsbald hatten sich Abnehmer genug gefunden. Man hatte schon lange nicht mehr solche notwendigen Dinge kaufen können, weil angeblich nichts mehr zu haben war. Nun stellte sich heraus, wie viel

mancher Geschäftsmann gehortet hatte. Das empörte die Leute, und so nahmen sie ohne Skrupel, was ihnen geboten wurde.
Diesen Zusammenhang hatten wir nicht geahnt, sonst hätten wir nichts behalten. Doch als wir endlich dahinterkamen, war ich froh, einen Kessel zu haben, wenn er auch etwas außerhalb der Legalität erworben war. So passen sich Moralbegriffe den Gegebenheiten an, in solchen Zeiten bekommt man Verständnis für manches, was man normalerweise verurteilen würde.
Inzwischen wurde es den Frauen erlaubt, stundenweise zum Einkaufen auszugehen. Zum Glück hatte der Regen aufgehört. So ging ich los, um auszukundschaften, ob wir ins Haus zurückkonnten. Es waren nicht viele Leute unterwegs, ich traf keinen Bekannten. Aber jetzt sah ich erst das ganze Ausmaß der Verwüstung. Hier und da patrouillierten fremde Soldaten; sie kümmerten sich um niemanden. Ich kam bis zu unserem Haus. Der Panzerwagen war weg. Die Haustür stand offen, hinein wagte ich mich nicht. Doch als ich mit dieser Nachricht zurückkam, beschlossen wir, die Heimkehr zu versuchen.

Der erste Eindruck, den wir von unserem Heim erhielten, war niederschmetternd. Die Haustür war wie sämtliche übrigen Türen nicht mehr zu schließen. Eingestürzte Decken, durch die der Regen tagelang geströmt war, hingen in die Zimmer hinein. Die Teppiche lagen handhoch voll Kalk und Geröll, ebenso die Möbel. Alle Schubladen waren aus den Schränken gerissen. Sie hatten keine Kostbarkeiten enthalten. Wir besaßen keine mehr, aber ihr Inhalt lag überall verstreut. Und oben erst! Ein wüstes Trümmerfeld!
Was aber war nun mit dem Keller? „Downstairs – in the cellar“ – hatte der Soldat gesagt.
Wir stiegen hinab – und waren verblüfft: ein tadellos sauberer Fußboden, vor den beiden Fenstern zwei Stühle und ein Tischchen; da hatten sie wohl gesessen. Sämtliche Borde waren leer, da hatten meine Weckgläser gestanden.
Aber siehe da: Im Nebenkeller, der uns für Holz, das heißt die Überreste unseres alten Hauses, und andere Feuerung diente, hatte Louis Thelemann, bevor wir flüchteten, eine große Wanne

mit unserem wertvollsten Gut wie Radio und Uhr, ebenso Gardinen und Vorhänge untergebracht und darüber, einem Einfall folgend, die alte schwarzrotgoldene Fahne gedeckt. Sie hatte den Eindringenden wohl gezeigt, daß wir keine Nazis waren – und vielleicht hatten sie daraufhin alle unsere Vorräte, alles Eingeweckte fein säuberlich danebengestellt! Das war der einzige Lichtblick!

Alles andere war trostlos. Es gab keine Stelle, an der man sich aufhalten konnte, alles – Stühle, Tische, Schränke – war, wenn auch nicht sehr beschädigt, so doch verdreckt und durchnäßt; besonders in der Küche wiesen Fenster und Schrank Einschüsse auf.

Dann besahen wir die kleine, frühere Thelemannsche Wohnung an der Seite, die im Neubau von unserer abgetrennt war. Sie war als Mietwohnung bereits Thelemanns jung verheirateter Nichte zugesprochen, ein paar Möbel hatte sie schon hineingestellt. Auch diese Wohnung stand offen, aber das Dach war wenigstens dicht. Doch unsere Wohnung – wie sollte sie je wieder in Ordnung gebracht werden? Ich weiß noch, daß ich auf einen Stuhl sank und hervorstieß: „Ich mag nicht mehr!"

Zum viertenmal neu anfangen? Mir war so hundeelend zumute, ich fühlte weder die körperliche noch die seelische Kraft dazu. Aber was half es?

Thelemann hingegen war nach dem ersten „Daalschlag" voller Mut: „Hauptsache, die ‚tausend Jahre' sind vorbei, und wir leben – alles andere wird schon kommen. Erst mal sehn, daß wir das Dach dicht kriegen, das Holzgerüst hat gehalten – wenn wir nur Ziegel hätten!" Schon war er mit den Nachbarn unterwegs, sie waren ja alle mehr oder weniger betroffen, und es gab Gebäude genug, die zerstört waren, aber noch hier und da Dachpfannen hatten. Weiß der Himmel, woher sie Ziegel bekamen, aber in den nächsten Tagen waren sie alle am Dachdecken, bis wenigstens von oben kein Schaden mehr angerichtet werden konnte.

Solange bei uns kein Raum bewohnbar war, konnten wir in der kleinen Nebenwohnung unterkommen. Der junge Ehemann war noch nicht aus dem Krieg zurück. Wir stapelten die fremden Möbel aufeinander und hatten so zwei Räume, in denen wir

schlafen konnten, und eine kleine Küche, in der wir uns zum Essen zusammenfanden.
Das Kochen war nicht einfach bei dem Wenigen, was es gab. Die Geschäfte waren zum Teil geplündert, wo sollten sie etwas herbekommen? Selbst wenn noch irgendwo Vorräte gewesen wären, hätten die Transportmittel gefehlt. Züge fuhren nicht mehr, die Gleise waren gesprengt, an manchen Stellen standen sie senkrecht in die Höhe! Und wer hatte noch Lastwagen?
Alles war beschlagnahmt.
Das tägliche Brot wurde zur Kostbarkeit, nur ab und zu backte einmal ein Bäcker. Dann stand man Schlange und konnte von Glück sagen, wenn man noch ein halbes Brot erwischte.
Post konnte nicht befördert werden, so erfuhr man nichts von Verwandten und Freunden. Wer noch ein Fahrrad versteckt hatte, ohne daß es beschlagnahmt worden war, schätzte sich jetzt glücklich, konnte er doch damit über Land fahren und noch hier und da Lebensmittel auftreiben.
Thelemann war in seinem Element und rastlos tätig, um unsere Wohnung wieder bewohnbar zu machen. Aber nebenbei dachte er an seine Heimatstadt, die nun keinerlei Verwaltung mehr hatte. Denn wer von den Nazigrößen nicht sein Heil in der Flucht gesucht hatte, war von der Besatzung festgenommen worden.
So setzte er sich mit denen in Verbindung, die noch vom einstigen Stadtparlament übrig waren, wie dem ehemaligen Bürodirektor Johann Epkes, auch mit Hermann Uebel, dem die Nazis viel Schlimmes angetan hatten.
Nicht lange darauf wurde er zu den Besatzungsoffizieren befohlen, die in ihm den Naziverfolgten, bald aber auch den in jeder Beziehung Vertrauenswürdigen sahen und seine Intelligenz und seinen praktischen Sinn nutzten, um wieder zu geordneten Verhältnissen zu kommen.
An Einzelheiten jener Tage erinnere ich mich nicht mehr oder doch nur sehr ungenau. Daran muß ich oft denken, wenn ich heute von Gerichtsverhandlungen lese, die jetzt noch damalige Geschehnisse klären sollen. Wie fragwürdig müssen Zeugenaussagen nach so langer Zeit sein!
Manches allerdings vergißt man nie. So sah ich eines Tages eine

Bekannte bei uns mit einem vollen Beutel vorbeigehen. Sie sagte: „Es gibt Zucker!“ und nannte eine Großhandlung in der Stadt; dort könne man soviel bekommen, wie man haben wolle.

„Gehn Sie schnell hin, es sind schon so viele da!“

Das ließ ich mir nicht zweimal sagen. Mit einem kleinen Eimer machte ich mich auf den Weg, wenn meine kranken Glieder mich auch nicht gerade schnell trugen. Mitten in der Mühlenstraße bot sich mir ein seltsamer Anblick. Ob eine Bombe der Anlaß gewesen war – ringsum waren lauter Trümmer – oder ob fragwürdige Elemente Säcke mit Zucker aufgerissen hatten, jedenfalls lag da ein Zuckerberg wie im Schlaraffenland, wie ein Riesenschneewall anzusehen, rund herum Menschen und auf ihm Menschen, die bis zu den Knien im Zucker standen und mit Schaufeln und Händen Behälter füllten! Keine Möglichkeit aber für mich kleines, schwaches Wesen, bis dahin vorzudringen, so verlockend der Zucker auch schimmerte! Betrübt zog ich mit meinem leeren Eimerchen ab.

Doch abends kam jemand und brachte uns eine große Tüte voll. Nach dem ersten Freudenrausch über die unerwartete Gabe, die uns lange weiterhalf, kamen die Bedenken: „Woher –!?“

„Frag nicht“, sagte Thelemann, „sei froh!“

Ein andermal erfuhren wir, daß irgendwo auf dem Lande Butter in Mengen zu haben sei. Es fehlte nämlich den Bauern an Salz, und so konnten sie die Masse nicht vor dem Verderben schützen. Thelemann setzte sich auf sein klappriges Rad und fuhr los. Wirklich kam er mit einem ansehnlichen Ballen frischer Butter zurück, daß uns beim bloßen Anblick das Wasser im Munde zusammenlief. Aber – auch wir hatten kein Salz. Schließlich erhielten wir irgendwoher etwas, jedoch stark angeschmutzt. Ich versuchte, die Schmutzteile herauszusuchen, goß auch kurz Wasser darüber, das etwas herausschwemmte, aber es blieb eine graumehlige Sache, die wir schließlich mit dem Rest der verderblichen Butter mischten nach dem Motto: „Sand schüürt de Mage!“

Ganz allmählich wurde unser Haus wieder einigermaßen bewohnbar. Es war ja so schwer, Ersatz für Zerschossenes oder Verschwundenes zu bekommen. Die verdreckten Möbel blieben unansehnlich. Verschönerungen blieben einer späteren Zeit vorbehalten. Die Hauptsache war, es regnete nirgends mehr durch, Türen und Fenster hingen nicht mehr schief und konnten wieder verschlossen werden. Die schlimmsten Schäden waren somit ausgebessert.

Bevor wir das Haus verließen, hatten wir unsere Federbetten bei Bekannten in Loga untergebracht, weil wir sie da nicht so gefährdet glaubten wie bei uns im Keller. Doch gerade das Haus bekam einen Volltreffer, und die Betten wurden stark beschädigt. Es verging geraume Zeit, bis sie wieder gebrauchsfähig waren. Oben wurde erst nur Thelemanns Schlafzimmer notdürftig hergerichtet, alles andere drängte nicht. Mein Bett wurde unten im Vorderzimmer untergebracht, das Treppensteigen wäre mir nicht mehr möglich gewesen.

Als ich endlich einmal wieder zum Arzt ging, schüttelte er bedenklich den Kopf, ich wog noch 81 Pfund. Er ordnete an, daß ich sofort im Krankenhaus die Zähne röntgen lassen und dann mit dem Röntgenbild zu einem anderen Zahnarzt gehen solle. Man stellte dann endlich fest, daß der Oberkiefer vollkommen vereitert war und die Zähne so schnell wie möglich heraus mußten. Am nächsten Morgen um halb acht war ich im Krankenhaus, bekam eine Spritze und merkte nichts von dem, was mit mir geschah. Erst nachmittags kehrte ich ins Bewußtsein zurück. Thelemann holte mich mit einem geliehenen Rollstuhl ab – es gab ja weder Privatwagen noch Taxis –, dahinein legte man mich, und mir wurde nur noch bewußt, daß ich unter Geratter hin und her geschüttelt wurde und unter einer dünnen Decke entsetzlich fror.

Als ich richtig aufwachte, begriff ich erst, daß ich zahnlos war. Damals fragte es sich vor allem, ob und wann ich Ersatz bekommen würde!

So hatte sich erwiesen, daß mein Hausarzt von vornherein recht gehabt hatte. Ich verdanke es ihm sicherlich, daß ich nicht an einer Blutvergiftung zugrunde ging. Mein Zustand besserte sich jetzt ohne alle Medikamente, und mein Lebensmut hob sich.

Wir hörten zu der Zeit, daß Peter Zylmann und Adolf Grimme nach Aurich kämen und dort auf einer Versammlung sprechen würden. Weder die Schwierigkeit, dorthin zu kommen, noch

meine Zahnlosigkeit konnten mich abhalten, an dem Ereignis teilzunehmen.
Es wurde wirklich ein Erlebnis, dies Wiedersehen nach allem, was geschehen war: Peter Zylmann hatte ein halbes Jahr KZ, Adolf Grimme einige Jahre Zuchthaus hinter sich! Wir saßen nach der Versammlung bei Zylmanns Schwester zusammen und genossen immer aufs neue das Bewußtsein, daß uns niemand mehr etwas anhaben konnte.
Gegen Ende des Jahres 1945 bekam ich Zahnersatz, und nun wurde mir zusehends wohler. Nach Ihrhove brauchte ich nicht mehr zu fahren, wir hörten lange nichts voneinander. Die Verbindung nach dort war einstweilen abgerissen.

Neuer Anfang

Besatzungsmächte regierten nun nach der bedingungslosen Kapitulation über den großen Trümmerhaufen Deutschland. Einer Welle von Verhaftungen folgten Entlassungen von Nazis aus öffentlichen Ämtern. Sie trafen aber nicht selten kleine Beamte, die einstmals aus Angst, brotlos zu werden und ihre Familie ins Unglück zu stürzen, in die Partei eingetreten waren, obwohl sie im Grunde keine Nazis waren. Von den „Großen" hingegen verstanden es manche, durch die Maschen des Gesetzes zu schlüpfen.

Andererseits versuchte man, Unrecht gutzumachen. So wurde Freund Geerdes nach Leer zurückgerufen und zum Schulrat ernannt. Auch ich wurde rehabilitiert und sollte wieder in die Schule zurück. Aber was für mich Freude hätte sein sollen, erfüllte mich nun mit Angst und Schrecken. Ich fühlte mich der Aufgabe nicht mehr gewachsen. So fiel mir eine Zentnerlast von der Seele, als der Amtsarzt mich nach der Untersuchung als körperlich und nervlich unfähig für einen Wiedereintritt in den Schuldienst erklärte.

Wieviel hatte sich dort auch in den zwölf Jahren geändert! Selbst bei guter Gesundheit hätte die Arbeit in der Schule für mich eine Umstellung bedeutet, die mir mit meinen fünfundfünfzig Jahren nicht leicht geworden wäre.

So wurde ich nun in den rechtmäßigen Ruhestand versetzt, und meine Bezüge wurden geregelt, wie es mir zustand; allerdings gab es nur eine geringe Abfindung für das, was man mir zwölf Jahre lang vorenthalten hatte.

Die Angst um ihre Existenz trieb jetzt manche, die sich das einst nicht hätten träumen lassen, zu Thelemann und zu mir mit der Bitte, ihnen ihre „Unbedenklichkeit" zu bestätigen.

Wo wir die Verhältnisse kannten und es verantworten konnten, haben wir sie auch vor dem zu bewahren gesucht, was uns einmal zugefügt worden war.

Mit der Zeit wurden in den neugeschaffenen Ländern Deutschlands durch freie Wahlen Regierungen gebildet. Parteien bildeten sich, und auch die SPD entstand in alter Form. Freund Thelemann, der jahrelang erklärt hatte: „Sollten wir noch einmal wieder zum Zuge kommen, arbeite ich höchstens noch auf kulturellem Gebiet mit!" steckte bald wieder mit Leib und Seele mitten in der Politik. Er war ein durch und durch politischer Mensch und konnte gar nicht abseits stehen. Und was war damals wohl nötiger als Menschen von reinem Wollen und großem Können!

Den vielerlei beschwerlichen Wegen, die er zu machen hatte, hielt sein klappriges Rad nicht stand. Daher war er begeistert, als er einen Wagen bekam, der von einem Nazi auf einem Dorf versteckt und wohl konfisziert worden war. Heute würde man lachen über so ein Vehikel: nur eine Seite hatte noch ein Fenster, das Loch gegenüber wurde zum Teil durch ein Brett abgedichtet, die Sitze waren hart und unbequem. Wer hinten saß, hatte die Knie fast unterm Kinn und konnte sich kaum rühren – aber der Motor lief, und das genügte.

1948 kam die Währungsreform. Wir erlebten zum zweiten Male eine Geldentwertung, diesmal so radikal, daß jeder, reich oder arm, mit nur vierzig Mark wieder anfangen mußte. Aber o Wunder – mit einem Schlag füllten sich viele der bis dahin leeren Läden und Schaufenster! So sah man, was mancher Geschäftsmann alles zurückgehalten hatte.

Eine Zeitlang war Thelemann Bürgermeister der Stadt, dann wurde er Landtagsabgeordneter in Hannover. Damals kamen viele Politiker nach Leer, von denen mancher später Minister wurde, und weil es noch kaum eine Hotel-Unterkunft gab, übernachteten sie bei uns. Inzwischen war es auch oben im Haus wieder einigermaßen wohnlich geworden, so daß ein kleines Zimmer für Gäste zur Verfügung stand, die jedoch mit einem schlichten Feldbett zufrieden sein mußten.

Doch wer war in jener Zeit wählerisch! Der Wohnungsmangel war groß. Heranwachsende Jugend heiratete und brauchte Wohnraum, gebaut wurde kaum, es fehlte an Material. Wieviele

Menschen, die ausgebombt waren, hausten noch, notdürftig untergebracht, in fremden Wohnungen! Dazu kam der nicht abreißende Strom von Flüchtlingen, von denen jede Gemeinde einen Teil unterzubringen hatte. Thelemann war Wohnungsdezernent und hatte sich mit diesem Problem herumzuschlagen. So wunderte ich mich nicht, als er eines Tages erklärte, wir könnten uns das Gästezimmer nicht mehr leisten. Wir müßten einen Flüchtling aufnehmen. Er schickte eine vertriebene Königsbergerin, die bei uns einzog. Sie hatte nicht mehr, als was sie am Leibe trug, und das war fadenscheinig genug. Das wenige, was sie gerettet hatte, war ihr an der Grenze gestohlen worden. Zum Glück hatte sie etwa meine Größe, so daß ich ihr mit Kleidungsstücken helfen konnte. Sie war freundlich und hilfsbereit und hat jahrelang bei uns gewohnt und in der hiesigen Flachsrösterei gearbeitet.

Drollig war ihr erster Auftritt. An dem Tag, an dem sie kam, erhielten wir Torf. Es gab ja damals kaum Kohlen, so sah jeder zu, daß er im Moor seinen Wintervorrat erhielt, indem er bei einem Moorbauern Torf graben half. Dafür erhielt er dann später eine bestimmte Menge. So hatte es auch Thelemann gemacht, und nun wurde uns eine Fuhre gebracht. Wir mußten selber sehen, wir wir die Ladung vom Wagen herunter und in den Torfstall bzw. in den Keller brachten. Zufällig besuchte uns an dem Tag Thelemanns Schwester, und selbstverständlich griff sie mit zu. Er selber stand oben auf dem Wagen und beförderte mit einer großen Forke die Stücke herunter vor das Haus, wo wir sie in Körbe packten und wegtrugen.

Als unsere neue Mitbewohnerin das sah, band sie sich ihr Kopftuch um und kam herunter, um zu helfen. Nach einiger Zeit erst bemerkte Thelemann sie, und er fragte erstaunt: „Wer sind Sie denn?“

„Ich wohne beim Bürgermeister!“ erklärte sie stolz. Sie erkannte in dem torfstaubverschmutzten Arbeitsmann auf dem Wagen nicht das Stadtoberhaupt und er in ihr nicht die Frau, die er selber geschickt hatte.

Meine Tage waren nun wieder ganz ausgefüllt. Eigentlich waren sie das immer gewesen, aber früher hatte es sich in der Hauptsache um geistige Arbeit gehandelt. Jetzt aber traten viele

Anforderungen von ganz anderer Art an mich heran: nicht nur die Haushaltsführung für uns zwei, an die ich mich seit unserem Zusammenwohnen langsam gewöhnt hatte. Es kamen nun obendrein noch oft und unvermutet Gäste, die unterhalten und bewirtet werden mußten. Heute weiß ich gar nicht mehr, wie ich das alles geschafft habe.

Daneben galt es, das zu verwerten, was der Acker bescherte, den Thelemann, zumeist in aller Herrgottsfrühe, bestellte, ehe sein Arbeitsgebiet ihn forderte. Denn Hilfe gab es nicht, außer daß meine alte, treue Arbeitsfrau einmal in der Woche gründlich saubermachte und die Wäsche besorgte. Aber die Arbeit machte mir Spaß, und ich war dankbar, daß ich sie gesundheitlich aushielt.

Meine Tätigkeit in Ihrhove hätte ich nun sowieso aufgeben müssen, denn auch da bahnten sich Veränderungen an. Die Verhältnisse waren bei den Blinden, die das Dritte Reich sträflich vernachlässigt hatte, allmählich untragbar geworden. Es fehlte vor allem an Raum für die zu Betreuenden.

Thelemann griff die Pläne auf, die der blinde Leiter Dirk Lottmann seit langem hegte, den Betrieb zu vergrößern und leistungsfähig zu machen. Er mobilisierte die Regierung in Aurich und erreichte, daß sie eine Sammlung durchführen ließ und auch anderweitig Mittel bereitstellte, so daß das große Langsche Haus in Loga erworben werden konnte. Es wurde den Blinden ein neues Heim, eine Arbeitsstätte wurde angegliedert.

Eines der ersten großen Gebäude in Hannover, die wieder aufgebaut wurden, war das Opernhaus. Thelemann gehörte dem Kulturausschuß des Landtags an und bekam zwei Karten für die Eröffnungsvorstellung, den „Rosenkavalier“. Er meinte, ich müsse unbedingt mitkommen. Natürlich ließ ich mir das nicht zweimal anbieten.

Was für ein Anblick, das zerstörte Hannover! Keine geschlossene Straßenzeile mehr, kein Hotel, kein Geschäftshaus – Trümmer über Trümmer! Dennoch lebte die Stadt, es war schier ergreifend zu beobachten, wie Kaufleute, Handwerker und Gewerbetreibende ihre provisorischen Läden aufbauten, Bretter über Steinbrocken und Mauerreste deckten und ihre Waren darauf ausbreiteten und wie sie diese „Läden“ mit

Decken und Planen gegen Wind und Wetter zu schützen suchten. Hier und da stand eine vollständige Bretterbude dazwischen. Das war die Innenstadt.

In den Außenbezirken war es nicht so trostlos. Da war mehr heil geblieben, und es wurde schon wieder manches aufgebaut. Wir fuhren zunächst in einen Vorort zur Wohnung der Familie Otto Brenner. Der spätere große Gewerkschaftsführer war damals schon politisch ungemein tätig. Thelemann war bei ihm während der sieben Jahre, die er in Hannover mitwirkte, zu Hause im besten Sinn des Wortes. Wir blieben bei Brenners nur kurz, denn ich mußte für die Nacht noch ein Quartier haben, und das war damals ein Problem.

Man hatte jedoch ein ehemaliges großes Gartenrestaurant zu einer Übernachtungsstätte für Abgeordnete ausgebaut. Thelemann bekam sofort sein Zimmer, das er jedoch mit einem anderen teilen mußte. Für mich würde später noch ein Raum freiwerden.

Dann war es Zeit, zur Oper zu fahren. Ich brauchte mich nicht umzuziehen, mein Wollkleid mußte genügen – woher sollte ein Festkleid kommen?

Während meiner Fallerslebener Zeit war ich in der Oper in Hannover gewesen, und ich entsann mich der prächtigen Garderoben der Damen von ehemals – man hatte das Gefühl, so etwas könne es nie mehr geben. Aber man vergaß das schnell beim Anblick des schönen, neuentstandenen Baus und während der Aufführung, einem lange entbehrten künstlerischen Erlebnis.

Noch berauscht vom Gehörten und Gesehenen, kamen wir in unser „Hotel". Mein Zimmer lag beim Eingang, noch vor der Korridortür, und war anscheinend die Gaststube des Restaurants gewesen: ein riesiger, fast leerer Raum mit vier Fenstern. An einer Seite stand ein Bett, daneben eine Art Theke mit Waschschüssel und Wasserglas. Dazu kam die Kälte! Es war Winter, die Scheiben waren dick angefroren, es gab weder einen Ofen noch eine Heizung. Das Bett war eisig und klamm. So hatte ich während der ganzen Kriegszeit nicht gefroren! An Schlaf war nicht zu denken. Als ich wie vereinbart „geweckt" wurde, war ich froh, daß die qualvolle Nacht zu Ende war.

Wir mußten früh fahren, denn auf Thelemann warteten Pflichten. Der alte Wagen war inzwischen durch einen passablen VW ersetzt worden, solche Fahrten wären sonst auch kaum möglich gewesen. Für mich begann nun eine schöne Zeit, denn ich konnte häufig mitfahren. Die Enge, der wir so lange nur mit List und auf Umwegen hatten entrinnen können, konnten wir jetzt beliebig mit der freien Weite vertauschen, und ich nahm die Gelegenheiten wahr, wo sie sich mir boten.
So verbrachten wir ein paar Urlaubstage bei Irmgard Jung in Tübingen oder bei Änne Mozer in Hersfeld — es gab so unendlich viel zu erzählen von allem, was man nicht hatte schreiben dürfen. Oft machten wir Umwege. Wie deprimierend wirkten all die Städte, die ich in so schöner Erinnerung hatte und die jetzt weitgehend Ruinenfelder waren — wie Freiburg oder Kassel, wo es Hotelzimmer nur noch im Bunker gab — oder Köln und das Industriegebiet an Rhein und Ruhr!

Meine Schriftstellerei war während des Krieges ganz in den Hintergrund gedrängt worden. Wo hätte bei aller inneren und äußeren Bedrängnis dafür Raum bleiben sollen? Für den Roman „Kasjen und Amke“ war die Stoffsammlung fertig, ein paar Kapitel waren geschrieben. Dann hatte ich alles in den Blechkasten gelegt, der meine Papiere barg und den ich immer in meiner Nähe hatte. Nun freute ich mich, daß ich die mühsame Materialsammlung gerettet hatte. Aber vorläufig konnte ich für die Weiterarbeit weder Zeit noch Ruhe aufbringen. Erst als alles sich normalisierte, als in meine täglichen Pflichten etwas mehr System und Ordnung kam, und als Thelemann wegen seiner zahlreichen Aufgaben einen Terminkalender anlegen mußte, nach dem ich dann auch manche Tage ungestörter Muße einrichten konnte, erst da holte ich meine Mappe mit den erhaltenen Manuskripten aus der Versenkung und versuchte, mich wieder hineinzufinden. Das war zunächst gar nicht so leicht, es war auch innerlich soviel Schutt darauf gefallen.
Doch in der Stille, die mich nun manchmal umgab, fingen die Menschen, die ich da nach meinem Plan einmal aufs Papier gesetzt hatte, allmählich wieder an zu leben, ihre Wege so zu

gehen, wie ich sie mir einmal vorgestellt hatte, und ehe ich mich versah, war ich wieder mitten in ihrer Welt.

1948 veranstaltete die Vereinigung „Niederdeutsches Hamburg“ zusammen mit dem Ohnsorg-Theater ein Preisausschreiben, diesmal für eine plattdeutsche Komödie. In meinem Kopf spukte damals das Problem, daß jemand den eigenen Bruder richten muß, und ich verarbeitete es in einem „märchenhachtig Komödjenspill“, betitelt „Brörs“. Das Stück erhielt einen Förderpreis von 1000 DM. Solch ein Erfolg spornt natürlich an, und ich setzte mich wieder intensiver hinter den Schreibtisch.

Im Laufe der Jahre hatte mir Thelemann viel aus seinem bewegten Leben erzählt, vor allem aus der Kinderzeit. Es reizte mich, so etwas zu gestalten, nur war ich bisher nie dazu gekommen. Nun aber erwachte die Lust in mir, und bald hatte ich eine Reihe kleiner Vertellsels „Van lüttje un grote Knevels“ zusammen.

Weil die „Brörs“ gerade bei Hermes in Hamburg herausgekommen waren – die erste Verbindung, die ich wieder mit einem Verlag hatte –, sandte ich das Manuskript dahin, bekam es aber von dessen Lektor mit einer vernichtenden Kritik zurück. Er warf mir vor, ich hätte kindliche Ungezogenheiten als Heldentaten hingestellt und mich über Unvollkommenheiten Erwachsener lustig gemacht.

Nichts hatte mir ferner gelegen, aber ich war immer unsicher im Urteil über meine eigenen Arbeiten. So schickte ich Manuskript und Kritik wieder nach Hamburg, diesmal an Georg Clasen, dessen Meinung in der niederdeutschen Literatur Gewicht hatte, mit der Bitte um Beurteilung. Er antwortete mir bald, was für ein „lebender Leichnam“ denn da mit erhobenem Zeigefinger kritikastert hätte. Er riet mir, die kleinen Geschichten doch einem ostfriesischen Verlag anzubieten, da unser Plattdeutsch für die übrigen Niederdeutschen schwerer zugänglich sei, was mir meine Erfahrungen später vielfach bestätigten.

Inzwischen hatte sie Peter Zylmann bereits in die Hände bekommen und dem Leeraner Verlag D. H. Zopfs & Sohn gegeben, der sie ohne weiteres herausbrachte. Sie haben mehrere Auflagen erlebt und erscheinen weiterhin, jetzt im Verlag Schuster.

Auch mein Roman kam voran. Aber ab und zu gerät ein Schriftsteller an einen toten Punkt. Wenn ihm auch der Handlungsablauf vorschwebt, so findet er oft nicht die Brücke, über die er weitergehen kann. In solchen Phasen waren mir unsere sonntäglichen Wanderungen, die zur festen Gewohnheit geworden waren, unentbehrlich.

Im allgemeinen liegt es mir gar nicht, über etwas zu sprechen, das im Entstehen ist. Es wird nur zerredet und mißlingt. Hier aber war mein Begleiter sehr interessiert, weil er ja den Anstoß gegeben hatte und die Quelle war, aus der ich die Sachkenntnisse zog, die mir an sich fremd, ihm aber geläufig waren. So fragte er dann wohl unterwegs nach dem Stand der Arbeit, und er konnte mir oft geschickt mit ein paar Andeutungen den Weg öffnen, der mir verschlossen war, so daß ich mit frischem Mut wieder ans Schreiben ging.

Allmählich belebte sich auch das literarische Leben in Ostfriesland wieder ein wenig. Alte Freundschaft wurde erneuert, etwa mit Berend de Vries und seiner Frau. Dazu kam Marie Ulfers, Aurich, die ihr erstes Buch „Ein Mädchen vom Deich" herausbrachte und die eine Zeitlang Muße in Leer suchte, um „Windiger Siel", ihren zweiten Roman, zu schreiben. Dann Bruno Loets, der in Leipzig beim Insel-Verlag und bei Staackmann gewesen war und, dort ausgebombt, Zuflucht im elterlichen Haus in Leer fand. Das war schon ein Kreis, der Anregung brachte.

Auch Alma Rogge schrieb und bat um Beiträge für das von ihr redigierte „Niedersachsen". Ihr habe ich es hoch angerechnet, daß sie es während der „Tausend Jahre" einmal wagte, mich Verfemte zu besuchen.

Dann bildete sich 1948 der Bevensen-Kreis niederdeutscher Schriftsteller. Das erste Treffen besuchte ich nicht; noch hatte ich eine gewisse Scheu, aber die zweite Einladung schlug ich nicht wieder aus, und seitdem habe ich nur gefehlt, wenn Krankheit mich hinderte.

Damals nahmen noch niederdeutsche Autoren aus der Ostzone, aus Berlin, Mecklenburg und Vorpommern, an unseren Tagungen teil. Es war im Frühjahr 1954, als vom „Deutschen Schriftstellerverband (Ost)" eine Gegeneinladung zu einer Arbeitstagung in Warnemünde-Rostock kam. Das war ein Ereignis, und zur Teilnahme meldeten sich sechzig Schriftsteller aus allen Gegenden Niederdeutschlands – aus Ostfriesland außer mir Marie Ulfers und Johann Schoon – hinzu kamen aus Hamburg die „Butenostfreesen" Peter Zylmann und Albrecht Janssen.

Am 22. März ging es los. Aber nicht etwa mit der Bahn – es kam ein Bus aus Rostock nach Hamburg mit einer Reisebegleiterin aus Ost-Berlin, um die Gäste abzuholen. Mit gemischten Gefühlen und voller Spannung bestiegen wir ihn, wohlversehen mit unseren Reisepässen – denn wir mußten bei Boizenburg/Elbe den „Eisernen Vorhang" passieren.

Russische Posten standen an der Grenze. Aber dank unserer Reisebegleiterin verlief der Grenzübergang reibungslos, überall war freundliches Entgegenkommen. Obwohl die Landschaft sich nicht veränderte, wirkten die Orte, die wir durchfuhren, fremd durch die unzähligen Plakate und Spruchbänder mit den üblichen politischen Parolen. In Schwerin wurde die erste Rast gemacht, aber weil Westmark dort nicht eingelöst werden konnte, der Besitz sogar verboten war, konnten wir uns nicht erfrischen. Auch dort überall Plakate, Riesenbilder von Wilhelm Pieck, dem damaligen Präsidenten der DDR. In den Schaufenstern waren fast keine Auslagen zu sehen. Als es dunkelte, gab es kaum Beleuchtung – alles wirkte auf uns bedrückend.

Erst spät erreichten wir Warnemünde. Im Klubhaus der Warnow-Werft erwartete man uns, und der Empfang war überaus herzlich. Tische waren festlich gedeckt, und ein wahres Festmahl mit Krimsekt ließ uns, die wir durchfroren ankamen, bald auftauen. Wir sahen viele bekannte Gesichter und über unseren Besuch von Herzen frohe Menschen; wir fühlten uns geborgen.

Zum Empfang waren der Rat der Stadt Warnemünde sowie der Dekan der Philosophischen Fakultät der Universität Rostock erschienen. Sie bekundeten ihre Freude, daß „Ost und West endlich einmal an einem Tisch saßen". Ein ausgezeichnetes Unterhaltungsprogramm wurde geboten, und zu meiner Überraschung bat man mich, als Einstimmung mein Gedicht „En Vögelke sung" zu lesen, das in einer Zeitschrift abgedruckt war.

Es entsprach der Jahreszeit und wohl auch ein wenig der Hoffnung, die wir alle hegten, daß dem kalten politischen Klima bald ein Ende gesetzt würde. Musik und künstlerische Darbietungen wechselten ab. Wir hörten Gedichte von unseren Freunden Gerda Uhthoff, Erna Taege-Röhnisch und anderen. Der Abend konnte nicht schöner sein, und erst spät fuhr uns der Bus vierzig Kilometer weiter ins Quartier nach Kühlungsborn, früher Brunshaupten. Wir erhielten dort eine Tagungskarte mit Verpflegungsabschnitten, dazu fünfzehn Ostmark Taschengeld. Das alles empfanden wir als rührende Gastfreundschaft. Wir hatten aber auch das bedrückende Gefühl, daß es auf Kosten der dortigen Menschen geschah, die wahrlich nicht im Überfluß lebten. Man merkte das schon am Frühstück mit grauen Brötchen und Milchkaffee, und wir erfuhren, daß Lebensmittel weiterhin auf Karten zugeteilt wurden.

Die Arbeitstagung leitete der Domprediger von Schwerin, Kleinschmidt. Auf einem silberfarbigen Band über der Bühne stand der nordfriesische Spruch „Rüm Hart — Klaar Kimming!", und er beherrschte wirklich die Tagung — nie fiel ein Wort über Politik oder gab es etwa unfreundliche Andeutungen über die Regierungen.

Professor Peter Zylmann hielt den ersten Vortrag: „Wirklichkeitsnähe des Plattdeutschen", glänzend aufgebaut und humorvoll. Der Saal war voll besetzt, die Teilnehmerzahl von drüben war doppelt so groß wie unsere. Als Zweiter redete Professor Dr. Teuchert von der Universität Rostock. Die anschließende Diskussion war sehr rege.

Nachmittags wurde Peter Zylmann einstimmig zum Leiter gewählt. Hans Heitmann aus Lübeck sprach über „Das niederdeutsche Drama und Hörspiel". Dramaturg Dr. Theil berichtete über die sieben plattdeutschen Bühnen in Mecklenburg, die alle rege besucht wurden, Rostock besaß sogar ein eigenes niederdeutsches Theater. Dorthin waren wir am Abend eingeladen und sahen Balzers Komödie „De lebennige Dode".

Am Sonntag sprach Dr. Beckmann aus Rostock über: „Die Bedeutung der niederdeutschen Sprache in Mecklenburg". Er betonte, daß dort Plattdeutsch sogar (wie auch damals bei uns in Ostfriesland) von Flüchtlingskindern schnell gelernt werde.

Professor Dr. Niekerken (Universität Hamburg) bedauerte den Zerfall der alten Sprache in den Städten und gab der Schule die Schuld daran, die nur Hochdeutsch zuließ; dadurch würden viele Niederdeutsche zu „Sprachkrüppeln", die ihren Kindern zuliebe hochdeutsch sprächen, obwohl sie es nicht korrekt beherrschten. Er und Dr. Beckmann verlangten bodenständige Lehrer an den Schulen, die beiden Sprachen gerecht würden.

Viele Pläne wurden geschmiedet auf dieser ersten und einzigen Tagung in Ostdeutschland: Außer weiteren Zusammenkünften sollten Gastspiele und Dichterlesungen im Austausch stattfinden, eine gemeinsame Zeitschrift mit je einem Schriftleiter aus Ost und West gegründet und plattdeutsche Bücher ausgetauscht werden. Wir erhielten Bücher und Bildmappen geschenkt, und auf der Schlußkundgebung fanden unser Vorsitzender Hermann Quistorf (Hamburg) und auch Domprediger Kleinschmidt (Schwerin) Worte, die allen aus dem Herzen gesprochen waren. Ergriffen standen alle, als letzterer endete: „Wir wollen Brüder und Schwestern bleiben und uns einsetzen für ein einiges deutsches Vaterland!" Das konnte damals noch gesagt werden.

Dann kam der Abschied. Ich sehe noch die Gesichter einiger der uns wirklich nahegekommenen Freunde, die uns zum Bus begleiteten – mir ist bis heute eine Brieffreundschaft geblieben –, hoffnungsvoll für die Zukunft fuhren wir ab.

Doch bereits an der Grenze kam die Ernüchterung. Unsere Freunde hatten wohl für reibungslose Einreise gesorgt, aber vergessen, die Ausreisegenehmigung für den 14. März zu beantragen, die der Grenzposten nun forderte. Ohne sie konnte er uns nicht hinüberfahren lassen. Da saßen wir nun im kalten, dunklen Bus; es war Sonntagabend, alle Dienststellen kaum besetzt oder geschlossen. Unsere Begleiterin war draußen und versuchte verzweifelt, irgendwo telefonisch eine verantwortliche Person zu erreichen. Drei Stunden vergingen – da endlich hatte es geklappt: die Grenze öffnete sich.

Mehr tot als lebendig kamen wir in der Nacht in Hamburg an, Marie Ulfers und ich wankten hinter Peter Zylmann durch die Straßen und waren froh, endlich in warmer Geborgenheit schlafen zu können. Johann Schoon übernachtete bei Hans Fleischer, dem niederdeutschen Rezitator. Und was wurde aus dem so hoffnungsvoll Begonnenen? Mit Begeisterung wurde sofort der von Hans Henning Holm, Hamburg, stammende Plan in Angriff genommen, gemeinsam eine Anthologie plattdeutscher Literatur zusammenzustellen, die 1955 unter dem Titel „De Brügg“ im Petermänken-Verlag, Schwerin, herauskam. Adolf Woderich, Hamburg, und Hans Heinrich Leopoldi, Schwerin, zeichneten als Herausgeber. Sie schrieben im Vorwort unter anderem: „Was jetzt als Symbol, als Bekenntnis und Wille des Zueinander gilt, das hat, so hoffen wir es, in künftiger Zeit auch eine historische Bedeutung. Historisch insofern, als dann auch das vorliegende Buch als ein Beweis dafür gelten kann, daß politische Willkür zwar ein Volk in ein Ost- und in ein Westgebiet aufteilen konnte, es aber nicht vermochte, die Gemeinsamkeit der Sprachgebiete und der Kultur zu durchbrechen und auszulöschen . . . Die Mitarbeiter, alles bekannte und namhafte Autoren und Autorinnen, trugen zu ihrem Teil dazu bei, eine Brücke der Verständigung mit dem Willen zur deutschen Wiedervereinigung zu bauen.“

Inzwischen aber entschied die Politik anders.

Und die Mauer wuchs, späterhin auch wirklich.

Aus war es mit unserer Zusammenarbeit.

Auch die ostfriesischen „Schreiber“ fanden sich in jenen Jahren auf Anregung von Bruno Loets zu einem „Kring“ zusammen. Loets, herzkrank von Geburt an und darum oft behindert, besaß damals noch so viel Vitalität, die schon anerkannten Schriftsteller und solche, die es noch werden wollten, zu Tagungen zu versammeln. Er zog namhafte Leute zu Vorträgen heran. Es wurde gelesen, diskutiert und Kritik geübt. Einmal kamen wir auf Langeoog zusammen. Dort war Willrath Dreesen, der feinsinnige Lyriker, Mittelpunkt. Auch Loets selber, ein hoch- und plattdeutscher Autor, ein guter Storm-Kenner und hervorragender Übersetzer – er hat über vierzig Bücher, Romane wie auch wissenschaftliche Werke, aus dem Niederländischen übertragen – hat manches geben können, was das eigene Schaffen bereicherte.

Inzwischen wurde „Kasjen und Amke“ fertig. Der Verlag

Rautenberg und Möckel, der von Königsberg nach Leer gekommen war, brachte das Buch 1952 heraus. Ich hatte immer das Glück, nie nach einem Verleger suchen zu müssen. Die Korrekturen mußte ich diesmal allerdings im Krankenhaus lesen, denn ich hatte mir eine langwierige, schmerzhafte Kniegelenkentzündung zugezogen.

Als ich endlich entlassen wurde, humpelte ich immer noch. Erst eine Kur in Gütersloh brachte Heilung, aber mit Hindernissen!

Ich war soweit, daß ich wieder mit dem Stock gehen konnte, und Thelemann wollte mich zurückholen. Erfreut, daß es heim wärts gehen sollte, packte ich meinen Koffer; da glitt ich auf der frisch gebohnerten Treppe aus, das Knie knickte unter mir zusammen. Ich schrie vor Schmerzen, und von allen Seiten lief man, mir aufzuhelfen. Aber die Heilung war hin!

Was nun? Bleiben konnte ich nicht, mein Zimmer war bereits wieder besetzt und kein Raum mehr frei. Also mußte der gute Thelemann, tief enttäuscht, mich in beinahe schlimmeren Zustand mitnehmen, als ich vorher gewesen war. Über ein Jahr habe ich noch mit dem Leiden zu tun gehabt.

In diese Zeit fiel eine Aufführung meines Komödjenspills „Brörs", die in Leer dreizehnmal von der Bühne des Heimatvereins gebracht wurde. Daran schloß sich auf Einladung des dortigen Niederdeutschen Theaters ein Gastspiel in Bremen an. Trotz meiner Kniebeschwerden fuhr ich im Bus mit, es war ein schöner Abend.

Auch für Thelemann begann eine schwere Zeit. Sein Wohnungsdezernat hatte ihm schon viel Ärger eingebracht, die Wohnungsnot war groß, Wohnungen gab es viel zu wenig. Nicht nur wirkliche Not wurde bei ihm abgeladen, auch das Nichthelfenkönnen in so vielen Fällen wurde ihm oft angelastet. Rücksichtslos wurde er früh aus dem Bett getrommelt, und wenn er abends spät und todmüde von Sitzungen heimkam, warteten meistens noch einige Bittsteller auf ihn. Das zerrte natürlich an seinen Nerven, und vor allem das Herz, das schon in seiner Militärzeit Schaden genommen hatte, machte ihm mehr und mehr zu schaffen. Dabei wurden die Bürden immer größer. Hinzu kam, daß in die Gewerkschaft und die Partei neue Mitarbeiter einströmten, neben vielen Gewissenhaften und Treuen auch Elemente, die nur ihren eigenen Vorteil suchten. Louis Thelemann konnte alles vertragen, nur das nicht. Er, der immer für andere da war, der seinen eigenen Vorteil stets hintenan stellte, konnte außer sich geraten, wenn er merkte, daß einer in die eigene Tasche arbeitete. So hatte er jemandem Unregelmäßigkeiten nachgewiesen und dabei kein Auge zugedrückt, einem anderen hatte er in einer Wohnungssache nicht zu Willen sein können. Diese beiden verfolgten ihn deswegen mit Haß und fanden sich zusammen in dem Bestreben, Rache zu üben. In der Wahl ihrer Mittel waren sie ebenso raffiniert wie gemein: Sie verbreiteten ehrenrührige Gerüchte, die ihm von vielen Seiten zugetragen wurden. Er konnte die Urheber jedoch nur vermuten, aber nicht fassen.

So nahm eine Tragödie ihren unheilvollen Lauf. Eine Beleidigungsklage wurde geschickt in Szene gesetzt, und man traf diesen sauberen, trotz seiner manchmal rauhen Außenseite überaus empfindsamen Menschen an seiner verwundbarsten Stelle, so daß er innerlich fassungslos war.

Ekel schüttelte ihn. Trotzdem stellte er sich in einer Parteiversammlung, um mit den Gerüchtemachern abzurechnen. Aber in der offenen Auseinandersetzung fand sich keiner, der seine Beschuldigungen vorbrachte, das war bezeichnend. Dieser Abend hatte ihn so mitgenommen, daß er zu Hause mit einem Herzanfall zusammenbrach. Als ich am anderen Morgen herunterkam, erwartete mich ein Anblick, den ich vor Jahr und Tag einmal im Traum gehabt hatte: Er lag reglos am Boden, ein Herzschlag hatte dieses rastlose Leben beendet.

Die Anteilnahme war ungeheuer groß. Sie zeigte, daß der Tote in ganz Ostfriesland und weit darüber hinaus Ansehen, Verehrung und Liebe genoß. Es war der letzte Januartag 1953. Trotz des fürchterlichen Winterwetters, durch Sturm und Schnee hindurch kamen die Menschen von nah und fern, um ihm, der in „seinem“ Jugendheim aufgebahrt lag, die letzte Ehre zu erweisen. Es war ein fürstliches Begräbnis. Doch am tiefsten rührten mich die Alten und all jene, die um ihn weinten, weil sie den hilfreichen Freund verloren hatten.

Wenn dann alles vorbei ist, Gäste und Freunde sich verabschiedet haben, dann erst begreift man ganz, was geschah. Um mich war nun eine Leere, vor mir ein Abgrund; dies plötzliche Ende einer dreißigjährigen Freundschaft war unfaßbar. Durfte ein Mensch, dessen Leben selbstloser Dienst am Mitmenschen war, an Gegnern von so niedriger Gesinnung zugrunde gehen? Es war gut, nun allein zu sein, um mit der Bitterkeit fertigzuwerden, mit dem Warum, das keine Antwort findet, und um mühsam in dem Dunkel die Hand zu suchen, die uns nicht versinken läßt.

Wie wahr ist das Goethewort „Alles geben die Götter, die unendlichen, ihren Lieblingen ganz, alle Freuden, die unendlichen, alle Schmerzen, die unendlichen, ganz.“ Aber das vermag man erst einzusehen, wenn Freude und Schmerz ihr Werk, uns reif und reich zu machen, vollendet haben.

Neue Arbeit, neue Freundschaft mit den Nachbarn

Der beste Helfer, das Leben zu meistern, ist Arbeit, die den Menschen auszufüllen vermag. Eine neue Aufgabe wurde mir nun ohne eigenes Zutun zuteil.

Der mir bis dahin unbekannte Baken-Verlag in Hamburg, der Sacherzählungen für die Hamburger Schulen herausbrachte, fragte an, ob ich für ihn eine Jugenderzählung über das Moor zu schreiben bereit sei. Der Verleger Walter Schnoor, dem „Kasjen und Amke" bekannt war, meinte, da ich, nach dem Buch zu urteilen, das Moor so gut kenne, dürfte mir das doch nicht allzu schwerfallen. Zunächst lehnte ich ab. Wenn ich etwas Bestimmtes schreiben soll, kommt im allgemeinen nichts dabei heraus. Das teilte ich ihm auf sein Angebot mit. Er hatte Verständnis, bat mich aber, mir die Sache trotzdem durch den Kopf gehen zu lassen.

Und das Ungewöhnliche geschah – beim Überdenken kam mir der Einfall: Ein verwaistes Kind, das von seinen Verwandten im Moor aufgenommen wird, erlebt das ihm ganz Neue. So entstand die Erzählung „Rena im Königsmoor", die meine Gedanken in Anspruch nahm und wohltuend ablenkte.

Gleichzeitig bat mich Georg Clasen um ein Weihnachtsspiel für seine „Schul- und Jugendbühne"; und weil mich damals gerade ein kindlicher Diebstahl innerlich beschäftigte, kam es mir ganz gelegen, das Problem in einem Spiel zu verarbeiten. „Um ein Weihnachtsgeschenk" erschien dann in der Reihe der Jugendspiele. Das Stück wurde sogar in einer Schule in der Nähe von Hamburg zum Streitobjekt. Ein junger Lehrer hatte seiner Klasse eine Auswahl von Spielen vorgelegt, und die Schüler hatten es übereinstimmend ausgewählt. Der Schulleiter und die älteren Kollegen lehnten es ab, weil der kleine Dieb, der sein Unrecht reuevoll einsah, noch belohnt wurde. Das empfanden sie als unmoralisch. Der Klassenlehrer hatte sich ratsuchend an Clasen gewandt, der mir hinterher den Schriftwechsel schickte. Es freute mich, daß die Jugend sich für mich entschieden hatte.

Nachdem man mich 1933 zum Nichtstun verurteilte, hatte ich nebenbei eine Sammelarbeit begonnen, mit der mich schon Anfang der zwanziger Jahre der damals achtzigjährige ostfriesische Heimatforscher und Volkskundler Friedrich Sundermann gleichsam beauftragt hatte. Er hatte die Früchte seiner umfassenden Sammeltätigkeit nur zum Teil in zwei Büchern niederlegen können: „Sagen und sagenhafte Erzählungen aus Ostfriesland" (1869) und „Der Upstalsboom Bd. 1" (1922). Nachdem meine plattdeutschen Märchen erschienen waren, schrieb er mir, ihn hindere das Alter, die Arbeit fortzusetzen; sie sei aber noch lange nicht abgeschlossen, und er meine, ich könne seine Nachfolgerin werden.

In jenen Jahren aber drängte bei mir soviel Eigenes ins Leben, daß ich keine Lust verspürte, der Anregung zu folgen. Erst als ich meine Zeit voll zur Verfügung hatte, fiel mir eines Tages, als ich irgendwo von einem sagenhaften Geschehen las, der inzwischen längst verstorbene Sundermann ein, und unwillkürlich begann ich, solche Geschichten aufzuzeichnen, wenn ich sie fand. Als dann nach dem Kriege auch die Schulen neuen Lesestoff forderten, fanden sich ostfriesische Lehrer zu dem Arbeitskreis „Die Leuchtboje" zusammen. Unter Leitung von Dr. Harm Wiemann entstanden die „Leuchtboje-Hefte, eine heimatgebundene Schriftenreihe" für Schulen.

Ich habe viele Jahre mitgewirkt.

Man wurde auf meine Sagensammlung aufmerksam und stellte eine Auswahl unter dem Titel „Ostfriesische Sagen" zusammen, die 1951 erschien.

Bisher waren mir Sagen nur zufällig in die Hände gefallen. Nun begann ich, sie planmäßig zu sammeln. Es mußten ja noch viele dieser Geschichten im Volk leben. Darum bat ich die Tageszeitungen, einen Aufruf zu veröffentlichen, in dem ich jeden, der noch „Sagenhaftes" zu berichten wußte, aufforderte, das alte Volksgut nicht in Vergessenheit geraten zu lassen, sondern mir zu schreiben. Und wirklich hatte ich Erfolg. Im Laufe der Zeit bekam ich manchen Brief mit erfreulichem Inhalt. Vor allem aus der Gegend von Arle konnte eine Bauersfrau mir einen Schatz von bisher unveröffentlichten Sagen zur Verfügung stellen. Zugleich begann ich, die Redaktionen der ostfriesischen Zeitungen aufzusuchen. Sie öffneten mir bereitwillig ihren Bestand an alten Jahrgängen, soweit der Krieg sie übriggelassen hatte. Ebenso stöberte ich in Büchereien und Archiven. So wuchs ganz allmählich meine Sammlung, bis ich sie Anfang der sechziger Jahre abschloß und dem Verlag der Ostfriesischen Landschaft anbot, der sie dann herausbrachte.

Inzwischen hatte ich auch meine Sacherzählung „Rena im Königsmoor“ vollendet. 1955 kam das Buch heraus, es wurde in die Auswahlliste zum Deutschen Jugendbuchpreis aufgenommen. Lange schon beschäftigte mich auch die Idee zu einem weiteren Buch, das ich nun endlich begann. Freund Thelemann hatte mir oft von seiner unerfreulichen Schulzeit erzählt. Es war dieselbe Schule, in der auch ich vier Jahre verbrachte. Ich erlebte jedoch mehr oder weniger am Rande und als Zuschauerin mit, was er schmerzlich am eigenen Leibe erfuhr: verprügelt zu werden für Fehler und Verstöße, die auf sprachlichem Unverständnis oder einfach auf Nichtbegreifen beruhten. In der Volksschule des kaiserlichen Deutschland, die natürlich auch ihre guten Seiten und ihre gütigen Lehrer hatte, konnten die sogenannten Prügelpädagogen, die ihre Kasernenhoferziehung auf die Schule übertrugen, sich ungestraft austoben. Louis Thelemann hatte das Pech gehabt, schon als Fünfjähriger eingeschult zu werden. Weil er aus einem plattdeutschen Haus kam und bislang keine andere Sprache gehört hatte, war das Hochdeutsch der Lehrer für ihn eine Fremdsprache, die ihm keiner erklärte. So glitt der Unterricht an ihm vorüber, und er blieb gleich im ersten Jahr sitzen. Wie ich selbst wegen einer „falschen“ Fingerhaltung beim Schreiben einmal einen Stockhieb erhielt, so daß ich seitdem aus Angst schlecht schrieb, so wurde er für alles, was er nicht begriff, regelrecht verdroschen. Er sagte mir, er habe seinen Lehrer, den er obendrein jahrelang behielt, gehaßt wie nichts auf der Welt. Dabei war er von ungewöhnlicher

Intelligenz, die sich wohl spät entwickelte, weil ihr der Nährboden fehlte und die Wärme, ohne die nichts gedeihen kann.

Ebenso mangelhaft war seine handwerkliche Ausbildung gewesen bei einem Meister, der keiner war, und in einer Berufsschule, deren Unterricht damals noch dem langen Arbeitstag angehängt war. Erst die sieben Wanderjahre hatten ihm Wissen und Anschauung, Urteilskraft und Weitblick vermittelt.

Diese positive Entwicklung eines Menschen trotz unvollkommener Schul- und Lehrverhältnisse einmal festzuhalten, war mir ein Anliegen, und ich schrieb die Erzählung „Uke setzt sich durch“, die 1957 im Quickborn-Verlag erschien.

Inzwischen hatte der Verlag Rautenberg in Leer zu meinem 65. Geburtstag „Keerlke“ neu aufgelegt. Schon vorher hatte Dr. Harm Wiemann, der damals Rektor der Osterstegschule war, mir eine Westfriesin ins Haus gebracht, die so viel Interesse an diesem Buch hatte, daß sie es in ihre Sprache übertragen wollte. Bekanntlich hat man in der niederländischen Provinz Friesland am angestammten Friesisch festgehalten, hat es sogar als Gerichts- und Kanzelsprache erhalten und als Unterrichtssprache für die ersten Schuljahre durchsetzen können und eine beachtliche eigene Literatur geschaffen, in die nun „Keerlke“ unter dem Titel „It wurdt skielk wer Simmer“ (Es wird bald wieder Sommer) einbezogen wurde. Die Übertragung besorgte Ypk fan der Fear (Schriftstellername für Mevrouw Post-Beuckens) aus Veenwouden, eine Hausfrau und Mutter von fünf Kindern, die ich wegen ihres springlebendigen Wesens immer bewundert habe.

Überhaupt hatten sich mit der Zeit die Beziehungen zu unseren niederländischen Nachbarn erfreulich entwickelt. Die ersten Kontakte waren gar nicht so einfach gewesen. Es war ja nur zu verständlich, daß anfangs eine Abneigung, die stellenweise an Haß grenzte, gegen alles Deutsche bestand, nachdem sie den brutalen Überfall auf ihr neutrales und friedliches Land hatten erleben müssen. Wir ahnten ja nicht, daß auch dort nicht nur Juden ausgerottet wurden, sondern daß die Niederländer selbst Repressalien und Gewalttaten ausgesetzt gewesen waren. Manche haben es bis heute nicht vergessen.

Ich denke noch an den ersten schüchternen Versuch, die nachbarlichen, früher so freundschaftlichen Bande neu zu knüpfen. Auf niederländischer Seite war es Dominee Gaaikema, damals Leiter der Volkshochschule Uithuizen, der den ersten Schritt wagte. Bei uns war es das „Kulturparlament" Ostfrieslands, die neu erstandene Ostfriesische Landschaft, der sowohl Louis Thelemann als auch ich angehörten. Ich sehe noch unsere kleinen Häuflein von hüben und drüben nicht lange nach dem Krieg sich im Rathaus gegenüberstehen, im zaghaften Versuch, miteinander zu sprechen.

Auch vergesse ich nie unseren ersten Gegenbesuch in Uithuizen, den Dominee Gaaikema so rührend vorbereitet hatte, in dem schönen Gebäude der Volkshochschule, in dem wir einige Tage zubrachten. Ein kleiner Kreis Wohlgesinnter hatte sich zusammengefunden, die nicht alle Deutschen mit Hitler identifizierten. Er hatte einige Autobesitzer gebeten, die deutschen Gäste durch die reizvollen Ommelande zu fahren. So nahmen mich zwei Damen und ein Herr in ihrem Wagen mit.

Ich empfand die Atmosphäre anfangs als beklemmend und versuchte vorsichtig, dies und jenes zu fragen, um ein Gespräch in Gang zu bringen. Nur eine der beiden Damen antwortete freundlich, die beiden anderen Niederländer schwiegen. Schließlich fragte mich meine Gesprächspartnerin, ob ich Hausfrau wäre oder einen Beruf hätte. Ich erklärte, daß ich 1933 durch Hitler aus dem Schuldienst entlassen worden sei. Da plötzlich war das Eis gebrochen, man überschüttete mich mit Freundlichkeit. Meine Begleiter erzählten nun, was sie allein in ihrer Familie an Grausamkeiten hätten erdulden müssen.

Solche Begegnungen diesseits und jenseits der Grenze mehrten sich allmählich. Ein schönes Ergebnis war dann die Gründung der Deutsch-Niederländischen Heimvolkshochschule im de Pottere-Haus in Aurich, heute Europa-Haus genannt.

Auch Schriftstellerkreise regten sich. Da gab es Zusammenkünfte, vor allem im Bentheimer Raum und im Kloster Ter Apel. Ich entsinne mich einer eindrucksvollen Wochenendtagung. Schon allein die weihevollen Räume des alten Gebäudes machten sie zu einem Erlebnis. In Groningen tat der alte Herr Kornelis ter Laan sein Bestes, die Nachbarn zu versöhnen. Wir hörten Vorträge und hielten Lesungen.

Der „Winschoter Courant“ trat an mich heran mit dem Wunsch, „Kasjen und Amke“ ins Groningische übertragen zu lassen und als Fortsetzungsroman zu veröffentlichen. Das „Grunnegers“ ist unserem ostfriesischen Platt sehr ähnlich. Als Übersetzer war Simon van Wattum vorgesehen, ein damals noch junger Journalist und begabter Lyriker. Später wurde er Chefredakteur des „Courant“.

Die Niederländer waren meinem Schaffen gegenüber immer sehr aufgeschlossen. Der Roman „Kassie en Amke“ fand Anklang und kam daher auch als Buch heraus. Ter Laan, der die kleine Groninger Monatszeitschrift „Dörp en Stad“ mit großer Liebe betreute, hatte mich ins Herz geschlossen und nannte mich einmal „dat lüttje Wiefke, dat dat grote Book ‚Kassie en Amke‘ schreef“, worauf ich nicht wenig stolz war. Er wurde über neunzig Jahre alt. Und als er 1963 starb, führte Dr. Tjaard de Haan, Studienrat in Haarlem, das Blatt fort. Er wurde mir zu einem guten Freund. Ich wurde Redaktionsmitglied, und die Grunneger Genootschop, die Herausgeberin, ernannte mich später zu ihrem Ehrenmitglied. In „Dörp en Stad“ kamen im Laufe der Jahre auch plattdeutsche Schrieverlü aus Oldenburg und Ostfriesland mit kleinen Geschichten und Gedichten zu Wort; leider mußte die Zeitschrift vor mehreren Jahren ihr Erscheinen einstellen. Natürlich verdankte ich manches vor allem der Tatsache, daß ich im „Dritten Reich“ Gegnerin des Nationalsozialismus gewesen war; das wurde auch immer wieder betont.

An vielen Fahrten in die Niederlande nahm ich teil. Neben der Ostfriesischen Landschaft war es der Verein für Heimatschutz und Heimatgeschichte in Leer unter seinem aktiven Vorsitzenden Dr. Harm Wiemann, später unter Josef Hermann Höcker, die immer wieder Busse charterten und ins Nachbarland fuhren. Und neben den Treffen mit unseren Freunden gab es viel Interessantes zu sehen und zu erfahren. Da waren die Polder, die man der Zuidersee abgerungen hat, über die ich vor Jahr und Tag noch mit dem Dampfer gefahren war, mit neuen Dörfern und Städten. Da war das Riesenband des Abschlußdeiches mit dem weiten Blick binnenwärts und zur See hin. Und die Städte mit ihren Schönheiten, allen voran Amsterdam.

Da war schließlich für uns vor allem Westfriesland, dessen Bewohner sich ihr Eigenleben als Friesen in Sprache und Brauchtum durch die Zeiten hindurch erhalten haben, während sich bei uns etwa seit dem 15. Jahrhundert das Niederdeutsche fast völlig durchgesetzt hat.

Aber mit den Westfriesen wie auch mit den Nordfriesen, die nahe der dänischen Grenze, im Raume nördlich von Husum und auf den dortigen Inseln ihre eigene Sprache bewahrt haben – von der westfriesischen jedoch stark abweichend – fühlen wir Ostfriesen uns weiterhin eng verbunden. Wir pflegen die einstige Verwandtschaft in gelegentlichen Zusammenkünften. Durch die Ostfriesische Landschaft wurde nach dem Krieg das zerrissene Band zwischen den drei Frieslanden neu geknüpft.

Der Friesenrat bildete sich, dem Persönlichkeiten der drei Frieslande angehören. Nach 1955 fand alle drei Jahre abwechselnd in Nord-, Ost- oder Westfriesland eine Friesentagung statt. Ich war häufig dabei, und immer gab es eindrucksvolle Erlebnisse. In Nordfriesland waren es vor allem die Fahrten zu den kleinen, einsamen Halligen oder zu den Kögen. Sylt erlebten wir noch in seiner schönen Ursprünglichkeit, bevor der Massentourismus dort einbrach.

In Westfriesland blieben mir vor allem die „Tochten“ über die vielen Seen und Wasserarme, die das Land durchziehen, in der Erinnerung – das langsame Gleiten in lautloser Stille, vorüber an lieblichen und fruchtbaren Ufern, vorbei auch an Entenkörben und Wassergetier, an Segelbooten und Schilfrohrfeldern. Jedes Jahr brachte Neues, ich zeichnete vieles für die ostfriesische Presse auf, nicht zuletzt auch die zahlreichen wissenschaftlichen und volkskundlichen Vorführungen. Manche anregende, langjährige Beziehung begann auf diesen Tagungen, so z. B. eine Freundschaft mit Jan Boer, dem Groninger Lyriker.

Ich folgte einer Einladung nach Amsterdam zu Henk und Gerda Meyer-van Veen und kam so wieder in den Kreis von Menschen, mit denen mich schmerzliche und wiederum auch erhebende Erinnerungen verbanden an Hermann Tempels Emigrantenzeit. So lernte ich die schöne alte Stadt kennen mit ihren Giebeln, ihren Museen und Grachten, den Winkeln, Gassen und Straßen. Aber auch alle Schrecken und Grausamkeiten, alle Leiden und aller Heroismus einer noch nicht allzufernen Vergangenheit wurden mir lebendig angesichts so mancher Stätte, die man mir zeigte.

Für mich waren es unvergeßliche Tage.

Ich habe viel Freundschaft erfahren in meinem Leben, obgleich ich mich nicht leicht anschließe, eher Distanz halte. Mir begegneten viele wertvolle Menschen, mit denen mich auf die Dauer eine bestimmte Seite ihres Wesens verband. So liegen meine Freundschaften auf verschiedenen Ebenen, auf denen sich jeweils unsere Sympathien und Interessen berührten, und jede einzelne gibt mir etwas Besonderes. Ich möchte keine missen, sie alle haben mir zu ihrem Teil mein Leben reich gemacht. Und in den zwölf Jahren meiner Verfemung hat sich keiner meiner Freunde von mir losgesagt, so unterschiedlich ihre Standpunkte waren. Das hat mich gestützt und beglückt.

Der Verlag der Fehrs-Gilde in Hamburg verlegte gegen Ende 1959 meine Gedichte „Tüschen Saat un Seise", ein schmales Bändchen. Eine zweite erweiterte Auflage brachte 1971 der Verlag Schuster heraus. In meinen Jugendjahren schrieb ich viel mehr Lyrik, vielleicht nach dem Motto: Ich singe, wie der Vogel singt. Doch von all dem besitze ich so gut wie nichts mehr, Manuskripte und Entwürfe vernichtete die Bombe. Ich trauere ihnen auch nicht nach. Mit der Zeit wurde ich selbstkritischer, und so schwand wohl die Unbefangenheit, mit der früher ein Gedicht entstand. Viel seltener spürte ich nun den Drang, aus einer besonderen Stimmung heraus zu formen, was mich bewegt. Manchmal ist es bloß eine Zeile, die sich gleichsam aufdrängt. Ich schreibe sie nieder – und dabei bleibt es. Aber sie lebt in mir, es können Tage vergehen, bis sich um diesen Kern herum etwas zu kristallisieren beginnt, zuweilen langsam, zuweilen auch schnell und unaufhaltsam.

Der Vorgang wird bei jedem Schreibenden anders sein. Wie oft geschieht es mir, daß ich mich abends müde schlafen lege – aber mit einem Mal steht eine Zeile vor mir, ein Gedanke, ein Bild, eine Wendung entsteht, wie weggeblasen ist die Müdigkeit! Es kann sein, daß ich am anderen Morgen alles vergessen habe oder mühsam Bruchstücke zusammensuche. Darum liegen in meinem Nachttisch stets Papier und Schreibstift.

Manches Gedicht ist auch auf einem langen, einsamen Spaziergang entstanden; wird es aber zu Hause nicht sofort niedergeschrieben, ist es wieder versunken. So konnte ich auch meine Gedichte nie aus dem Gedächtnis vortragen. Eines Tages bat man mich vor einer Lesung, ein bestimmtes Gedicht zu sprechen. Ich hatte jedoch meinen Gedichtband nicht bei mir, so versuchte ich es aus dem Gedächtnis niederzuschreiben und las es anschließend. Als ich es später jedoch zu Hause mit dem Original verglich, war es stellenweise ganz anders. Ich habe immer Autoren bewundert, die ohne Buch rezitieren können, mir ist das unmöglich.

Mein Gedichtband „Tüschen Saat un Seise“ kam zufällig zu meinem siebzigsten Geburtstag heraus. Der Heimatverein und die Ostfriesische Landschaft luden zu einer Feier im Saal des Museums ein. Auch mein fünfundsechzigster Geburtstag war seinerzeit auf Anregung von Bruno Loets im „Landhaus Müller-Keidel“ in größerem Kreis gefeiert worden. Damals war noch der längst verstorbene Regierungspräsident Hamann dabei. Natürlich waren auch die Landschaft und die ostfriesischen Autoren vertreten; Berend de Vries und Marie Ulfers lebten noch, meine nächsten Freunde und Verwandten fehlten nicht, der Tag ist mir in schöner Erinnerung geblieben. Dieser siebzigste Geburtstag jedoch hatte für mich einen besonderen Glanz, auch von den siebzig Kerzen, die im Raum brannten.

Als größte Ehrung sollte die Verleihung des „Verdienstkreuzes am Band des Verdienstordens der Bundesrepublik Deutschland“ gelten, das mir der Vizepräsident Eiben ansteckte. Leider hatte ich zu spät erfahren, was mir bevorstand, so daß ich es nicht mehr verhindern konnte. Sonst hätte ich gebeten, davon abzusehen, weil ich grundsätzlich gegen Orden bin. Verdienste „um Volk und Staat“, wie es in der Urkunde heißt – wann hätte ich mich um diese beiden verdient gemacht? Aber so im letzten Augenblick, als alles in Feierlichkeit erstarrte, fand ich nicht den Mut, die Ehrung zurückzuweisen, fand es auch nicht wichtig genug, um Aufsehen zu erregen, zumal alles ganz unkonventionell und mit großer Herzlichkeit vor sich ging. Es blieb auch das erste und letzte Mal, daß der Orden meine Brust zierte.

Immer wieder hat es mich erstaunt und beglückt zu erfahren,

wie bekannt mein Roman „Keerlke“ in weiten Kreisen war und daß er vor allem auch von Arbeitern gelesen wurde, in dem Milieu, aus dem er berichtet. So blieb einmal in der Stadt eine alte Arbeiterfrau vor mir stehen und fragte: „Hebben Se unse Familje kennt?“ Ich erkundigte mich nach ihrem Namen, der mir ganz fremd war, und verneinte. Darauf erzählte sie mir, sie hätte „Keerlke“ gelesen, und genauso, wie ich die Geschichte erzählt hätte, wäre es in ihrer Familie zugegangen – sie könne nicht begreifen, wie ich das wisse. Nun, ich hatte nicht umsonst als junge Lehrerin Einblick in die Arbeiterschicksale jener Jahre gehabt. So ist das Buch sicherlich ein Zeitdokument. Auch eine alte Emderin sagte mir, sie läse die Geschichte immer wieder; die Erlebnisse ihrer eigenen Jugend stünden dann in ihr auf. Es gibt eine ganze Reihe von Episoden, die sich gerade mit „Keerlke“ verknüpfen. Vor Jahren schenkte mir Dr. Byl, seinerzeit Lektor im Leeraner Verlag Möckel, einen silbernen Teelöffel, den sein Vater, der alte Goldschmiedemeister, mit meinem Monogramm und einem „Keerlke“-Kopf graviert hatte.

Und eines Tages erzählte mir eine Bekannte, sie habe in Neßmergrode eine „Keerlke“-Figur gesehen, die ein Mann namens Eisbein geformt habe. Das machte mich stutzig: Machte da jemand ohne mein Wissen Geschäfte mit meinem Buch? Ich schrieb nach Neßmergrode und fragte, was es damit auf sich habe. Nach einiger Zeit erhielt ich eine große Kiste, und aus der Holzwolle schälte sich die Skulptur eines Jungen. „Keerlke“ stand auf dem Podest darunter eingeritzt. Dabei lag ein Brief des Künstlers. Er habe mein Buch gelesen, und es habe ihn innerlich sehr aufgewühlt, weil ihm seine eigene, ähnlich verlaufene Jugend wieder vor Augen gestanden hätte. So habe er sich einen Eimer voll Schlick geholt und spontan begonnen, den Jungen zu formen. Da ich nun davon erfahren hätte, sollte ich diesen „Erstling“ haben, wenn er auch Unebenheiten aufweise. Ich war tief angetan von diesem kleinen Kunstwerk, das jemand ohne jegliche künstlerische Ausbildung geschaffen hatte.

Ein andermal, es war an einem „Ollen Mai“-Tag in Aurich, wollten Zylmanns und ich zu einer Abendveranstaltung im Restaurant „Brems Garten“, die um 20 Uhr beginnen sollte. Peter Zylmann sollte dort einen Vortrag halten. Ein starker

Gewitterregen war niedergegangen, und in der Innenstadt stand die Straße, durch die wir gehen mußten, fast einen halben Meter unter Wasser. Menschen sammelten sich. Wir hatten uns auf einen Mauervorsprung vor den Häusern gestellt und überlegten, wie wir weiterkommen könnten. Es ging ja bereits auf 20 Uhr! Da kamen zwei Jungen mit bloßen Füßen munter durch das Wasser gestapft und zogen einen kleinen leeren Handwagen hinter sich her.

„He, Jungs", rief Peter Zylmann, „nehmt mich eben mit!"

„Ja, Unkel, kumm man her!"

Er stieg auf das Wägelchen, klemmte die Aktenmappe unter den Arm, hockte sich nieder, und das kleine Gespann trabte mit ihm durch die hochspritzenden Fluten.

Gleich darauf merkte ich, daß auch Frau Zylmann verschwunden war. Da stand ich nun allein in der Menge – wie und wann würde ich weiterkommen?

Mit Gerumpel kam ein leerer Lastwagen daher, er hatte wohl Kohlen gefahren, schwarz und schmutzig sah er aus. Da rief ein Mann neben mir den Fahrer an, winkte ihm. Der Wagen hielt an. Plötzlich wandte sich der Mann mir zu: „Sünd Se nich Wilhelmine Siefkes?"

„Ja", sagte ich erstaunt.

„De dat ‚Keerlke' schreven hett, de kummt mit!", rief er. Ich wurde hochgehoben und landete oben auf dem Kohlenwagen, während er und andere mir nachkletterten.

Wohlbehalten wurde ich bei Brems Garten abgesetzt.

Im Saal fand ich auch Frau Zylmann wieder. „Wie bist Du denn hergekommen?", wunderte ich mich. Sie hatte plötzlich entdeckt, daß sie vor dem Hause eines Mannes stand, der während der Nazizeit ihren Mann denunziert hatte.

„Da packte mich die Wut!", sagte sie. „Ich zog Schuhe und Strümpfe aus und watete hierher."

Reisen. Von meiner Arbeit

Meine Tübinger Freundin Irmgard Jung ermunterte mich zu einer Reise nach Tirol, nach Gries, einem kleinen Ort in über 1500 m Höhe, Ausgangspunkt zu den Gletschern. Sie hatte im Vorjahr bei strahlender Sonne dort ein paar erholsame Wochen verbracht. Aber diesmal kam es anders. Nach einem kurzen sonnigen Auftakt gab es fast nur Regen, Schnee und Kälte, drei Wochen lang! Da saßen wir nun im stilgerechten Tirolerhäuschen auf harten Holzstühlen und schliefen im ungeheizten Raum. Es gab keine Unterhaltungsmöglichkeit, keinen Lesestoff außer einigen von uns mitgebrachten Büchern. Es herrschte eine Bärenkälte, so daß wir kaum vom Kachelofen wichen, bis wir schließlich kapitulierten. Als der Jeep, der uns hinunterbringen sollte, vor der Tür hielt – da lachte die Sonne uns aus!

Ich blieb noch ein paar Tage in Tübingen, und als Irmgard mich dann zur Bahn brachte, rollten ihr plötzlich ein paar Tränen über die Backen: „Mir wird diesmal der Abschied so schwer!" Ich sah sie erstaunt an, das kannte ich nicht von ihr.

Im November kam eine Karte aus einer Klinik: Sie habe eine Venenentzündung, und der Arzt habe sie nur ins Krankenhaus gesteckt, weil er fürchtete, daß sie zu Hause nicht im Bett bleibe. Ich dachte an unsere verunglückte Sommerreise, und um sie ein wenig aufzuheitern, schrieb ich darüber eine humorvolle Geschichte, die ich ihr schickte. Anfang Dezember erhielt ich den dicken Brief zurück mit dem Vermerk: „Adressat verstorben!"

Fassungslos hielt ich ihn in Händen.

Bald darauf wurde ich vom Ostfriesischen Lehrerverein gebeten, auf einem Begegnungsabend mit niederländischen Kollegen zu lesen.

Ich nahm das Manuskript und las zum erstenmal „Tant' Remda in Tirol". Schier erschrocken war ich über den umwerfenden Erfolg – einen solchen Heiterkeitsausbruch hatte ich nicht erwartet. Damit begann „Tant' Remdas" Siegeszug; unzählige Male erwies sich gerade diese Geschichte als Höhepunkt meiner Lesungen. So nahm ich sie als Titelgeschichte in einen Sammelband kleiner Erzählungen, „Tant' Remda in Tirol un anner Vertellsels", auf. Inzwischen erschien die vierte Auflage. Als der junge Verlag Schuster 1965 eine Schallplattenreihe „Niederdeutsche Stimmen" ins Leben rief, durfte ich deren Erstling mit „Tant' Remda" besprechen. So ist unser unscheinbares Tirol-Erlebnis in die Literatur eingegangen. Im Herbst desselben Jahres fuhr ich mit meiner alten Wandergenossin Caroline Günther für zwölf Tage nach Paris und einige Jahre später – sie war inzwischen bereits neunundsiebzig Jahre alt geworden – an die Riviera, nach San Remo.

Nun wohnte eine meiner Schulfreundinnen in Genua. Ihr Vater, ein gebürtiger Pole, war eine Zeitlang Direktor einer hiesigen Fabrik. Für uns war sie fremdartig, schwarzhaarig, mit dem besonderen Namen Maja. Ich hatte sie aus den Augen verloren.

Eine andere Klassengenossin, mit der sie in Verbindung geblieben war, hatte ihr eines meiner Bücher geschickt. Daraufhin schrieb sie mir, und es entwickelte sich ein Briefwechsel. Sie hatte studiert, promoviert und einen Italiener geheiratet.

Als sie erfuhr, daß unser Weg über Genua führte, antwortete sie sofort, daß sie mit ihrer Tochter zum Bahnhof kommen wolle. Ich sollte in der Abteiltür eine Zeitung hochhalten. So geschah es, beide stiegen ein und fuhren ein paar Stationen mit. Als sie hörten, daß ich zum erstenmal in Italien war, luden sie mich ein, sie zu besuchen.

Unser Programm lag aber schon fest, ich war ja auch nicht allein. So versprach ich wiederzukommen.

Es war wohl Anfang der sechziger Jahre, als ich auf der Rückfahrt von der alljährlichen Bevensen-Tagung meine Freundin aus der Fallerslebener Zeit besuchte, die damals in einem Ort in der Lüneburger Heide wohnte.

Wir machten weite Spaziergänge, und eines Tages zeigte sie

mir zwei Häuser, ein großes Bauernhaus und gegenüber ein Arbeiterhäuschen. Sie erzählte mir, daß sich in ihnen Außergewöhnliches zugetragen habe: der einzige Sohn des Bauern sei im Krieg gefallen, der Vater habe das nicht verwinden können, zumal seine Frau keine Kinder mehr bekommen konnte. Als er eine Flüchtlingsfrau mit zwei Kindern aufnehmen mußte, habe er dieser Frau versprochen, er wolle für sie und ihre Familie ein Haus bauen lassen, wenn sie ihm einen Erben schenkte.

„Das ist tatsächlich geschehen. Sie hat ihm einen Sohn geboren und wohnt nun mit ihren Kindern und dem Mann, der vermißt war und doch nach Jahren zurückkam, im Haus gegenüber."

Ich traute meinen Ohren nicht: „Und die Bäuerin?"

„Die war einverstanden, jedenfalls erzieht sie das Kind, als wenn es ihr eigenes wäre."

„Und der Mann der anderen Frau?"

„Ja – das weiß ich nicht, aber er lebt friedlich mit seiner Familie."

Diese eigentümliche Geschichte ließ mich nicht los. Was mußte sich da abgespielt haben? Was für Konflikte waren da ausgetragen worden, von denen die Umwelt nichts ahnte?

Das war ein Thema, das mir wieder die Feder geradezu in die Hand zwang. Es drängte mich, diese nicht alltäglichen Probleme glaubhaft zu lösen. So entstand der Roman „Van de Padd of", den ich in unserer ostfriesischen Landschaft spielen ließ. Hier kannte ich Land und Leute und wußte, wozu die Nachkriegszeit mit all ihren Nöten Menschen bringen konnte und wie sie je nach ihrem Charakter damit fertigwerden mußten.

Das Buch kam 1961 im Verlag der Fehrs-Gilde, Hamburg, heraus. Damit war ich wieder einmal „frei"; denn solange Probleme in mir um Klärung ringen, ist all mein Sinnen und Denken so sehr in Anspruch genommen, daß alles andere nebensächlich wird und ich einfach schreiben muß.

Während solch ein geschlossenes Werk immer seine Zeit verlangt, manchmal ein Jahr, zuweilen auch länger, entstehen kleinere Erzählungen mehr beiläufig. Sie setzen voraus, daß ich irgend etwas erlebe, sehe oder erfahre, was mich nachdenklich werden läßt und wert scheint, gestaltet zu werden. Zuweilen kann eine kurze Zeitungsnotiz Anlaß zu einer Erzählung geben,

sei sie nun tragischer oder komischer Art. Es gibt so vieles, dem man auch eine humorvolle Seite abgewinnen kann.
Zu neuem Schreiben forderte auch wieder eine Italienreise heraus. Meine wiederentdeckte Schulfreundin Maja lud mich ein, sie in Genua zu besuchen und anschließend mit ihr nach Rom zu fahren. Ich überlegte nicht lange und telegrafierte meine Zusage.
Die „Abenteuer" des ersten Teils dieser Reise sind nachzulesen in „Tant' Remda fahrt na Genua".
Mehrere weitere Fahrten führten mich einige Jahre später wieder nach Italien, durch Österreich und die Schweiz, und so lernte ich die landschaftlichen Schönheiten und Kunstschätze des Südens kennen.
Gern wäre ich auch einmal wieder nach Ostdeutschland gefahren. Meine Verwandten in Thüringen und Halle luden mich wohl ein, doch in Erinnerung an die Schrecken der Hitlerjahre scheute ich die mit umständlichen Kontrollen verbundenen Reisen.
Erst als das alles weniger wurde, wagte ich doch eine Fahrt nach Themar und genoß dann sehr das Wiedersehen mit dem Thüringer Wald, mit Eisenach, Meiningen, Jena und vor allem Weimar, dessen erinnerungsträchtige Stätten nichts von ihrem Glanz eingebüßt haben.
Mein fünfundsiebzigster Geburtstag war in der „Waage" im großen Kreis von Heimatverein, Ostfriesischer Landschaft, Kreis und Stadt Leer – Freund Geerdes war gerade Bürgermeister – gefeiert worden. Aus diesem Anlaß hatte der Heimatverein die 1923 erschienenen Märchen „Dar was ins mal" neu herausgegeben, bebildert von Martha Zylmann, die schon meinem Erstling „Uda van der Mölen" und „Uke setzt sich durch" das Titelbild gegeben hatte.

Ich bin mir immer bewußt gewesen, daß mein Schaffen sich ganz am Rande der großen Literatur bewegt. Als ich zu schreiben anfing, hatte ich weder ein Ziel noch ehrgeizige Pläne; ich folgte einem inneren Antrieb. Als sich dann die „niederdeutsche Bewegung" stärker regte, faszinierte mich die alte Volkssprache in ihrer Ausdruckskraft und ihrer Bildhaftigkeit; sie wurde mir zum formbaren Material, und es reizte mich zu zeigen, welche Spannweite, welche Höhen und Tiefen des Lebens zu beschreiben sie imstande ist.

Dann merkte ich, daß ich Gehör fand. Das machte mich froh. Ich bewegte mich ja nicht in der Enge – wie weit dehnt sich doch der niederdeutsche Kreis! Da gibt es den oldenburgisch-ostfriesischen Schrieverkring, da sind die Vereinigungen aus Bremen, Hamburg, Niedersachsen, aus dem Emsland und Westfalen. Und ein Treffpunkt für alle ist die alljährliche Bevensen-Tagung. Wieviel Anregung holte ich mir auf so mancher Tagung, wie viele wertvolle und interessante Menschen lernte ich kennen, welche umfassende Korrespondenz entwickelte sich im Laufe der Jahre, wie viele Briefe bekam ich von Unbekannten! So hatte ich nie das Gefühl, daß mein Schreiben sinnlos sei.

Auch der Rundfunk, früher der Reichssender Hamburg und nach dem Krieg der NDR, vor allem jedoch Radio Bremen, räumte dem Niederdeutschen einen entsprechenden Platz ein.

Auch mich bat man schon in den zwanziger Jahren um Beiträge und brachte Gedichte und Märchenspiele, das seinerzeit letzte – ich meine, es war „Rumpelstiltje" – wurde 1933 „aus politischen Gründen" vom Programm abgesetzt.

Nach dem Zweiten Weltkrieg wurde diese Arbeit verstärkt fortgesetzt. Eine Reihe von Hörspielen wurde gesendet: „De Fahrt na't witte Aaland", die Sage von der Überfahrt der toten Seelen; „Alleen laten", die Geschichte einer wirklichen tragischen Begebenheit; „Keerlelske", ein Begriff, den nur Ostfriesen kennen: die harte Frau, die Mann und Kinder drangsaliert; „Freerk Ulenga", die Geschichte vom inneren Kampf eines Mannes, der schließlich seine Rachegelüste überwindet, und das Märchen vom „Düvel mit dree gollen Haar".

Der Leiter des Heimatfunks von Radio Bremen, W. A. Kreye, kam mit einem Aufnahmewagen, um die „Stiefkoppen", die in Leer als Heimatspiel mehr als zwanzigmal aufgeführt worden waren, mit den hiesigen Spielern bei mir zu Hause aufzunehmen. Und später kam für uns die große Überraschung: Jeder Spieler erhielt ein Honorar. Das waren wir bisher nicht gewöhnt.

„Stiefkoppen“, von Simon van Wattum in „Grunnengs“ übertragen, wurde auch in der Groninger Stadschouwburg aufgeführt. Zur Erstaufführung waren die Spielschar und ich eingeladen. Als Honorar hatte ich mir ausbedungen, daß wir mit dem Bus hin- und zurückgebracht würden. Wie anders wirkte hier das Stück – die Niederländer haben doch eine andere Mentalität! Unsere typisch ländlichen Gestalten waren ins Städtisch-Zierliche verfeinert. Das war für mich natürlich reizvoll, doch unsere Figuren erschienen mir „echter“.

Wie viele Lesungen habe ich im Laufe der Jahre gehalten, in Ostfriesland, aber auch darüber hinaus bei den „Butenostfreesen“ in Oldenburg, Bremen, Hannover, Werdohl, Bonn u. a. oder auf Tagungen in Göttingen, Helmstedt, Neustadt am Rübenberge, Hannoversch-Münden und wohin auch immer ich gebeten wurde.

Viel Interesse ist meinem Schaffen auch von ausländischen Universitäten, besonders auch in Nordamerika, entgegengebracht worden, vor allem dort, wo Professoren bei ihren Studenten Interesse für das Niederdeutsche weckten. So lernte ich Professor Ottilie Little aus Seattle (Washington) kennen, die aus einer ostfriesischen Bauernfamilie stammt. Sie war schon in jungen Jahren an ihrer Heimatsprache so interessiert, daß sie bei Professor Borchling in Hamburg 1937 über Fooke Hoissen Müller, den ostfriesischen Lyriker des 19. Jahrhunderts, promovierte. Sie besaß alle meine Bücher und besuchte mich oft, wenn sie nach Deutschland kam. Daraus entwickelte sich eine Freundschaft. So kam auch eines Tages Professor John H. Ubben aus Lexington (Kentucky). Er bat um Erlaubnis, Auszüge einer Erzählung in einer pädagogischen Schrift für seine Studenten abzudrucken und verfaßte einen Aufsatz „Jugend, das zentrale Thema in Wilhelmine Siefkes’ Werken“.

Professor Syring aus Cincinnati überraschte mich mit einem freundlichen Schreiben zu meinem Roman „Van de Padd of“ und nahm eine Reihe meiner Gedichte in seine, im Verlag der Fehrs-Gilde, Hamburg, erschienene Anthologie „Niederdeutsche Lyrik 1945–1968“ auf. Eines Tages besuchte mich auch eine seiner Studentinnen.

Das de Pottere-Haus, die Deutsch-Niederländische Volkshochschule in Aurich, schickte mir häufig Gäste oder lud mich zu Lesungen ein. So hatte ich einmal eine Schar junger Mädchen aus dem Elsaß zu Gast. Sie sprachen französisch, konnten sich aber gut deutsch verständigen. Sie pflegten ihre eigene alemannische Mundart und waren daher auch am Niederdeutschen interessiert. Vor allem reizten sie meine plattdeutschen Märchen, weil sie die Grimmschen Fassungen kannten.

Nicht vergessen darf ich Professor Jelle Brouwer von der „Fryske Akademy" in Leeuwarden. Er ist zudem ein feinsinniger Lyriker, dessen Gedichte mich oft zur Übertragung in unser Platt reizten. Er und seine ebenfalls schriftstellerisch tätige Frau haben wiederum manche meiner Geschichten ins Westfriesische übertragen.

Mit den Nordfriesen blieb es bei gelegentlichen Begegnungen, zumeist auf den Tagungen. Ich lernte Katharine Ingwersen aus Deezbüll, eine der bekannteren Schriftstellerinnen, kennen. Sie blieb mir aber fremd, obwohl wir mehrfach korrespondierten und Bücher austauschten.

Als weniger angenehm empfand ich immer wieder die von Zeit zu Zeit auftauchenden Journalisten und die damit verbundenen Interviews.

Zum „Ollen Mai" 1968 verlieh mir die Ostfriesische Landschaft die „Ubbo-Emmius-Medaille".

An meinem achtzigsten Geburtstag wurde mir das Ehrenbürgerrecht meiner Heimatstadt verliehen. In einer Feierstunde, zu der neben Stadt, Landkreis und Heimatverein Leer auch wiederum die Ostfriesische Landschaft geladen hatte, wurde mir im Rathaussaal die Urkunde und ein Porträt überreicht. Man hatte sich ein besonderes Geburtstagsgeschenk überlegt. Kurze Zeit vorher wurde ich für einige Tage nach Worpswede eingeladen, um von dem Maler Lichtenford porträtiert zu werden. Die Tage dort waren für mich das schönste Geschenk. Ich kannte das Künstlerdorf von einem Aufenthalt in den zwanziger Jahren, und weil die „Sitzungen" mich nur eine Stunde täglich in Anspruch nahmen, konnte ich nach so langer Zeit einmal wieder bekannte Wege gehen und die Ausstellungen Worpsweder Künstler besuchen.

Rückblick

Wenn ich heute auf die mehr als achtzig Jahre meines Lebens zurückblicke, beeindruckt mich vor allem die Entwicklung auf technischem Gebiet.
In meinen Kinderjahren hing über dem Tisch unserer Wohnstube noch die Petroleumlampe. Heute würde solch ein gemütliches Dämmerlicht zu keiner Arbeit ausreichen. Die Küchenlampen hingen meistens an einem Nagel; statt der Kuppel hatten sie an einem Halter eine blank geputzte Messingscheibe, die das Licht zurückstrahlte.
Welche Mühe bereiteten allein diese Lampen! Jeden Morgen wurden sie auf den Küchentisch getragen und nachgefüllt, die Dochte wurden geradegeschnitten, die Zylinder mit einem eigens dafür angefertigten Putzer blank gerieben und alle Teile gesäubert. Im Schlafzimmer genügte ein Öllämpchen, das wenig Platz brauchte und lange vorhielt, aber auch nur einen schwachen Lichtschimmer verbreitete.
Die Straßenlaternen mußten allabendlich angesteckt und morgens gelöscht werden. Ich sehe den damaligen Laternenanzünder noch mit seinem langen Stock durch die Straßen wandern. Als ich zu Anfang dieses Jahrhunderts in Jemgum unterrichtete, hatten wir nur diese Beleuchtungsmöglichkeiten. Im Schlafzimmer wurden Kerzen benutzt. Dann kam das Gaslicht. Welche Helligkeit umstrahlte uns, als es zum erstenmal über unserem Wohnzimmertisch in der Bremer Straße brannte! Aber wie zerbrechlich waren die Glühstrümpfe; ein unsanfter Stoß konnte sie zerstören.
Dann kam die Elektrizität und zugleich die Entwicklung der Heizung. In den Öfen meines Geburtshauses brannte nur Torf. Im Herbst jeden Jahres wurde er fuderweise angefahren. Erst in der Bremer Straße kamen Kohlen oder Koks hinzu.

Damals war es in jedem ostfriesischen Haus üblich, daß zwischen Weihnachten und Silvester Neujahrskuchen gebacken wurden, gab es doch in jeder Familie dafür handgeschmiedete Waffeleisen mit gerilltem Karomuster; meistens waren Namen und Herstellungsjahr eingraviert. Löffelweise mußte man den flüssigen Teig zwischen die beiden runden Scheiben gießen, sie fest geschlossen ins Feuer halten, einmal wenden, nach kurzer Zeit die fertige Waffel aus der Zange lösen und rollen, dann neuen Teig auf die immer wieder mit einer Speckschwarte zu fettende Scheibe gießen.

Wir backten fast einen ganzen Tag lang für unseren Bedarf und für den meines Bruders. Die Arbeit teilten wir uns. Ich setzte mich schon morgens vor den Ofen, bis mein Bruder um 13 Uhr vom Dienst kam. Nach dem Essen – es gab traditionsgemäß Grünkohl – löste er mich ab.

Unser altehrwürdiger Herd wurde dabei ununterbrochen mit Torf geheizt, die Tür war weit geöffnet, das Eisen wurde abwechselnd auf die Glut gelegt und zum Ablegen und Füllen herausgehoben. Die Küche füllte sich allmählich mit Rauch, der von Zeit zu Zeit durch Fenster oder Tür abgelassen wurde – der Raum kühlte natürlich sehr aus, zumal es ja Winter war, und die Augen tränten.

Man saß auf einem für die Arbeit passenden Hocker, einem umgekippten, mit Kissen gepolsterten Stuhl; und wenn man stundenlang so gehockt hatte, war man kreuzlahm.

Heute ist das alles kein Problem, damals aber wußte man, was man geleistet hatte, wenn man am Ende des Tages feststellte, daß an die siebenhundert Waffeln in Blechbüchsen und -trommeln verstaut werden konnten. Wir hatten dafür eine alte, grün gestrichene große Milchkanne, und noch tagelang hielt sich ein leichter Duft nach Kuchen im Hause.

Als meine Mutter sich später nicht mehr um den Haushalt kümmern konnte, wurde der alte Küchenherd eine Last für mich. Es dauerte seine Zeit, bis er in Gang war, und Zeit fehlte mir immer. Welch ein Fortschritt war es daher, als ich mir einen kleinen Gaskocher kaufen konnte.

Ähnlich war es mit dem Wasser. Unser altes Haus in der Pfefferstraße hatte auf dem Hof eine große Regenbacke, Regenwasser wurde damals in jedem Haushalt verwendet. In einem Eimer wurde es an langer Kette heraufgezogen. Mehrere gefüllte große Eimer standen meistens im Hinterhaus, damit Unreinheiten sich „absetzen“ konnten. In jedem ostfriesischen Haushalt war es selbstverständlich, daß Tee nur mit Regenwasser zubereitet wurde. „Tee van Püttwater – ha nee, de smeckt neet!“

Und wirklich gibt nicht zuletzt das weiche Regenwasser dem Getränk jenen einmaligen Wohlgeschmack, den man mit dem heutigen Leitungswasser nicht erreicht. Auch für die Wäsche war es unentbehrlich, es gab ja noch keine modernen Wasch- und Enthärtungsmittel.

Im Hinterhaus und in der Küche über dem Gossenstein zog eine Pumpe Brunnenwasser. In der Bremer Straße lief auch das Regenwasser bereits aus einer Pumpe. Aber mich ziemlich kleines Wesen strengte das Pumpen an. Ich war froh, als eine Wasserleitung angelegt wurde.

Und welch ein Fortschritt hat sich erst auf dem Gebiet des Verkehrs und des Transports vollzogen.

Für uns Kinder war noch die Eisenbahn ein Wunder. Dann kam das Fahrrad – Veloциped hieß es damals. Das erste Automobil – wie wurde es angestaunt, als Heinrich Götze damit im 20-km-Tempo durch die Straßen Leers raste, so daß die Pferde, die damals das Straßenbild beherrschten, entsetzt durchgingen.

Daß der alte Menschheitstraum, fliegen zu können, je einmal verwirklicht werden würde, das im Ernst nur zu denken erschien in meinen Jugendtagen noch frevelhaft. Gewiß, man konnte große Heißluftballons steigen lassen, in deren Gondeln Menschen Flüge wagten. Dann aber tauchte ein wahres Ungetüm am Himmel auf, so groß wie ein Haus sahen wir es über uns langsam dahingleiten: der erste Zeppelin brachte uns völlig aus dem Häuschen.

Die damals schon sehr alte Oma Thelemann erzählte mir von einer uralten Frau Rekel, die sie in ihrer Kinderzeit an der Ecke „Tüschen beide Pütten“ – so hieß früher die Brunnenstraße in Leer, weil an ihren beiden Enden je eine Pumpe stand – auf einem Stein hätte sitzen sehen und sagen hören:

„Wenn over de Eemse en Brügge geiht, dann fleegen der iesdern Vögels dör de Lücht! Un dann gifft dat en Krieg, dat dat Bloot dör de Göten löppt.“

Damals glaubte man weder an eine Brücke über die Ems noch an etwas so Unvorstellbares wie eiserne Vögel.

Und siehe da: Die Zeit kam, da wurde die Ledabrücke gebaut und bei Leerort die Brücke über die Ems — und mir fiel die alte Prophezeiung wieder ein — das Dritte Reich war gekommen, und „eiserne Vögel“ waren schon lange nichts Utopisches mehr. Oma Rekels „Vörloop“ wurde wahr — schrecklich wahr!

Wir belächelten auch einmal die Phantastereien Jules Vernes, eine Fahrt zum Mond — welch eine Vermessenheit, daran zu denken! Und dann sahen wir es mit eigenen Augen, atemlos und vor Staunen stumm — und schon sind wir soweit, daß wir eine Landung auf dem Mond gleichgültig zur Kenntnis nehmen.

Telegrafie und Telefon waren uns zwar in unserer Jugend theoretisch bekannt, doch wurden sie von gewöhnlichen Sterblichen kaum benutzt. Ich denke noch an den Spaß, als ein Verwandter, von Beruf Tierarzt und an praktischen Dingen interessiert, meine Mutter und mich einlud, sein Telefon zu bewundern. Weil mein Bruder beim Telegrafenamt tätig war, lag es nahe, ihn anzurufen — und nun sollte unsere Mutter mit ihm sprechen.

Mißtrauisch nahm sie das unheimliche Ding, in das man hineinsprechen konnte, entgegen und hörte jemanden fragen:

„Wer ist da?“

„Ich . . .“, sagte sie mit zitternder Stimme.

„Wer ist ich?“

„Deine Mutter —“

Sie war hinterher ganz mitgenommen von dem Erlebnis.

Das Radio hat sie nicht mehr erlebt. Es war Ende der zwanziger Jahre, als ich es zum erstenmal hörte, und zwar nach einer Wahl, deren Ergebnis wir bei einem Bekannten aus solch einem Wunderapparat erfahren sollten. Es gab damals noch Kopfhörer, und es war aufregend, von einer etwas quäkenden Stimme durch den Äther mit dem politischen Geschehen bekanntgemacht zu werden. Heute verfolgen wir die Geschehnisse

in aller Welt mit unseren Augen auf dem Bildschirm und wundern uns nicht im geringsten darüber.
Herrlich weit hat die Menschheit es gebracht! Die technischen Errungenschaften scheinen kaum noch zu überbieten. Es bedarf heute nur der Auslösung eines bestimmten Kontakts, um den Stern Erde auszulöschen mit allem, was darauf lebt. Man hat vom Baum der Erkenntnis gegessen und dabei weitgehend das Beste des Menschseins verloren: die Ehrfurcht vor dem, was Leben ist. Man hat das Ich auf einen Thron gesetzt, das Ich, das zu beschränkt ist um zu wissen, daß es nur im Wir bestehen kann.
Manchmal kann einem angst werden vor dem, was auf die Menschheit zukommen könnte angesichts des immer noch schwelenden Hasses zwischen Völkern und Rassen. Angesichts dessen will es mir tröstlich erscheinen, selber dicht vor der Grenze zu stehen, die alle einmal überschreiten müssen.
Zwar hat sich in Deutschland vieles erfüllt von dem, um was ich in jungen Jahren leidenschaftlich mitkämpfte: die materielle Not der arbeitenden Bevölkerung ist weitgehend behoben, wenn auch noch längst nicht alle Vorurteile abgebaut sind.
Aber ein Irrtum wurde mir im Laufe der Entwicklung mehr und mehr bewußt. Wir glaubten einmal, daß eine Änderung der äußeren Umstände auch den Menschen selber besser machen müsse, ihn für alles Gute, für höhere Interessen empfänglich machen würde. Wie oft haben wir es gläubig gesungen: Der Mensch ist gut!
Der Mensch ist aber weder gut noch böse, die Fähigkeit zu beidem ruht in ihm. Doch um das Gute in ihm zum Wachsen zu bringen, bedarf es anderer als materieller Werte. Sie in sein Bewußtsein und in seinen Willen aufzunehmen, sind ihm Kräfte verliehen, die ihn mit einem Höheren verbinden. Das ist jedoch nicht mehr eine Angelegenheit der Politik, sondern der Ethik oder der Religion.
Diese Erkenntnis aber ging mir wie manche andere erst im Laufe meines wechselvollen und dennoch reich gesegneten Lebens auf.

Inhalt

Im August 1965 erschien als erste Publikation unseres Verlages eine Schallplatte von Wilhelmine Siefkes in ostfriesischem Platt: „Tant Remda in Tirol". Diesem ersten Versuch folgten bisher vierzig Sprechplatten deutscher Mundarten und Nebensprachen. Die Reihe „Niederdeutsche Stimmen" wurde zu einer beispielhaften Sammlung.

Neben einer Vielzahl niederdeutscher Autoren und Dialekte dokumentierten wir bisher alemannische, bairische, Frankfurter und niederrheinische Mundart, helgoländisches Friesisch, kanadisch-mennonitisches Plautdietsch und Ostjiddisch.

In den letzten Jahren erweiterten wir unser Programm durch die Herausgabe einer Reihe von Büchern zeitgenössischer niederdeutscher Autoren, u. a. von Heinrich Diers, Krüschan Holschen, Siegfried Kessemeier, W. A. Kreye, F. H. Schaefer, D. H. Schmidt, Greta Schoon, Wilhelmine Siefkes, Wolfgang Sieg, Gernot de Vries und Christof Wehking.

Werke älterer niederdeutscher Klassiker, z. B. von Robert Dorr, Klaus Groth, Enno Hektor, Fritz Lottmann, F. H. Müller, Karl Theodor Piening und F. G. Sibeth, wurden neu gedruckt.

Weiter geben wir Nachdrucke älterer Ausgaben und neue Arbeiten zur norddeutschen Landes- und Volkskunde, Geschichte und Dialektologie heraus.

Mehr als zweihundert Faksimiles ausgewählter Kupfer-, Stahl- und Holzstiche des 16.–19. Jahrhunderts von Stadtansichten, Trachten, Land- und Seekarten und von kulturhistorischen und maritimen Darstellungen runden unser Programm ab.

Wir schicken Ihnen gerne Verzeichnisse unserer Bücher und Schallplatten und unterrichten Sie von Zeit zu Zeit über unsere Arbeit.

VERLAG SCHUSTER D 2950 LEER